PHILOSOPHY

근대·현대로 떠나는

서양철학사

김숙복·정일동 공저

(주)백산출판사

머리말

어렸을 적 아침 조회시간에 문뜩 '내가 죽으면 어디로 갈까?'라는 생각을 하다 쓰러진 적이 있었다. 지금 기억으로는 깜깜하고 어두운 땅 속에 누워 있는 나의 모습을 보면서 기억을 잃었던 것 같다. 당시에는 두려움과 공포에 쌓이면서 순간적으로 쓰러진 것이다.

지금 돌이켜보면 나는 역시 어렸을 때부터 철학과 관계가 있었고 대학에서 교육학을 수학하면서도 철학시간이 제일 재미있었으며 대학원에서도 세부적으로 철학을 전공하였다.

대학시절 교양철학시간에 열심히 강의하시던 하기락 교수님께서 철학이란 무엇인가, 우주는 어떻게 구성되었는가? 등 당시에는 어려웠을 법한 수업을 재미있게 듣곤 했다.

또한 1980년대 유신독재시절에 대학을 다녔던지라 젊은 혈기로 개인을 버려두고 국가와 민족의 바람직한 앞날을 기대하면서 철학에 몰두하여 거리를 돌아다니거나 혹은 막걸리집을 다니면서 열심히 토론하다 지쳐서 잠을 잔 적이 하루 이틀이 아니었다.

당시에는 멋도 모르고 대학생이라면 모두가 거치는 일종의 입문활동이라 생각하며 철학에 대한 지식도 없이 고민과 번민으로 가득하였던 시절이 이제는 웃음밖에 나오지 않을 정도로 초라하게 느껴진다.

이제는 그런 시절을 접어두고 강의를 한 지 20여 년, 학생들의 인문학적인 지식을 생각하니 가슴이 아프다. 주입식 교육과 성적 위주, 암기 위주의 교육으로 인하여 우리가 기본적으로 알아야 할 지식과 지혜들을 팽개친 채 취업 위주로 혹은 직업 위주의 교육으로 인하여 신입생 및 재학생들이 마음의 양식을 버리고 생활하는 모습을 보며 매우 실망감을 느끼곤 한다.

현대사회는 정치, 문화, 교육, 과학 등 우리가 따라가지 못할 정도로 빠르게 변화하고 있다. 이러한 변화로 기존의 질서와 전통적인 가치 등이 무력화되고 있으며 과거와 현대는 공존할 수 없는 문화적인 gap이 있는 것이 사실이다. 이러한 시대적 상황에 가장 적합한 지식과 지혜를 학생들에게 심어줄 수 있는 학문이 무엇일까?라는 고민을 현장에서 많이 할 것이다.

또한 이러한 시대에 올바른 삶을 영위하고 민주적인 가치를 드높이며 마음을 편히 하고 미래에 대한 두려움을 잠재울 수 있는 것은 무어라 해도 철학이라는 것이다. 오늘날 남녀노소를 보면 철학의 부재로 삶의 가치를 느끼지 못하고 현대사회에서 무작정 고아로 살아가는 모습이 안타까울 따름이다.

이 책은 이와 같은 동기에서 집필하기 시작하였다. 오늘날 온 사회는 가치관의 혼란과 물질만능주의로 사회구조적인 문제들을 노출하고 있는 실정이다. 따라서 이러한 위기를 타개하기 위한 목적으로 과거 선인들의 사색과 탐구정신을 위주로 교육적으로 타개하는 것이 가장 현명할 것이라 생각하여 집필하게 되었다.

이 책을 집필함에 있어 선, 후배들의 저서와 논문들을 참고하였으며 특별히 저의 은사이시며, 현재 퇴직하여 대구 팔공산 자락에서 후배들을 양성하고 계시는 신득렬 선생님의 저서를 많이 참고하였다.

시간상 제약으로 인하여 참고서적과 각주는 참고문헌으로 대신하게 됨을 사과드리며, 이 책은 강의를 목적으로 했음을 양해해 주시기 바란다. 모자라는 점들은 후에 다시 정리할 것임을 약속드린다.

또한 이 책을 쓰게 도움을 주신 (주)백산출판사 진욱상 대표님과 이경희 부장님 그리고 경북과학대학교 군사학과에 학과장으로 재직하시는 정일동 교수님께 감사드리며 창원문성대학교 간호학과 학생들, 경북과학대학교 군사학과 최준기, 왕성인, 조나영 학생에게도 심심한 고마움을 전한다.

차례

제1부 근대철학

| 제1장 |

근세철학의 배경

| 제2장 |

대륙의 합리론과 영국의 경험론

제2부 현대철학

| 제1장 |

마르크스
Marx

| 제2장 |

쇼펜하우어
Schopenhaue

제1부

근대철학

제1장 근세철학의 배경
제2장 대륙의 합리론과 영국의 경험론
제3장 계몽주의
제4장 칸트의 독일 관념론과 비판철학
제5장 공리주의

근대·현대로

떠나는

서양철학사

제1장

근세철학의 배경

15세기에서 16세기로 접어들면서 교황의 권위가 무너짐과 동시에 여러 가지 사태로 인하여 기독교 철학이 붕괴되기 시작했다. 이 시기는 인류사에 큰 변혁을 가져오는 시기였다. 왜냐하면 당시 사회의 정치, 문화, 경제, 교육 등에 크나큰 영향력을 미쳤던 기독교 사회가 부패되면서 새로운 사회가 도래했기 때문이다.

근세 철학은 15세기에 접어들면서 태동하였다. 중세시대의 국가와 교회의 정치관계 및 권위주의적인 종교의 모순에 사회적인 불만이 누적되어 사람들이 반기를 들기 시작했다. 그 결과 중세 철학을 지탱해 온 스콜라 철학이 붕괴되며 근세 철학이 시작되었다.

중세 사회는 신학중심 철학의 시대였다. 이는 로마시대 이후 약 1,000년의 기간 동안 서양 사회를 지배했던 기독교적 세계관을 근간으로 하였던 사상이다. 모든 사상이 하나님을 중심으로 한다는 점에서 근세철학과 뚜렷하게 구별된다. 그런데 근대로 접어들면서 자연과학의 발달과 인간성의 재발견, 교회의 부패 및 새로운 정치 변혁으로 인하여 소수의 지배계급이 독점하고 있던 지식을 보통 계급에서도 쉽게 습득할 수 있게 되었다. 이를 통해 교회를 중심으로 한 지배계급이 공고한 위치를 위협받고 동시에 시민계급이 새롭게 등장하였다. 그 결과 중세를 지배하였던 기독교의 사상이 서서히 쇠퇴하면서 근세철학이 도래하게 되었다.

이 장에서는 중세시대에서 근대로 접어드는 몇 가지 원인에 대하여 살펴보기로 한다.

1. 새로운 시대가 열리다. 자연과학의 발달

한 시대가 몰락하는 데에는 어떤 계기가 분명히 존재하기 마련이다. 약 1,000년간 이어져 왔던 중세시대가 몰락한 이유는 이 시기에 인류사에서 획기적인 사건이 발생했기 때문이다. 그러한 이유와 사건을 종합하여 보면 다음과 같다.

첫째는 자연과학의 발달이다. 근대 이전의 시대는 인문학과 신학이 주류를 이루었는데 근세에 들어오면서 자연과학이 활발하게 발달했다. 이것이 근대의 시기를 도래하게 한 가장 큰 이유 중 하나일 것이다.

기독교는 중세 후반에 교회의 영토를 확장하려는 목적으로 십자군전쟁을 일으켰지만 원정은 실패로 돌아갔다. 이는 교황권의 몰락과 기독교의 약화를 가져왔으며 그 결과 교회의 권위가 떨어졌다. 또한 십자군 원정을 통해 동방(이슬람)의 발달된 과학지식이 도입됨에 따라 서유럽의 자연과학이 급속하게 발달하게 되었다.

자연과학이 발달되면서 발명된 나침반은 인류에게 새로운 인식을 가져왔다. 미지의 세계에 대한 동경심을 해결하는 데 가장 힘을 실어준 것이다. 나침반의 발명은 장거리 항해를 가능하게 함으로써 신대륙과 인도 발견의 쾌거를 이루었다. 이로 인하여 새로운 문물을 받아들이는 데 큰 공헌을 하였다. 이때 주로 활동한 이가 바로 콜럼버스(Christopher Columbus, 1451~1506)와 바스코 다 가마(Vasco da Gama, 1469~1524)였다. 이들을 중심으로 여러 나라들이 해상의 패권을 두고 치열한 쟁탈을 벌이며 결국은 제국주의의 길을 여는 계기가 되었다.

또한 화약의 발명은 당시에 근간을 이루었던 봉건적인 기사계급의 몰락을 가져왔다. 당시에는 봉건사회를 중심으로 교황이나 군주들이 막강한 영향력을 행사했다. 기사계급도 그들의 아래에서 한 자리를 차지하고 있었는데 화약의 발명이 이를 흔들어 놓은 것이다.

또한 이 시기에 인쇄술이 발전하여 인류의 사고를 변화시키는 데 도움을 주었다. 인쇄술의 발전으로 비싼 양피지 대신 값싼 종이가 보급되어 교회와 지배계층이 독점했던 지식 및 사상이 널리 퍼지게 되면서 새로운 지식과 사상이 나타나게 되었다. 가장 대표적인 것이 코페르니쿠스(N. Copernicus, 1473~1543)가 1543년『천구의 회전에 관하여 De revolutionibus orbium coelestium, libri Ⅵ』에서 발표한 지동설이다. 당시에 우주의 중심은 지구라고 주장한 그리스의 철학자이자 천문학자였던 프톨레마이오스(Ptolemaeos, BC 2세기경?)와 아리스타르코스(Aristarchos, BC 310?~BC 230?)의 학설을 뒤엎은 획기적인 사건이었다. "지구는 태양의 주위를 돌고 있는 많은 별들 가운데 하나에 불과하다"는 코페르니쿠스의 학설은 모든 별은 지구를 중심으로 돈다는 천동설을 믿고 있던 기독교인들에게 커다란 충격을 주었다.

케플러와 갈릴레이는 코페르니쿠스의 사상을 계승하였다. 케플러는 지구와 다른 행성들과의 관계를 관찰한 결과 지구의 궤도는 원형이 아니라는 것을 알아내었고, 타원형으로 태양 주위를 돌고 있다는 것을 수학적으로 증명했다. 그 결과 우주는 통일된 법칙에 따라 움직이며 자연계 안에서 일어나는 모든 일은 양적인 문제에 불과하다고 주장하며 "하나님이 이 세계를 창조하고 영원히 이끌어 간다."라고 했던 교회는 큰 타격을 받게 되었다. 갈릴레이는 순수한 양적 · 수학적 기초 위에서 자연과학의 원리를 응용했다. 사물의 본질을 중심으로 질적 측면에서 자연을 관찰했던 고대인들의 태도와 달리 근세 초기의 과학자들은 양적 관계에 중점을 두고 자연을 탐구하였고 이 같은 과학적 사고는 당시 철학자들에게 큰 자극제가 되었다. 다시 말하면 수학적인 합리성이 신학적인 관점을 넘어서는 과학의 승리이며 태양중심설이 확고한 위치를 가지게 된 계기를 마련하였다.

갈릴레이는 망원경을 발명하여 행성을 직접 관찰함으로써 달과 또 다른 행성(목성)의 위성을 관측하였으며 실험을 통해 입증하려고 시도했다. 그가 "모든 천체는 지구를 중심으로 돈다."라는 당시의 학설을 부인하자 종교재판에 회부되었다. 그는 고문과 강요를 이기지 못하여 교회의 이론을 따르기로 하면서 풀려나왔는데 자신의 신념이 옳다는 것을 굽히지 않으며 "그래도 지구는 돈다."라는 말을 남겼다고 한다. 갈릴레이의 과학에 대한 신념은 종교적인 관점을 넘어선 획기적인 사건이라고 할 수 있다.

2. 신(神)에서 다시 인간(人間)중심으로 옮기다. 인간중심의 휴머니즘(humanism)

고대 그리스 · 로마시대의 이상은 자유로운 인간성을 추구하는 데 있었고, 기독교 중심의 중세시대에는 인간의 자연적 본성에서 이탈한 내세지향적인 것이 주된 목적이었다. 인문주의의 이상은 현세에 입각한 활동으로써 모범적인 인간성을 발휘하는 데 있었다. 이는 당시의 분위기와 영합하여 더욱더 확대되었다. 이처럼 새로이 각성된 근대인들의 국민 의식은 단테(Alighieri Dante, 1265~1321), 페트라르카(Francesco Petrarca, 1304~1374), 보카치오(Giovanni Boccaccio, 1313~1375), 브루노(Giordano Bruno, 1548～1600), 코페르니쿠스 등으로 하여금 인간을 새롭게 이해하도록 하였다. 이제 서양 철학은 스콜라 철학의 사상에서 벗어나 아무런 편견 없이 그리스 · 로마 철학을 고찰할 수 있게 되었고 여기에서 자극을 받은 다음 세대는 창조적 성과를 얻을 수 있었다. 이러한 배경에서 볼 때 휴머니즘은 근세 초기 사상가들이 세계와 인간을 다시 발견한 것이며, 나아가 인간의 자기긍정이라고 할 수 있다.

휴머니즘(humanism)이라는 용어는 인본주의, 인간주의, 인문주의로 번역하는데 신이 중심이 아닌 사람이 중심이 되는 사상을 말한다. 그리고 고대 그리스 · 로마시대로 환원하여 고전을 연구하기 시작하였다.

보편적 인간성에 대한 존경과 자아에 대한 사랑은 인류의 자유와 평등, 인간의 존엄성으로 이어져 근대 철학자들에게 많은 영향력을 미쳤다. 이들이 추구하는 인간중심의 사상은 법, 정치, 문화 등의 생활 전반에 큰 영향을 주었으며 이를 계기로 현대사회로 옮겨가는 기폭제 역할을 하였다. 결국 휴머니즘이란 중세시대를 지나는 동안 억압되었던 '인간성'을 새롭게 조명하고, 이제 신 중심이 아닌 인간중심철학이 주목받는 출발점이었다.

다시 말하면 중세시대에 금기시되었던 계시(啓示)위주의 진리를 밀어내고 인간중심의 사유(思惟)로 옮겨왔으며 철학에서도 신학에서 벗어나 인문학 중심으로 넘어와 인간을 대상으로 자리매김한 시대라고 볼 수 있다.

3. 스콜라 철학의 붕괴와 르네상스(Renaissance)

중세 철학자들의 관심은 초자연적인 대상에 집중되어 있었다. 그러나 근대로 넘어오면서부터 관심의 초점은 천상에서 지상으로 바뀌었다. 신학 대신에 자연과학이 모든 학문의 앞자리에 위치하기 시작하였고 종교에서도 교회의 울타리를 벗어나 개인적으로 신앙의 대상과 접촉하기를 원했다. 중세시대에 주류였던 스콜라 철학은 계시의 내용이 학문적으로 증명될 수 없다며 스스로 붕괴했다. 또한 더 이상 "철학은 종교의 시녀"로서 존재해서는 안된다는 철학적 독립성과 자주성을 강화하려는 각성으로 종말을 고하게 되었다.

스콜라 철학이 종교를 위한 철학, 즉 신학에서 출발한 것이었으나 그 역시 하나의 학문임을 부정할 수 없었다. 그로 인하여 자유로운 연구심과 지식욕을 촉발시켰으며 결국 교회의 낡은 원리와는 전혀 다른 '사고하는 정신'의 원리, 즉 이성의 자기의식을 산출하게 되었다. 이러한 상황 속에서 새로운 인간성의 회복 및 고전의 연구와 고대 문화의 부흥운동이 일어났고, 이는 곧 르네상스운동이다.

르네상스(Renaissance)라는 의미는 '다시 새롭게 일으키자', 혹은 프랑스의 말로 '재생', '부활'의 의미이다. '재생(renascita)'이란 좁은 뜻으로 고대 미술의 재생을 뜻하며 이탈리아 출신의 화가인 바사리(Giorgio Vasari, 1511~1547)가 처음 사용하였다.

현대적 의미로 르네상스를 규정한 이는 스위스의 역사학자인 부르크하르트(J. Burckhardt, 1784~1817)이며 단순히 이탈리아를 중심으로 일어난 고대 미술의 재건에서 벗어나 서유럽에서 광범위하게 일어난 문화운동의 개념을 갖고 있다는 의미에서 더욱 광의적(廣義的)이라 할 수 있다.

이러한 운동은 14세기에 이탈리아 북부지방에서 시작되어 16세기까지 유럽전역으로 확대된 문화운동으로서 그리스 · 로마시대로 돌아가자는 부흥운동을 말한다. 이는 학문, 의학, 정치, 경제, 건축뿐만 아니라 사회전반의 모든 분야로 확대되었으며 근대문화를 창조하려는 새로운 의식에서 출발하였다. 르네상스는 중세 이전 그리스 · 로마시대의 찬란했던 학문과 철학을 비롯한 고전을 근간으로 하여 해답을 찾고자 했다는 점에서 인간성 회복운동이라고 할 수 있다.

앞에서 서술한 휴머니즘은 학자들만의 유일한 관심사인 반면에 르네상스는 모든 생활양식에 해당되는 좀 더 광범위한 운동이라고 볼 수 있다. 중세시대의 마감을 주도한 자연과학의 발달, 봉건제도의 붕괴, 화약과 총포의 발명, 인쇄술의 발달, 지리상의 발견, 종교적인 환멸감 등으로 인하여 새로운 시대가 도래하였고 이에 따라 대중들은 새로운 문화를 찾게 되었는데 르네상스가 바로 근대문화의 원동력이 되었다.

이러한 운동의 발로(發露)는 문학이나 예술의 분야에서 먼저 일어났으며 대표적인 선두주자는 페트라르카와 보카치오이다. 그들은 문학과 예술에서 인간을 중심으로 하였고 현세를 중시했다. 따라서 인간의 욕망은 자연스러운 것으로 긍정하였고 인간의 육체는 아름답고 고귀한 것으로 찬미의 대상으로 표현하였다.

페트라르카(Petrarca, 1304~1374)는 이탈리아 출신으로 초기 인문주의자이면서 교황청의 계관(桂冠) 시인이었다. 그는 대표작『칸초니에레, Canzoniere』라는 서정집(敍情集)에서 라우라(Laura)라는 여인을 통해 인간과 자연의 있는 그대로의 모습을 서술한 최초의 문학가였다.

보카치오(Boccaccio, 1313~1375)는 대표적인 단편집인『데카메론, Decameron, 1349~1351』에서 당시의 사회적인 상황을 있는 그대로 묘사하면서 비판과 풍자를 하였다. 이 작품의 내용은 흑사병을 피하여 모인 10명의 피렌체 남녀들이 10일간 한 명씩 이야기를 한 내용을 통하여 당시의 교회와 수도사들의 위선을 그린 작품으로서 근대 서사시(敍事詩)의 효시로 여겨지고 있다.

또한 단테(Alighieri Dante, 1265~1321)는 르네상스의 선구자로서『신곡』을 통하여 중세 정신을 종합하고, 신의 영역인 지옥, 천국 등을 나타냄으로써 근대적 인간성을 그려내었는데 이는 고전을 매개로 하여 방대한 서사시를 남긴 것이다.

이들은 중세에 이르러 거의 자취를 감춘 고전 문학 작품을 재수집, 발굴하는데 열중함으로써 인간적인 것을 추구하고자 하였다. 이렇듯 인본주의는 문학에만 치중하지 않고 정신생활의 모든 영역을 대상으로 확산되어 갔다.

특히 미술에서는 이탈리아의 라파엘로(Raffaello Sanzio da Urbino, 1483~1520), 미켈란젤로(Michelangelo, 1475~1564), 레오나르도 다 빈치(Leonardo da Vinci, 1452~1519) 등이 대표적인 인물로서 인간의 육체를 자유롭게 표현하였고 기독교에 의해서 금기시 되었던 성에 대한 문제들을 표출하였다.

부르크하르트(Burckhardt, 1784~1817)는 르네상스운동을 "자연의 발견과 인간의 발견"이라고 평했다. 자연의 발견은 두 가지 의미를 갖는다. 하나는 신대륙의 발견, 새로운 항로의 개척, 그들과의 무역 등을 통하여 생활권역이 확대되었다는 뜻이다. 또 다른 하나는 자연을 새롭게 인식했다는 것이다. 중세시대에서 자연은 부정적인 의미였다. 자연은 신에 종속된 것으로 인간이 극복할 수 없는 공포의 대상이었다. 그러나 자연과학의 발달로 인간은 자연을 긍정적으로 재인식하게 되었다. 자연은 죽어있는 것이 아니라 활기차고 아름다운 대상이며 인간에게 유용하다는 것이다. 이처럼 르네상스를 거치면서 인간은 자연의 주인으로 바뀌었다.

또한 인간의 발견은 인간에 대한 재발견을 뜻하며 중세에는 인간의 부정적인 측면, 즉 욕망, 육신 등은 신의 부속물에 불과하므로 이러한 표현은 금기시 되었다. 그러나 이후에는 인간의 육체와 욕망은 자연스러운 발현이고 인간중심적이며 찬미의 대상으로 인식하여 긍정적인 모습으로 표현되었다. 따라서 이 시기에는 자연과 인간을 대상으로 한 작품들이 많이 나왔으며 인간을 아름답게 표현하여 세상 밖으로 끌고 나왔다고 볼 수 있다.

4. 루터(Martin Rutter, 1483~1546)의 출현, 의인(義認)은 신앙에 의해서만 의롭게 된다(의인설, 義認說). 종교개혁

앞에서 말했듯이 중세사회는 기독교 중심의 사회였으므로 초기에는 하나님의 말씀대로 살아가려는 의지들이 충만하였다. 그러나 잦은 전쟁과 교회의 횡포, 사회경제의 몰락 등으로 민중들은 차츰 교회에서 멀어져 가기 시작했다. 특히 당시 사회의 토대가 되었던 기독교 사상은 교회 및 성직자의 부패와 문란 등으로 더욱 대중 속에서 멀어져 갔다.

그리하여 일반 대중들은 교회의 형식주의와 교황의 횡포와 폭압을 견디지 못하면서 다른 대안을 찾게 되는데 일부 신학자들에 의해서 종교개혁의 필요성을 느끼게 되고 공감하기 시작했다.

종교 개혁가들은 성직자의 권위가 아닌 신앙에 의존해야 하며 성경에 의한 구원의 필요성을 역설하였다. 그때 앞장을 섰던 인물이 바로 마르틴 루터라는 독일의 신학자이자 교육자, 목사였다. 당시에 누구나 종교를 개혁하려는 필요성을 느꼈으나 교회의 권위에 억눌려 감히 나서는 이가 없었다. 그러나 루터는 죽음을 두려워하지 않고 앞장을 섰던 인물이었다.

종교개혁의 필요성에 대한 시대적인 상황을 요약하면 세 가지로 집약할 수 있는데, 첫째는 중세 후반에 교황권이 약화되고 중앙집권적인 강력한 국가의 형성으로 인한 왕권의 강화이다. 둘째는 봉건귀족과 장원제도의 붕괴로 인한 경제적 궁핍이다. 따라서 교회의 재산에 눈독을 들이고 또한 십일조(十一租)에 대하여 적극적이지 않은 결과로 재정적 압박을 받았다. 셋째는 르네상스의 영향을 받은 국민들의 개인의식의 확산이다. 따라서 교회의 획일적인 통제에서 벗어나고자 하는 욕구가 매우 강하여서 누구나 개혁의 필요성을 느끼고 있었지만 단지 "누가 고양이 목에 방울을 달 것이고 그 시기는 언제이며 무엇으로 기폭제가 되느냐?"를 저울질하며 눈치를 보고 있었던 상황이었다. 따라서 이러한 변화는 유럽 전역에서 일어날 수밖에 없었다.

루터는 독일의 광부의 아들로 태어나 대학에서 법학을 전공하던 중 수도원에 들어가서 신학을 공부한 신학박사였으며 목사로 재직하고 있었다. 그는 수도원 생활을 하면서 허례허식적인 종교의식과 스콜라적인 신학에 대하여 반감을 느끼고 있었는데 이때 발생한 면죄부 판매사건이 그를 혼란하게 만들었으며 종교개혁에 관심을 가지게 되었다.

면죄부 판매사건이란 가톨릭교회가 돈을 받고 면죄부를 판매한 사건이다. 성 베드로 성당을 짓는다는 명목 아래 기금을 모으기 시작했지만 사실은 교회와 교황청이 부패와 타락으로 많은 빚을 져서 재정적으로 곤란해지자 이를 타개하려는 의도였다. 1517년 10월 31일, 비텐베르크대학의 교수였던 루터는 마인츠 주교의 대리인인 테첼(1465?~1519, Johann Tetzel)의 면죄부 판매 설교를 듣고 하나님을 팔아먹은 현실을 개탄한 "95개조 의견서"를 교회의 정문에 붙였고 이로부터 종교개혁이 시작되었다. 비텐베르크대학의 역사는 오래

되었으나 지금의 대학은 1933년에 명명되었으며 오늘날에는 마르틴 루터 할레-비텐베르크 대학교로 바뀌었다. 독일 작센안할트주 할레와 비텐베르크에 위치하였으며 1502년에 세워진 비텐베르크 대학교와 1694년에 세워진 할레 대학교가 1817년에 합쳐지면서 설립되었다. 비텐베르크대학의 교수로서 종교 개혁을 이끌었던 마르틴 루터에서 비롯한 지금의 이름은 1933년 11월 10일에 붙여졌다.

당시의 설교내용은 기금모집의 정당성에 대한 것이었으나 매우 졸렬하였다. "누구든지 회개하고 기부금을 내면 죄를 용서받을 수 있다"는 것과 "돈이 이 상자 속에 짤랑하고 들어가는 순간, 영혼은 지옥의 불길 속에서 튀어나오게 된다." 또는 "면죄부를 사면 성모 마리아를 범한 죄라도 용서받을 수 있다." 라는 누가 보아도 정당성이 없고 허무맹랑한 내용이었다. 루터는 교회가 대중을 속이고 있다는 데서 분개하였다. 왜냐하면 기금 모금의 목적은 하나는 교황청의 과다한 채무를 갚기 위한 것이고 또 하나는 성당의 개축을 위한 목적이라는 것이 분명하기 때문이다.

이후 교황청은 루터가 협박과 강요에도 자신의 뜻을 굽히지 않자 이단자(異端者)로 낙인을 찍어 파문하였고 법률상의 모든 보호를 박탈하였다. 그러자 그는 숨어 지내면서『신학성경』을 독일어로 번역하여 독일인들은 누구나 성서를 직접 읽도록 하여 신앙생활에 충실할 것을 요구하였다. 따라서 루터는 복음주의 교회를 조직함과 동시에 새로운 교회제도, 예배의식, 교리문답을 정하며 구교로부터 벗어나게 하고 신교를 구축하였다. 또한 외부에서 종교개혁을 지원하는 사회개선의 활동에 힘을 기울이면서 말년에는 고향으로 돌아가 생애를 마쳤다.

루터가 종교개혁을 통하여 주장한 것 중의 하나가 구원의 문제였다. 이러한 문제를 해결하기 위해서 제기한 것이 의인설(義認說)인데 "의인(義認)은 신앙(信仰)으로 살리라.『로마서, 1:17』"에서 해결의 실마리를 찾았다. 이 내용을 살펴보면 모든 것은 믿음으로 얻을 수 있고 인간은 오직『성경』의 말씀을 믿어야만이 구원을 받을 것이며 오로지 신에 대한 믿음을 통해 가능하다는 의미이다.

또 하나는 이를 위해서는 인간과 신은 직접 소통을 하여야 한다는 만인제사장설(萬人祭司長說)을 주장하였다. 이는 인간은 신에게 믿음으로써 직접 구원을 청하는 것이며 그 사이에서의 중개자는 없으며 직접적인 소통만이 가능하다는 것이다. 따라서 면죄부의 판매나 성직자의 매매는 필요가 없다는 것이다. 인간과 하나님 사이에는 누구든지 나서서는 안되며 누구든지 성경의 말씀대로 행하고 믿으면 구원을 받을 수 있다는 것이 만인제사장설(萬人祭司長說)이다. 중간자(中間子)는 오직『성서』일 뿐이라는 것이다.

다시 말하면 사람이 만든 형식에 엮어진 내용이나 권위는 구원과는 상관없는 일이며 누구나 제사장, 기독교에서는 사제(師弟), 신부(神父), 목사(牧師)가 되어 하나님과 직접적으로 소통이 가능하다는 것이다.

오늘날에도 일부 사악한 성직자들이 자신을 통하여서만이 하나님과 소통을 할 수 있다는 것을 핑계로 온갖 만행을 저지르는 일이 간혹 일어나고 있다. 이러한 행위는 과거의 잘못된 관행으로 절대로 있어서는 안될 것이며 오히려 신앙을 통해서 구원을 받으려는 대다수의 교인들을 현혹하는 것이다.

이와 같은 변화는 르네상스 운동으로 일어난 개인주의 영향으로 일어났다고 볼 수 있으며 이러한 개인주의는 당시의 가톨릭교회의 교리에 정면으로 배치되는 행위였으므로 종교 개혁가들과 충돌을 피할 수 없었을 것이다. 당시에 가톨릭교회의 교리에 의하면 인간은 구원을 받기 위해서는 누군가의 도움이 필요한데 그가 바로 사제들이었기 때문이다.

신앙인들은 반드시 사제들 앞에서 고해성사를 통해 자신의 죄를 고백함으로써 구원을 받을 수 있다고 믿었지만 종교 개혁가들은 사제를 통하는 것이 아니라 예수님에 의해서 계시된 『성경』의 말씀을 따르는 것이 중요하며 이를 통해 하나님으로부터 구원을 받을 수 있다는 것이다. 따라서 인간은 신 앞에서는 누구나 평등하며 우리를 부자연스럽게 하는 모든 행위로부터(일종의 율법) 자유로워야 한다는 것이다. 이는 당시의 가톨릭 교리에 정면으로 배치되는 것이었으며 이로 인하여 교회의 균열이 가속화되기 시작했고 오늘날의 신교(新教)와 구교(舊教)로 분열되었다.

루터로부터 시작된 종교개혁을 통해 가톨릭이 누리던 특권적인 지위는 무너지게 되었고 인간은 모든 신학적인 횡포에서 벗어나 일상 전반에 걸쳐 자유를 획득하는 동시에 개인주의적 성향이 강해졌다. 이는 자유로운 정신에 입각하여 학문과 예술 등 모든 분야에서 독립을 가져온 계기가 되었다.

또한 『성서』를 각국의 언어로 번역하는 데 열중함으로써 일반 대중들에게 『성서』를 보급하여 쉽게 읽도록 하였으며 교회의 특권에서 벗어나 만인의 교회로 거듭나는 계기가 되었다.

그러나 이와 같은 과정은 순탄하지만은 않았다. 신교와 구교와의 갈등은 종교전쟁으로 번지어 유럽 전 지역에서 학살이 자행되었다. 이로 인해 두 종교는 돌이킬 수 없는 지경에 이르렀으며 오늘날까지도 교리의 문제로 앙숙 관계를 지속하고 있는 실정이라 할 수 있다.

위에서 말했듯이 루터는 교육자로서의 명성도 대단하였다. 그의 교육관은 좀 더 진보적이었으며 학교교육의 무상을 주장하였다. 그의 사상에서도 보았듯이 만인은 신 앞에서 평등하므로 빈부의 귀천, 남녀노소의 차별 없이 누구나 교육을 받을 수 있도록 하는 무상교육을 실시하였다. 이는 오늘날의 의무교육에 해당한다. 루터는 무상교육을 통해 누구나 『성서』를 읽고 해석할 수 있는 능력을 갖추어 신앙생활로 유도하고자 하였다.

또한 그는 무엇보다도 가정교육과 직업교육을 강조하여 누구나 세속적인 행복으로 유도하여야 한다고 했다. 따라서 부모들은 아이들을 취학할 수 있도록 하는 의무를 지니게 해야 하며 이는 오늘날의 공교육의 근간이 되었다고 볼 수 있다. 직업교육으로서는 교직을 추천하였는데 교직은 성직자 정도의 고귀한 직업으로 간주하고 교사를 양성할 것을 주장했다. 즉 교직은 돈으로 보상할 수 없는 중요한 직업이라 칭송하였으며 특히 여성교사를 양성할 것을 주장했다.

이를 위한 교육내용은 특히 초등학교에서 중요하게 생각하였는데 읽기, 쓰기, 독서, 체조, 음악, 성서를 내용으로 하여야 하며 중등학교에서는 인문학적인 교양교육을 강조하여 문법, 수사학, 윤리학, 수학 등을 강조하였다.

교육방법으로는 언어는 문법을 통하여 실시하는 것이 아니라 실제적인 연습을 통해 교육해야 한다고 하였으며, 특히 소크라테스(Socrates, BC 470~BC 399?)의 문답법을 강조하였다. 자연과학 등의 과목에는 시청각 교육을 활용해야 하며 체벌과 금욕을 강조하는 중세적인 교육방법에서 벗어나 사랑과 따뜻함으로 아동들을 대하여야 한다고 주장했다.

이로 보건대 지금부터 600여 년 전에 현대교육에서 실시하는 방법을 사용함으로써 교육적인 혜안이 대단하다고 볼 수 있다.

5. 부르주아(bourgeois)계급의 탄생으로 인한 사회 · 경제 · 정치적 변혁

부르주아라는 용어는 프랑스의 부르주아지(bourgeoisie)에서 유래하였으며 원래는 '성 안 사람'이란 뜻이었으나 마르크스주의 이후 현대에는 자본가 계급을 뜻한다. 프랑스어로 '성(城)'을 뜻하는 bourg에서 유래한다. 부(富)를 축적한 계급은 안전하고 윤택한 성내(城內)에 살고, 그렇지 못한 계급은 위험하고 척박한 성외(城外)에서 살았다는 의미를 가지고 있다. 따라서 부르주아는 자본가 계급을 뜻하게 되었고 다시 말하면 자본주의 사회에서 생산 수단을 소유하고 노동자를 고용하여 사업을 해서 이윤을 얻는 계급을 말하는 것이다. 반의어는 무산자(無産者)를 뜻하는 프롤레타리아(proletarier)이다.

마르크스(Karl Heinrich Marx, 1818~1883)는 프롤레타리아란 “자기 자신의 생산수단을 갖고 있지 않아서 살기 위해 부득이 자신의 노동력을 판매해야 하는 현대 임금 노동자”라고 했다. 그리고 이런 노동자 계급을 프롤레타리아라고 부른다.

이러한 개념은 근세에 들어와서 봉건제도의 근간인 장원제도, 농노제 등이 사라지고 자유주의에 기초한 상공업의 발달로 자본가 계급인 시민계급이 등장하면서 생겨났다. 이들은 자연과학과 지리상의 발달 그리고 각 도시의 상공업의 발달로 인하여 자본을 축적한 새로운 시민계급이다.

이러한 계급이 등장하게 되는 배경에는 근세에 들어오면서 봉건제도와 기독교가 쇠퇴하면서 새로운 왕권국가가 탄생하였고 군주들이 왕권국가를 유지하기 위해서는 새로운 세력과 연합이 필요하게 되었다. 이때 유럽의 상권을 통하여 부를 축적했던 시민계급들을 절실히 필요로 하였던 것이다. 이들 계급은 농노제가 무너짐에 따라 노동자들이 도시로 집중되자 이들을 고용하여 자본을 축적한 신흥계급이었던 것이다.

따라서 군주들은 이들 계급을 무시할 수는 없었다. 근대 사회로 옮겨감에 따라 일반 대중들에게는 많은 영향력을 주었기 때문이다. 교황권이 흔들리면서 절대왕권의 시대가 도래하자 이들을 중심으로 강력한 국가를 형성하게 되는 결과를 가져왔다.

근대 국가에서는 과거 성직자들이나 교황이 누렸던 시대를 탈피하기 위해서 사회적으로 혹은 국가적으로 새로운 법과 국가의 형태가 필요하였던 것이다. 이러한 법과 국가의 형태를 주장한 마키아벨리(N. Machiavelli, 1469~1527)가 출현하게 되었다.

6. 군주는 백성들에게 두려운 존재가 되어야 한다. 마키아벨리(N. Machiavelli, 1469~1527)의 『군주론(君主論)』

마키아벨리는 이탈리아의 피렌체에서 출생한 정치 사상가였다. 그는 한마디로 그의 저서인『군주론』을 통하여 국가형태나 정치사상을 피력함으로써 유명해진 인물이다. 이 책은 학자적인 자세로 저술한 책이 아니라 개인적인 소견에 불과한 서적이었으나 그는 이 책을 통하여 명성과 악명을 동시에 받았다. 그 이유는 지금부터 서술할 것이다.

당시 유럽의 대부분의 나라들이 통일된 강력한 국가를 형성하고 있었으나 그의 조국만이 몇 개의 공화국, 즉 베니스공화국, 피렌체공화국, 나폴리왕국 등으로 분열된 상태였으며 또한 주변국은 침략의 기회를 엿보는 등, 불안한 정세였다. 그는 조국의 위기상황을 대처하기 위하여 피렌체의 실제 지배자였던 메디치(Medicci)가의 로렌조(Lorenzo)에게 바치기 위하여 저술한 책으로 알려지고 있다.

이 책의 요점을 우선적으로 정리하여 본다면 이러한 위기상황의 조국을 안정시키기 위해서는 군주는 절대권을 가지고 국가를 이끌어가야 한다는 것이다. 다시 말하면 "오직 국가의 자기보존과 권력 장악만이 모든 정치 행위의 유일한 목적이어야 한다."라고 '있는 그대로의' 군주의 정치 행위를 주장했다는 것이다.

우리는 마키아벨리즘(Machiavellism)이라는 용어를 가끔씩 듣곤 하였을 것이다. 이는 목적을 위하여서는 수단과 방법을 가리지 말고 설령 비도덕적이라도 '결과가 옳다'면은 모든 행위는 정당하다는 의미이다. 즉 "목적의 달성에 도움이 된다면 어떠한 수단도 정당화된다."는 결과주의적인 관점을 지니고 있다.

이와 같은 관점은 오늘날 시대 상황과도 매우 유사하다고 볼 수 있다. 개인의 이익을 위해서는 사기, 배신, 폭력 등이 난무하여 사회의 혼란을 가져오더라도 자기의 배만 충족한다면 타인을 배려하지 않아도 괜찮다는 식의 가치관이 만연하고 있기 때문이다. 이는 정치에서도 마찬가지이다. 정치의 목적은 정권을 잡는 것이다. 정권을 잡기 위해서는 어떠한 술책, 기만, 폭력 등도 정당하다는 것이다. 정치에 있어서 권력을 잡는 것에 실패를 한다면 아무런 의미가 없다는 것이다. 그러나 국민을 생각하지 않고 자신의 기득권에만 눈이 멀어 온갖 정치 장난질하는 현상이 우리에게 좋지 않은 감정을 일으키는 이유는 무엇일까? 이것은 정치가 문제가 되는 것이 아니라 정치가의 자질과 오만에서 오는 것일 지도 모른다. 그럼에도 불구하고 마키아벨리는 정치든지 통치에서든지 강력한 지배를 해야 하는 이유를 밝히고 있다.

이러한 이유는 인간은 이기적인 성향을 갖고 있기 때문이라고 『군주론』에서 적고 있다. 우리 인간은 이중성(二重星)을 가지고 있어서 유리할 때와 불리할 때의 상황에 따라 행동을 취하는 이기적인 동물로 표현하고 있다. 그는 "인간이란 은혜를 모르고 변덕스럽고 위선적이고 위험을 두려워하고 탐욕스럽다. 그들에게 좋은 일을 해줄 때 그들은 당신편이다. (…) 그러나 어려운 일이 닥칠 때 그들은 당신에게 반항한다. 사람들의 말만 믿고 다른 예방조치를 취하지 않는 군주는 멸망한다."라고 분명히 하고 있다.

따라서 이러한 이기적인 인간을 지배하기 위해서는 무엇보다도 강력한 힘이 필요로 하며 절대 권력을 사용해야 한다는 것이다. 따라서 군주는 언제 어떻게 여우의 교활함과 사자의 용맹함을 사용할 것인가를 염두해야 하며 그것이 되지 않을 때는 두려움을 보여서 제압을 해야 한다는 것이다. 마치 먹고 싶은 아이스크림을 다른 이가 먹고 있을 때를 생각해 보아라! 분명히 한 입을 요구하면 줄 것 인가? 혹은 거부할 것인가? 를 파악해서 상황에 따라 대처를 해야 하며 거부할 경우 폭력을 사용해서라도 취해야 한다는 것이다. 왜냐하면 인간은 이기적이기 때문에 자기 것을 절대로 내어놓는 경우는 거의 없기 때문이다.

따라서 본인이 당하기 전에 강력한 힘을 사용하여 균형을 맞추어야 한다. 힘의 균형이 무너질 때는 언제 어떻게 무너질지도 모르기 때문이다. 이러한 힘의 균형을 유지하기 위해서는 강력한 지배력을 사용하여 국가를 통치해야만 자국(自國)을 보호하여 보존할 수 있고 국제사회에서도 똑같이 적용될 수 있다는 것이다.

그러하기 위해서는 국가는 정의를 구현하기 위해 부를 축적하고 군대에 관심을 두어야 한다는 것이다. 군은 국가 안보를 위해서는 강력한 힘을 가져야 하며 군주는 강력한 지배력을 발휘하여 통제를 하여야만이 국제사회의 냉혹한 현실에서 살아남을 수 있다는 것이다. 따라서 언제 어디서나 전쟁을 할 수 있는 준비 태세를 갖추어야 하며 이것이 국가를 존속하는 데 이롭다는 것이다.

이를 위해서는 군주가 갖추어야 할 요건을 다음과 같이 밝혔다. 중세시대와는 달리 군주는 유능한 사람이어야 한다는 것이다. 덕을 가진 군주는 국가를 멸망시킬 뿐 아무런 도움이 되지 않는다는 것이며 선함과 악함을 동시에 수행할 수 있는 유능함을 갖추어야 한다는 것이다. 왜냐하면 덕으로서, 선으로서, 정직으로서, 백성을 사랑하는 것은 약육강식의 세계에는 맞지 않다는 것이다. 따라서 군주는 사랑 대신에 공포의 대상이 되어야 하며 신의(信義)보다는 배반(背反)을 통해서 적절하게 역할을 수행해야 한다는 것이다. 상황에 따라 잔인과 공포를 통하여 적절한 정치상황을 전개할 수 있는 유능한 인물이어야 한다는 것이다.

또한 『군주론』에서 군주들이 경계해야 할 몇 가지 지침을 마련하여 놓았는데, 이를 살펴보면 다음과 같다.

첫째는 군주는 신하들의 아첨을 경계해야 한다는 것이다. 즉 충복한 신하와 간신을 구별할 수 있는 능력을 갖추어야 한다는 것이다. 신하들의 조언은 단지 조언에 불과하며 모든 결정은 군주가 하여야 한다는 것이다.

둘째로 군주는 권력을 잡을 시 악행도 마다하지 말아야 한다는 것이다. 비록 그것이 최선의 방법은 아니지만 시대 상황이 요구될 때는 괜찮다는 것이다. 그러나 분명히 최선의 방법이라고는 하지 않았으므로 함부로 남용해서는 안 된다. 좋지 못한 일부 사람이 잘못 사용하여 오히려 혼란을 가져올 지도 모른다. 우리에게도 마키아벨리의 『군주론』을 이용하여 정당화시킨 경우도 있었기 때문이다. 근대에서나 통할지는 몰라도 현대사회에서는 허용되지는 않는다는 것이다.

셋째는 군주는 자비와 같은 미덕을 언제나 지킬 필요는 없지만 그것을 가지고 있는 것처럼 보일 필요는 있어야 한다. 왜냐하면 때로는 외유내강(外柔內剛)의 모습이 국민들에게 오히려 안심을 줄 수 있을 것이다.

넷째는 인간의 속성을 분명히 알고 있어야 한다는 것이다. 앞에서 언급하였듯이 인간은 권력에 약하고 변덕스럽고, 탐욕스러운 존재라는 이중성(二重性)을 겸비한 존재이기 때문이다.

다섯째는 군주는 냉혹한 현실을 직시하고 냉정하게 판단할 것을 요구하며, 공허한 이상에 치우치면 자기의 파멸만을 초래할 뿐이다. 인간을 다스리려면 군주는 인간에 대하여 충분히 알아야 한다는 것이다. 인간은 우리가 생각하는 만큼 도덕적이지 않으며, 늑대와 같이 공격적이며, 뱀과 같이 갈라진 혀로 말을 한다. 따라서 군주는 사자와 여우처럼 행동해야 한다는 것이다.

이제까지 마키아벨리의『군주론』에 대하여 살펴보았다. 이 책을 서술할 때의 시대상황은 매우 어렵고 혼란스러운 조국의 모습을 보고 있는 그대로의 모습을 그려낸 것이라고 분명히 하였다. 이는 사회가 혼란할 때 그리고 그 사회가 타락할 때의 상황을 그린 것으로 현대 민주주의 정치사에서 이를 이용해서는 안되는 것을 분명히 인지해야 한다. 사회가 안정이 되고 도덕적인 사회에서는 이를 악용해서는 안된다는 것이다. 왜냐하면 일부 몰지각한 정치인이나 군인들에 의해서 악용된 것이 여러 차례 있었기 때문이다. 민주주의 사회에서는 국민들 그 자신이 슬기롭게 대처할 수 있는 능력이 충분히 있다는 것을 염두해야 할 것이다.

7. 나는 공포와 함께 쌍둥이로 태어났다.

홉스(Thomas Hobbes, 1588~1679)의 국가론(國家論)

홉스의 정치철학을 이해하기 위해서는 그가 출생한 과정을 분명히 알 필요가 있다. 그의 출생과정이 정치철학에 큰 영향을 미쳤기 때문이다.

그는 가난한 목사의 아들로 태어났으나 신학의 길을 걷지 않고 자유로운 삶을 살아간 정치 철학자였다. 영국에서 대표적으로 경험론을 주장하였으며 지식의 효용성을 중시하고 강조한 사람이다. 특히 자연과학의 중요성을 인식하여 철학을 과학적으로 조화시키려고 노력한 사람 중의 하나이다. 따라서 그의 이론은 신학적인 관점을 배제하고 오직 경험에만 의지했다. 그의 정치사상에 대한 관점을 국가론을 통하여 살펴보기로 한다.

위에서 말했듯이 그의 출생과정은 매우 독특하다. 홉스의 어머니는 스페인 무적함대가 쳐들어온다는 소문을 듣고 놀라, 임신 7개월 만에 홉스를 조산(早産)한 것으로 알려져 있으며, 홉스는 후에 이를 빗대어 "공포와 함께 나는 쌍둥이로 태어났다."라는 농담을 즐겨 했다고 한다. 그래서 공포에 대한 개념이 홉스의 정치철학에서 매우 중요하다고 볼 수 있다.

인간은 자연 상태(natural state)에 있어서는 공포(恐怖)와 안전애(安全愛)의 욕구로 인하여 국가를 형성하는 심리적 바탕이 된다는 것이다. 따라서 개인이 어떻게 국가를 형성하고 인간이 자연 상태에 놓여 있을 때는 어떤 상태이며, 가장 좋은 국가 형태는 어떤 형태이며, 어떻게 통치해야 하는가? 를 이러한 개념 위에서 출발하고 있다.

만인에 대한 투쟁(state of war of all against all)의 상태. 자연 상태(natural state)

홉스에게 자연 상태라는 것은 역사적인 관점이 아니라, 즉 원시적인 상태라든가 국가가 성립되기 전의 상태가 아니라 인간이 생활 속에 존재하고 있는 상태를 말한다. 그는 자연 상태를 이렇게 적고 있다. "자연 상태에서는 예술도 없고 문학도 없으며 사교도 없다. 그리고 무엇보다도 불행한 일은 공포가 떠날 사이가 없으며 잔인한 죽음의 위협이 있다는 사실, 그리고 인생은 외롭고 가난하며 더럽고 잔인한데 그나마 짧다는 것이다."라고 표현하고 있다.

홉스는 인간을 매우 '잔인한 동물(ferocious animal)', 혹은 '이기적인 동물(selfish animal)'로 규정하였으며 우리가 흔히 알고 있는 '인간은 사회적 동물이며, 정치적 동물'이라고 규정한 아리스토텔레스와 매우 상반된 견해를 가지고 있다. 간단히 표현하자면 인간의 본능은 자기만이 생존에서 살아남기 위해 가능한 많은 것을 취하려고 하며 이를 취하기 위해 잔인하게 남을 해하려고 한다는 것이며, 자기 보존을 위해 어떠한 짓도 할 수 있는 본성을 소유하고 있다는 것이다. 따라서 그러한 상태에 놓여 있는 한 우리는 살아남지도 못할 것이라고 했다.

이러한 상태에 인간이 놓여 있으면 어떠한 사회가 도래할까? 생각만 하여도 매우 끔찍하다. 여러분 자신이 약육강식의 세계에 놓여 있다고 상상을 해보아라. 과연 제대로 살아갈 수 있겠는가? 따라서 홉스는 이러한 인간의 자연 상태를 제재하기 위해서 국가나 사회가 형성되어야 한다는 것이며, 국가는 '자연적인 산물'이라는 아리스토텔레스의 견해는 잘못된 것이라고 하면서 분명히 상반되게 주장했다. 인간은 '사회적 동물'이기 때문에 자연스럽게 타인과의 공존을 통해 살아가는 존재가 아니라는 것이다. 이를 뒷받침하는 근거로 영화를 한 예로 들 수 있다.

영화 [Alive]에 보면 1972년에 우루과이대학의 럭비 팀을 태운 비행기가 안데스 산맥에서 추락하는 사고가 일어난다. 비행기의 동체만 남고 미끄러져 안데스 산맥에 불시착하여 그 가운데 승객 중에 몇 명은 사망하고 중상 입은 사람들은 정상 부근에서 조난을 당한다. 실제 비행기 사고를 영화화한 작품으로 조난당한 사람들은 생명을 유지하기 위하여 죽은 사람의 시체를 먹으며 72일을 견디었으며, 이중 29명이 죽고 16명이 극적으로 구출되었다. 이때 생존자들은 다른 탑승자의 시체를 뜯어먹으며 살아났지만, 그들에게 시체훼손죄(屍體毁損罪)를 적용하지 않았다. 왜냐하면 당시 자신의 생명을 보존하기 위해서는 그 외에 다른 수단이 없었기 때문이다.

이러한 예는 인간이 자기보존을 위해서는 이기적이며 잔인하다는 것을 잘 나타내고 있다. 인간은 자연 상태에서는 이로 인하여 항상 다툴 수밖에 없다는 것이다. 다시 말하면 강자들은 자기가 원하는 것을 언제나 힘을 앞세워 얻을 수 있지만 상대적인 약자는 획득할 수 없는 상황에 처해진다. 이러한 상태에서는 오직 힘과 권력에 의해서만 강자와 약자가 구별되어지는 상황이다.

홉스에 의하면 인간은 자연권(natural right)을 태어나면서부터 부여받았으며 이러한 자연권은 자기 보존 혹은 자기 방어를 위해 자기가 하고 싶은 대로, 자기가 갖고 싶은 대로 모든 것을 할 수 있는 권리를 말한다. 그러나 이러한 자연권을 인간에게 무한하게 제공하게 된다면 어떠한 상황이 일어날까? 답은 자명한 일이다. 그렇지만 인간은 무한한 자연권을 행사할 수 있는 권한을 부여받지도 부여받을 수 없는 여건이다.

인간이 한정된 권한을 각자가 사용하려고 한다면 사회나 국가는 어떠한 일이 발생될까? 홉스에 의하면 각자가 제한된 권한을 사용하게 된다면 전쟁의 상태(state of war)로 변하게 되고 만인에 대한 투쟁(state of war of all against all)상태가 될 것 이라고 한다. 따라서 이러한 상태를 저지하기 위해서는 국가나 사회를 통해 자연권을 분명하게 제한할 필요성이 있다는 것이다. 왜냐하면 자연 상태에서는 공포로 채워지기 때문에 이를 극복하기 위해서 인간은 국가를 형성하고 국가의 법이 반드시 필요하다는 것이다.

이러한 국가의 법은 개개인의 안전과 보존을 위한 법으로 국가를 구성한 모든 사람들의 합의에 따르며 강력한 힘과 권한을 가진다. 왜냐하면 합의에 의한 법을 제정을 한다면 누구나 지켜야 한다는 명분과 정당성이 있다는 것이다. 구성원들의 합의가 된 법들은 개인이 반드시 지켜야 된다는 의무가 존재하기 때문이다.

오늘날 대한민국에서 일어나는 각종 무질서와 혼란(混亂)은 몇몇 정치인들의 사적(私的) 이기심이나 탐욕으로 제정한 법들이 존재하고 있고 이에 대다수 국민들이 반감(反感)을 가지고 있으므로 법을 불신하고 무시하는 경향이 많음에서 비롯되었다. 대다수 구성원들이 제정한 법은 강력한 힘을 가질 수가 있어서 국가의 법은 막강한 권한을 가질 수 있다는 것이다.

따라서 자기보존과 안위(安危)를 위해서는 자기가 기지고 있는 권리와 권한을 국가에 양도를 해야 하며 양도를 받은 국가는 개인의 구성원들의 합의된 법을 가지고 강력하게 권한을 행사하여 국민의 재산과 생명을 보호해야 한다는 것이다. 구성원들이 양도한 법은 일방적으로 국가에 제공된 것이 아니라 국민의 재산과 생명을 보호하여야 할 의무를 가지고 있다는 것이다. 이것이 바로 홉스의 사회계약을 통해 국가를 형성하는 것이고 자연 상태를 벗어나는 데 가장 바람직하다는 것이다.

국가는 국민들로부터 자연권을 양도받았기 때문에 강력한 권한을 행사하여야 한다. 홉스의 국가관(國家觀)

위에서 언급을 하였듯이 국가는 개인과 국가 간의 상호계약을 통해 형성되었다고 했다. 다시 말하면 인간은 자연 상태를 벗어나기 위하여 그리고 자기보존과 방어를 위해 일정한 권리를 국가에 양도를 하고 국가는 양도된 법을 이용하여 국민의 재산과 생명을 보호하여야 한다는 것이다. 이렇게 하여야만이 국가의 권력이 막강할 수밖에 없다는 것이다.

따라서 죽음과 공포로 가득한 자연 상태를 벗어나기 위하여 개인은 이성의 명령을 발동하게 된다는 것이다. 즉 자연권에 따른 일반적인 욕구에 의해서 행동할 것이 아니라 생명과 재산을 지키기 위한 평화와 법의 준수를 통해 안전을 택하는 이성에 따라 행동할 것을 주문하고 있다.

이성에 따라 행동한다는 것은 결국 자신의 권리를 국가에 양도해야 하며 이를 통하여 자신의 자연권을 제한되게 사용할 것을 주문하고 있다는 것이다. 이렇게 해야만이 자신의 안전을 보장받을 수 있다는 것이며 곧 국가와 개인은 '계약(contract)' 상태로 인도할 수밖에 없다는 것이다.

국가와 개인은 계약 상태로 이루어진 관계이므로 각 개인의 양도된 법을 집행하기 위해서는 강력한 힘을 집행해야 한다. 각각의 상황에 따라 법을 다르게 집행한다면 개인들은 불복할 수 있으므로 법을 공정하게 적용해야 한다. 따라서 국가는 강력하게 사용을 해야 한다는 것이다.

이와 같은 국가는 어떠한 국가인가? 지구상에는 약 200여 개의 국가들이 존재하지만 각각의 정치체계는 다르게 구성되어 있다. 이는 각국의 시대와 상황에 따라 정치체계가 다르게 존재하기 때문이다. 당시의 정치체계는 주권이 어디에서 나오는가에 따라 군주제(monarchy)와 귀족제(aristocracy) 그리고 민주제(democracy)

로 구별되는데 홉스는 군주제를 선택하였다.

그는 각각의 정치형태 중에서 서로의 장, 단점이 존재하지만 강력한 힘을 발휘하여 국가를 운영하는 것이 최선이라고 주장했다. 다시 말하면 자연 상태에서 벗어날 수 있고 국민에게 피해를 가장 적게 줄 수 있는 정치체계로는 군주제가 가장 적합하다는 것이다. 왜냐하면 주권이 국민에게서 나오는 것이 아니라 군주에 의해서 일방적으로 통제할 수 있으므로 일관된 정책을 수행할 수 있기 때문이다.

이는 군주제를 통해서 강력한 국가의 힘을 가지고 절대적인 권력을 행사하도록 해야 한다. 이를 위한 국가를 '리바이어던(Leviathan)'이라고 하는 데 이 용어는『구약성경』에서 나오는 '영원히 산다.'라는 거대한 동물에서 나왔다고 한다. 여기에서 보듯이 통치자는 절대적인 존재로 보았다. 왜냐하면 국가와 개인의 보존을 유지하기 위해서는 강력한 국가와 통치가 필요하기 때문이다.

이는 국가는 국민들로부터 자연권을 양도받았기 때문이며 군주의 명령에 어긋나는 것은 곧 자신들이 양도해준 자연권의 제한을 잊어버리는 것과 같은 의미라는 것이다. 따라서 군주의 행동이나 명령 하나하나는 법이며 국민들은 반드시 저항없이 따라야 한다고 보았다. 이것이 바로 정의(justice)라는 것이다. 따라서 불공정한 법은 절대로 존재할 수 없다는 논리로 귀착된다.

군주는 백성들로부터 위임을 받은 평화와 보존에 대한 사항들을 반드시 지킬 의무가 있다. 왜냐하면 그와 같은 목적으로 국민들은 국가나 군주에게 자신의 권리들을 위임했기 때문이다. 이러한 책임을 수행하지 못한 명령이나 의무들을 준수하지 못했다고 해서 군주에게 악법이니 혹은 그것에 대한 책임을 묻지 말아야 하며 저항해서는 안 된다는 것이다. 잘못된 명령이나 판단은 오직 군주만이 할 수 있기 때문이다. 따라서 군주가 잘못된 일을 행하였더라도 그것은 군주와 신과의 문제이지 백성들과는 전혀 관계가 없다는 것이다.

이제까지 홉스의 국가관을 살펴보았는데 그는 강력한 국가를 원하였고 통치권자는 이를 수행하기 위해서는 절대적인 권력을 가져야 한다고 했다. 그러나 오늘날의 견해로 본다면 문제점을 가지는 것은 사실이다. 왜냐하면 국가에게 너무 많은 권력을 위임했기 때문이다. 모든 판단, 즉 정당한 것과 부당한 것, 정의와 불의, 종교와 미신 등도 국가의 허용이나 불허에 따라 결정된다는 것이다.

따라서 국가권력의 지나친 확대로 인한 법치국가적인 요소를 넘어선 개인의 지나친 제약에 미루어 보아 많은 비판을 받고 있는 것은 사실이다. 이와 같은 국가는 매우 위험하다는 것이다. 복종의 논리를 앞세워 개인의 권리를 너무나 제한하였고 공포에서 벗어나 평화를 유지하기 위해서 강력한 법을 통하여 자연 상태에서 벗어날 수밖에 없다는 논리는 오늘날에 이르러서는 논리가 너무나 미약하다는 것이다. 개인이 이성적인 삶을 살아갈 수 있다는 믿음을 간과하였다고 볼 수 있다.

8. 인간은 모든 편견, 고집, 아집, 오류로부터 자유로울 필요가 있다. 프랜시스 베이컨(Francis Bacon, 1561~1626)

프랜시스 베이컨은 영국 고전 경험론의 창시자로 알려져 왔으며 르네상스 후반에 근대철학을 성립하게 해준 중요한 인물 중에 한 사람이었다. 그는 학자들을 닫힌 연구실에서 대자연으로 나오게 한 인물로서 사변적인 연역법(deduction)에서 경험적인 귀납법(induction)을 제공함으로써 자연과학적인 사고를 하게 하여 과거의 추상적이고 관념적인 방법에서 벗어날 것을 요구하였다. 이러한 사실은 그의 묘비명에 적혀있는 “scientia est potentia(아는 것이 힘)”라는 것으로 대중들에게 널리 알려졌다.

서양 철학사에서 가장 중요한 사건은 기독교의 등장이며, 기독교 등장 이후 가장 중요한 사건으로 16세기부터 시작된 근대 과학혁명이라고 할 수 있다. 이로 인하여 당시까지 정통철학(正統哲學)으로 받아들여지던 중세기의 스콜라 철학은 위기를 맞게 된다. 그런 상황에서 17세기 근대 철학은 중세시대와는 단절된 새로운 시기에 근대 과학 혁명에 중요한 기여를 한 철학자가 있으니 그가 바로 영국의 프랜시스 베이컨이다,

‘경험주의’ 아버지로 불리는 베이컨은 1561년 1월 22일 런던에 있는 아버지의 관저 요크하우스에서, 당시 대법관으로 권력의 정상에 있던 니콜라스 베이컨의 막내로 태어났다. 베이컨은 12세의 어린 나이에 케임브리지 대학교 트리니티 칼리지(케임브리지 35

개 단과대학 중 규모가 가장 큰 대학으로서 뉴턴을 배출, Trinity College)에 형 안토니와 함께 입학하였다. 아버지의 후광에 힘입어 정치가로서 출세의 계단을 밟아 가던 그에게 1579년 아버지의 사망으로 비극이 닥친다. 막내아들이기에 상속권을 물려받지 못한 그는 자기 힘으로 장래를 개척해야만 했다. 따라서 변호사를 시작으로 하원의원, 차장검사를 거쳐 대법관이라는 자리에까지 오르게 된다.

그는 근대철학을 새로운 방법으로 접근해야 한다고 주장하였으며 이전에 가지고 있던 모든 사고의 틀을 버려야 한다고 했다.

우상론(偶像論)을 타파하자.

그는 대표적인 저서인『신기관론, Novum Organum』에서 인류의 진보를 위하여 우리가 이전부터 가지고 있는 모든 편견과 오류로부터 벗어날 것을 요구하고 있다. 다시 말하면 편견이나 맹목적인 오류로부터 탈피하여 올바른 연구를 해야 한다는 것이다. 따라서 그는 철학을 연구하는 데 있어서 우상론과 귀납법을 제시하였다.

인간이라면 누구나 만인에 대하여 우상(idols)이 되고 싶어하며 우상이 될 수 없는 순간 그 욕망을 채워줄 새로운 우상을 찾아 나서기도 한다. 오늘날 아이돌 그룹은 일부 사람들의 우상이 되어 있다. 각자의 욕구를 해소하기 위하여 텔레비전 앞에서 열광하는 것도 이 때문일 것이다.

철학사(哲學史)에도 마찬가지로 우상론이 존재한다. 고대 그리스 철학자인 플라톤으로부터 아리스토텔레스까지 이어진 철학의 계보는 하나의 지식적 우상을 형성하여 당시의 철학자들에게 많은 영향력을 행사하였다. 베이컨은 이 철학적 우상에 대한 욕망을 이해하고, 철저히 타파하고자 노력하였다.

베이컨은 케임브리지 대학교 입학 당시 필수 과목이었던 아리스토텔레스의 철학에 깊이 실망하게 된다. 그 이유는 실생활에 전혀 도움이 되지 않기 때문이었다. 그에게 학문의 목적은 실용성과 효용성에 있었다. 그는 정치가로서의 훈련과정을 밟으면서 정치와 외교의 실무를 몸에 익히는 와중에도 실험과 관찰의 중요성에 눈을 뜨기 시작했다. 이는 베이컨 철학의 근본 특징이 된다. 그의 실험정신과 관찰정신은 스스로를 죽음으로 몰아갈 정도로 철저하였다. 그 예로 겨울 추위가 얼마나 음식물의 부패를 방지(防止)하는지를 실험하다가 본인이 감기에 걸려 사망할 정도로 투철했다. 물론 그것은 당시 르네상스의 시대정신이 반영된 것이라 볼 수 있다.

학문적 탐구를 방해하는 4가지 우상론

베이컨은 인간의 과학적인 판단을 방해하고 탐구정신을 훼방하는 요인이 바로 우상이라는 것이며 이는 환상과 같은 것이라고 비판을 했다. 이는 우리가 바른 지식을 획득하기 위해서 마음속에 가지고 있는 맹목적인 오류나 모든 편견, 망상으로부터 우리의 사유를 깨끗하게 위한 학문적인 자세를 말한다.

우리가 흔히 학문을 하는 태도는 다음과 같은 유형이 있는데,

첫째는 거미와 같이 쏟아내는 형으로 책은 별로 읽지 않고 말만 많이 하는 유형을 말하며 이들은 주로 추상적인 이론을 전개하는 사변적 철학자들이라 할 수 있다.

둘째는 개미와 같은 유형으로 책을 닥치는 대로 많이 읽기는 하지만 소화하지 못하는 유형을 말한다. 대부분의 학문하는 자세가 여기에 속한다고 볼 수 있다.

셋째는 벌과 같이 모은 자료들을 분류, 검증, 분석, 실험을 통해 새로운 지식을 새로운 것을 창조하는 형을 말하며 대부분의 과학자들이 여기에 속한다는 것이다.

따라서 베이컨은 모든 학문하는 태도를 거미에서 벌과 같은 방법으로 전환하여야 하며 이를 극복하기 위해서는 우리의 마음을 백지로 만들어야 한다. 이것을 베이컨은 우상(idols)이라고 하며, 인간이 만들어 놓은 공상의 산물로서 규정하며 이것으로부터 벗어날 것을 요구하고 있다.

베이컨은 이러한 우상은 4가지로 정리가 되는데,

첫째는 종족의 우상(idols of tribes)이라는 것이다. 종족의 우상은 감각적인 사고의 오류가 사물을 잘못 판단하는 데서 생기는 오류로서 이는 인간성에 내재한 것이기 때문에 모든 인간에 공통된 우상이라는 것이다. 다시 말하면 인간의 감각이 사물의 판단 기준

이라는 것이다. 감각의 무작정 신뢰는 사물의 판단하는 데 있어서 전혀 도움이 되지 않는다는 것이다. 인간이 본래적으로 타고난 천성은 믿을 것이 안 된다는 것이다. 예를 들면 제주도의 도깨비 도로나 대구 인근지역의 도깨비 도로, 행성의 궤도는 원형이라는 것을 단순하게 판단하여 결정해 버리는 것 등이라 할 수 있다.

둘째로 동굴의 우상(idols of den)으로 볼 수 있는데, 이는 개인들의 환경, 개인 특유의 성격, 취미, 습관, 그리고 개인의 독서와 교육 등에 의하여 생긴 개인적인 편견을 말한다. 플라톤의 '동굴론'에서 유래를 하며 사물을 판단할 때 자기 자신의 관점에서만 바라본다는 것이다. 따라서 우리는 '나'라는 좁은 개인적인 편견에서 벗어나 사물을 객관적으로 보기를 주장한다. 쉽게 말해 '우물 안 개구리'라는 말과도 일맥상통(一脈相通)한다. 어리석은 인간에게는 자신의 안경을 통해 사물을 보는 경향이 있다는 것이다. 예를 들면 "너희 진주를 돼지에게 던지지 말라"라고『성경』에 나와 있듯이 사물을 자기만의 관점으로 생각하고 있다는 것이다. 선입견으로 생기는 편견을 경계하여야 하며 제대로 인식할 필요성이 있다는 것이다.

셋째는 시장의 우상(idols of market)으로서 언어를 잘못 사용하는 데서 생기는 오류를 말한다. 우리는 시장에 가면 다양한 문화를 접하게 되며 이를 통하여 교류와 의사소통을 하는데 이는 언어를 통해서 이루어진다는 것이다. 이것을 언어의 다의성(多義性)으로 표현을 하는데 이러한 다의적인 언어는 사물 자체로 취급되는 경향이 있다. 다시 말하면 모든 언어가 구체적 대상을 갖는다고 생각하는 오류(봉황, 천사)라 할 수 있다. 예를 들면 천사, 인어, 이무기, 용, 봉황과 같은 언어는 인간이 만들어 낸 상상일 뿐이며 인간의 사유가 만들어 낸 언어에 불과한 것으로 실제로 존재하지 않는다는 것이다. 이런 오류를 범하지 않기 위해서는 실험과 관찰을 통해 시장의 우상을 극복해야 된다고 했다.

넷째는 극장의 우상(idols of theater)으로 기존의 전통적이고 권위적인 사상체계를 비판 없이 받아들이는 오류를 말한다. 대부분의 사상이 경험적 근거 없이 이성의 유희에 의하여 만들어진 허구에 지나지 않으므로 맹목적인 신봉을 해서는 안된다는 것이다.

다시 말해서 이는 앞선 세대가 만들어 놓은 철학 체계나 사회제도의 폐단을 말한다. 가령 누군가 만든 영화나 극을 볼 때 그것이 잘 만들어진 허구임에도 아무런 통찰이나 사색 없이 사실로 받아들여질 수 있는 오류를 말한다. 이는 가공되어진 것이므로 경계할 필요가 있다는 것이다. 예를 들면 유명한 학자들을 이용하여 그럴듯하게 포장되어 있는 것으로부터 빨리 벗어나는 것이 극장의 우상이라는 것이다.

결론적으로 베이컨은 『노붐 오르가눔 Novum Organum』을 통하여 아리스토텔레스의 학문은 이 네 가지 우상의 폐단에 젖어 있고 중세 종교의 시녀 역할을 해 왔을 뿐이라고 주장하였다.

'귀납법(induction)이 필요하다.'

베이컨은 아리스토텔레스의 논리학과 스콜라 철학의 학문 방법이 결코 생활에 도움을 줄 수 없다고 생각했다. 그는 아리스토텔레스의 논리학, 즉 삼단논법은 이미 확인된 사실이나 내용을 설명하거나 설득하는 데에만 의미를 가질 뿐 자연을 관찰하고 새롭게 해석하는 데는 아무런 도움을 주지 못한다고 했다. 따라서 『노붐 오르가눔, Novum, Organum』에서 연역적 방법론을 대체할 수 있는 새로운 방법론으로 귀납적 방법론이 필요하다고 주장했다.

1620년 출간된 베이컨의 저서 『노붐 오르가눔』은 영어 'new organ'으로서 우리말로는 "새로운 기관 또는 신기관"이다 아리스토텔레스의 논리학 저서와 업적을 통틀어 오르가논(Organon)이라 하는데 『노붐 오르가눔』은 아리스토텔레스의 논리학에 대항하는 새로운 논리학, 즉 새로운 학문 방법을 뜻한다. 『노붐 오르가눔』의 표지에는 지브롤터 해협 양쪽에 선 헤라클레스의 기둥을 통과하여 지중해로부터 미지의 대서양을 탐험하러 떠나는 갤리온(galleon)의 모습이 묘사되어 있다. 갤리온은 전함(戰艦)으로 16세기 후반에서 18세기 무렵까지 사용된 범선이며 끝이 선수가 새의 부리처럼 툭 튀어나와 있으며 상선으로 사용되었던 근대초기의 배의 일종이었다. 따라서 베이컨은 이 갤리온과 같이 스콜라 철학의 구시대적 관념을 타파하고 만물을 더 올바르게 이해하고자 하였다. 그 밖에 표지 아래쪽의 라틴어 구절은 『다니엘서』 12장 4절을 인용한 것인데, "많은 사람이 왕래하고 더 많은 것이 알려지리라."라는 뜻이다.

개별적인 사례들을 하나하나 정확하게 관찰·조사하여 보다 일반적인 명제를 이끌어내고 최후에는 가장 일반적인 명제를 이끌어내는 방법이 바로 귀납법이다. 삼단논법은 명제들 사이의 관계만 이야기할 뿐 새로운 지식을 알려주지 못한다. 그래서 베이컨은 아리스토텔레스의 논리학에 반대했다.

『노붐 오르가눔』은 베이컨이 집필을 계획했던 6부작 중 2부에 해당되며 6부를 모두 완성하지 못하고 3부만 완성했다. 그가 계획한 6부작 저서는 인류가 지닌 모든 지식의 일람표였다. 그는 인류의 지식에서 무엇이 부족하고 무엇을 보충해야 하는지 밝힘으로써 인간이 자연을 지배하고 자연에 영향을 미치는 능력과 수단을 확장시키고자 했다. 이는 곧 '아는 것이 힘이다'라는 맥락으로 이해할 수 있다.

귀납법은 사물을 알아보는 데 있어서 적극적인 방법을 사용해야 한다는 것이다. 연역법은 우리가 지니고 있는 지식을 정리하거나 체계화하는 데 도움을 줄 뿐이며 결론은 전제들에서 끌어낸 것에 불과하다는 것이며 귀납법은 자연에서 새로운 사실을 끌어내기 위해 고안된 방법이라는 것이다. 여기에서 귀납법과 연역법의 예를 들어보면 귀납법은 "백조 1은 하얗다. 백조 2는 하얗다. 백조 3은 하얗다. 그러므로 백조는 하얗다."라고 여러 구체적인 사실에서 공통적으로 나타난 현상을 통하여 일반적인 원리를 끌어내는 방법이다. 반면에 연역법은 대전제가 되는 일반적인 원리를 가지고 개별적인 문제를 이끌어 가는 방법으로서 예를 들면 “모든 동물은 죽는다. 개도 동물이다. 따라서 개는 죽는다.”라고 결론을 도출하는 것이다.

만약 귀납법을 통해 열의 성질을 알고 싶다면 먼저 첫째는 존재표(table of presence)를 작성해야 한다. 연구하고자 하는 현상이 일어난 사례를 모은 표, 적극적 사례들, 태양, 불꽃, 인간의 피, 화산의 분출, 낙뢰 등을 모은 표를 작성해야한다는 것이다.

둘째는 역(逆)으로 부재표(table of absence)를 작성하여 연구하고자 하는 현상이 일어나지 않은 사례를 모은 표를 말한다(소극적 사례들, 달빛, 반딧불, 인, 죽은 동물의 피).

셋째로는 정도표(table of agree)를 작성하는 것이다. 연구하고자 하는 현상이 일어난 적극적 사례들을 정도에 따라 모은 표(현상의 정도, 강약, 증감에 구애 받지 않고 언제나 있는 요소를 그 현상의 성질로 보는 방법)를 말한다. 위의 것을 종합하여 결론에 도달하는 것이 베이컨의 귀납법이라 할 수 있다.

베이컨은 이와 같이 근대사의 경험적 지식을 중시하는 새로운 지평을 열었음에도 불구하고 그는 과학적 사고에 있어서 수학이 맡는 소임을 깨닫지 못했다. 그는 자연과학을 양적측정의 관점에서 이해하지 않고, 사물에 관한 일상적 기술이라는 관점에서 이해하였다. 또, 양과 수에 따라 가장 잘 표현될 수 있다고 보는 근대 물리학의 기본 원리를 전혀 모르고 있었다.

베이컨의 경험론은 적극적이기보다는 소극적이다. 그의 의도는 그렇지 않았을지 모르나 결과로 보면 그렇다. 다시 말하면 그의 경험론은 적극적인 수법을 천명하면서 오류를 면하도록 경고하는 데 성공한 것이다.

베이컨은 철저한 과학자도 아니었고, 그렇다고 과학자의 작업을 적극적으로 지원한 것도 아니었다. 따라서 그는 과학사에 남을 어떤 과학적 업적도 남기지 못했다. 그러나 전통을 극복할 새로운 학문이 필요하다는 인식과 함께 그러한 학문의 방법과 철학적 토대를 제공하기 위한 그의 노력은 평가받을 만한 것임이 분명하다.

그런 의미에서 과학사에서 베이컨의 위치는 그의 자연철학과 과학적 방법론에 대한 철학이 17세기와 그 이후의 과학과 철학에 미친 영향에서 찾아야 할 것이다.

제2장

대륙의 합리론과 영국의 경험론

1. 대륙의 합리론(合理論)

17세기 이전이 근대철학이 태동하는 시기라면 17세기 이후는 데카르트(Rene Descartes, 1596~1650)와 로크(John Locke, 1632~1704)를 중심으로 철학의 사상이 정립되는 시기라 볼 수 있다. 이 시기는 흔히 천재들의 시대로 불리며 두 사상가를 중심으로 대륙의 합리론과 영국의 경험론이 대두되기 시작했다.

합리론은 인식에 있어서 이성의 역할을 중시하며 경험론은 과학적인 사고의 방법으로 경험을 중시한다는 것이다. 이 두 가지의 새로운 철학은 당시 철학의 쌍벽을 이루었으나 서로 다른 주장을 하였다.

합리론은 서유럽지역인 독일을 중심으로 탄생하였다고 해서 대륙의 합리론이라고 칭(稱)하였고 경험론은 영국을 중심으로 출발했다고 해서 영국의 경험론이라고 칭(稱)하고 있는 것이다. 따라서 같은 유럽의 토대를 바탕으로 일어난 사상은 서로가 인식하는 데 있어서 매우 다르다는 것이다.

합리론은 이성의 능력을 신뢰하고 연역적인 방법을 사용하여 결론을 도출하였으며 수학을 언제 어디서나 보편적이고 타당한 학문으로 간주하여 수학적인 방법을 사용하여 철학적 방법을 선택하였다.

대륙의 합리론을 주장한 대표적인 철학자는 데카르트, 스피노자(Benedictus de Spinoza, 1632~1677), 라이프니츠(G. W. von Leibniz, 1646~1716) 등이 있다. 이 장에서는 데카르트를 중심으로 고찰하기로 한다.

1) "나는 생각한다, 고로 나는 존재한다." 르네 데카르트(Rene Descartes, 1596~1650)

르네 데카르트는 근대 철학사에서 대단히 중요한 인물이다. 그는 과거의 사상들을 결합하여 놀라울 정도로 독창적이면서 당시 과학의 경향에 맞는 사상을 내세웠다. 여기에는 과거로부터 이어진 신에 대한 안셀무스(Anselm, 1033?~1109)와 토마스 아퀴나스(Saint Tomas Aquinas, 1224?~1274)의 학설, 아우구스티누스

(Sanct Aurelius Augustinus, 354~430)의 의지론, 로마인들의 스콜라 철학에 대한 깊은 공감, 고대 회의론자들인 피론(Pyrthon, BC 360?~272?)에게서 간접적으로 얻은 회의적 방법 등이 스며들었다. 또한 데카르트는 위대한 수학자이기도 했다. 그는 해석 기하학을 창시했으며 많은 물리학적 해부학적 실험을 했으며 "그래도 지구는 돈다."라고 주장할 정도로 갈릴레오 갈릴레이(Galileo Galilei, 1564~1642)를 매우 존경한 인물이다.

그는 프랑스 귀족가문에서 태어났으며 선천적으로 신체가 매우 허약했다고 한다. 어렸을 적부터 유모의 손에 자란 그는 평생을 침대에서 누워 지냈고 하루 10시간 정도는 잠을 자는 데 투자하였으며 그 외에는 사색하고 저술하는 데 대부분의 시간을 보냈다.

데카르트는 대부분의 기간을 은둔과 방랑의 시기를 거쳤다. 수학과 철학에 관심을 가졌으나 또 다른 곳을 경험하기 위해서였다. 그래서 선택한 곳이 군대였고 거기서 새로운 철학을 정립하리라는 꿈을 접하고 난 뒤 네덜란드로 건너가서 학문을 게을리 하지 않고 저술과 연구에 몰두하였으나 그가 처음 저술한 책인『세계』가 문제시 되었다. 이 책에서 그는 지동설을 주장하였는데 교회와 마찰을 일으킨다는 이유로 불태워졌다. 그 다음 저술한 책인『방법서설』과 『제1철학을 위한 명상』이라는 저서을 발간하였으나 얼마 되지 않아 금서(禁書)로 지정되었다.

그 후에 스웨덴 여왕의 초청으로 스웨덴으로 건너갔으나 건강 악화로 인하여 1년 만에 죽음을 맞이하였고 방랑과 운둔의 시기에서 마침표를 찍었다. 그의 사망원인은 북유럽의 추위에 적응하지 못하였고 새벽에 일어나 여왕을 가르쳐야 할 정도로 업무가 과다하여 건강이 악화되었고 마침내 폐렴으로 사망하였다.

이 세상의 모든 사물(事物)들은 의심(疑心)의 대상(對象)이다. 방법적(方法的) 회의(懷疑)

우리는 어떤 사물을 인식하는 데 있어서 철저하게 회의(懷疑)로부터 시작해야 한다는 뜻이다. 그는 연역적인 방법, 즉 모든 것을 하나의 근본개념으로 이끌어 내어 결론에 도달하는 방법을 사용하는 것이다. 따라서 그는 건전한 회의에 빠질 것을 권유하였다. 이를 위해서는 모든 것을 '의심'하는 것으로부터 출발해야 한다고 했다.

이것은 어떤 사물에 대해서 부정하기 위해서 '회의(懷疑)'하거나 '의심(疑心)'을 하기 위해서가 아니라 좀 더 사물에 대해서 알기 위한 '회의(懷疑)'이다. 이로 인하여 독단(獨斷)과 광신(狂信)으로부터 해방되어 진리에 도달할 수 있다는 것이다. 우리는 이것을 데카르트의 '방법적(方法的) 회의(懷疑)'라고 명명(命名)했다. 이를 통하여 진리(眞理)를 찾는데 있어서 이성의 힘을 빌려 '의심'을 통하여 찾으려고 했다.

그는 확실한 어떤 것을 찾기 위해 고대의 플라톤(Platon, BC 427/8~BC 347)에서부터 스콜라철학에 이르기까지 모든 책들을 섭

렵을 하였으나 실패를 하였고 세계 여러 나라를 여행하면서 찾으려고 하였으나 찾지를 못하자 의심을 통해서 더 이상 의심할 수 없는 확실한 것을 이성의 힘으로 찾기로 하였던 것이다. 이것을 그의 철학적 기초로 삼았던 것이다. 따라서 이 세상의 모든 것들은 모두가 의심의 대상이며 더 이상 의심이 존재하지 않을 때 비로소 진리가 되는 것이다.

예를 들면 누구나 진리라고 말하는 수학적인 공식인 1+1=2라는 것도 의심의 대상이 된다. 왜냐하면 1+1=3이 될 수가 있는데 우리의 잘못된 환상이 잘못된 것으로 인도할 수도 있다기 때문이다. 따라서 데카르트는 의심의 대상이 사라질 때까지 의심을 해야 한다고 했다.

감각(感覺)적인 것도 마찬가지로 철저하게 의심할 필요가 있다. 데카르트는 우리가 보고 느끼고 듣고 하는 행위들도 불확실하다고 했다. 예를 들면 연애를 할 때의 영희의 모습과 며칠을 굶어 허겁지겁 식사하는 영희의 모습은 다를 수 있고, 거지들이 빵 한 조각을 먹고 맛있다는 것과 부자들이 빵 한 조각을 먹고 난 후의 의미는 매우 다를 수 있다는 것이다.

데카르트는 결국에는 더 이상 의심할 수 없는 사실을 알 수 있었는데 우리는 지금 '의심'하고 있다는 것이다. 지금 의심하고 있다는 것은 누군가 의심하고 있다는 것이며 이러한 것은 의심과 의심하는 사람이 존재한다는 공식이 성립된다는 것이다. 여기에서 "나는 생각한다. 고로 존재한다(Cogito ergo sum).”라는 데카르트의 유명한 명제가 생겨났다.

이는 사고하고 있다는 것은 반드시 주체인 ‘나’가 있어야 한다는 것이며 이것은 육체적인 ‘나’가 아니고 ‘정신적인 나’를 의미한다. ‘정신적 존재로서의 나’가 확실하다는 것이다. 이것이 바로 움직일 수 없는 하나의 출발점이라는 것이며 우리가 직접적으로 인식할 수 있는 것이 있다면 그것이 확실한 진리라는 것이다. 이것이 바로 신과 세계의 존재를 확실한 것으로 보고 있다.

사유(思惟)의 원칙에 있어서 직관(直觀)과 연역법(演繹法)

데카르트는 모든 것을 의심하고 사유(思惟)하고 그 의심이 해결될 때까지는 모든 것은 ‘참(Trueth)’일 수가 없다. 따라서 그는 사유를 하는 방법 두 가지를 제시하는데 이것이 직관(直觀, intuition)과 연역(演繹, deduction))이라는 것이다.

직관은 경험을 통하여 사물을 인식하는 것이 아니라 지적 통찰에 의해서 사물을 판단하는 능력을 말한다. 이는 수학에서 예를 들고 있는데 1+1=2라는 것은 경험하지 않아도 자명하다. 이것은 의심하다가 의심하는 주체로서의 나의 존재를 즉각적으로 깨달은 결과이기 때문이다.

우리는 앞에서 감각적인 것들을 믿어서는 안된다고 말했다. 왜냐하면 악마들이 우리들의 사고를 잘못된 길로 인도할 수 있기 때문이다. 그러나 데카르트는 직관은 의심할 것이 전혀 없는 지적인 통찰인 동시에 맑은 정신을 통하여 어떠한 의심을 일으키지 않는 명석한 판단과 판명된 지식을 제공하기 때문에 직관을 사용하도록 권유하고 있다. 참다운 지식을 얻는 데 그 기준은 '명석 판명함'이라는 것이다. 여기서 '명석함'이라는 것은 맑은 정신에서 나오는 분명한 것을 말하며, '판명함'이라는 것은 다른 지식과 구분되는 것을 말한다. 이는 "나는 생각한다. 고로 존재한다(Cogitc ergo sum)." 는 왜 확실한가?, 데카르트에 있어서 어떤 명제의 참과 거짓의 기준은 '명석 판명함'이라는 것이다.

다시 말하면 '명석 판명함'이 기준이 되는 것은 나의 정신에 분명히 나타나고 다른 것과 구별되는 것이기 때문이다. 예를 들면 1+1=2가 진리라는 것은 그것이 받아들여지지 않을 수 없도록 명석하고 판명되기 때문이라는 것이다. 이는 명증설(self-evident theory, 明證說)이라는 진리관이다.

예를 들면 데카르트의 "나는 생각한다, 고로 존재한다."라는 말은 이 두 가지 모두를 갖추었다. 설명하자면 "나는 생각한다."는 내 의식 속에 분명히 나타나기 때문에 명석하며 나는 다른 것을 하고 있는 것이 아니라 "생각하고 있다."는 것을 나타내고 있어서 다른 것과 구분이 되므로 판명하다는 것이다.

이러한 직관적 지식은 도저히 의심할 수 없는 것이기 때문에 증명이 필요한 것이 아니므로 진리일 수밖에 없다는 것이다. 가장 대표적인 것이 수학이다. 삼각형의 변이 세 개라는 것은 굳이 증명할 필요가 없다. 이러한 것을 공리라고 한다. 따라서 증명할 필요가 없는 공리를 만들어 내는 것이 직관적 지식이라는 것이다.

이러한 것들은 연역의 과정을 거쳐서 지식을 생산하게 되는데 확실한 사실에서 나오는 필연적인 결론을 도출하는 방식이다. 이것은 아리스토텔레스가 말한 삼단논법(三段論法)과는 차원이 다르다. 삼단논법은 어떤 전제에 따라 논리를 이끌어 내는 과정이지만 데카르트의 연역은 어떤 확실한 사실에서 출발하여 다른 진리를 이끌어내는 과정을 말하며, 즉 명석 판명한 진리에서 다른 진리를 이끌어 낸다는 점에서 아리스토텔레스의 삼단논법과 데카르트의 연역적 방법은 차이가 있다.

결론적으로 말하면 의심할 수 없는 것으로부터 시작하여 작고 단순한 문제로 나아가고 그것은 다시 복잡한 문제로 발전하여 결국은 전체적인 지식으로 도출하는 점증적인 방법이라 할 수 있다.

직관을 통해 신을 증명(證明)하다.

데카르트는 이와 같은 방식, 즉 수학에서의 공리와 같은 직관을 통하여 '정신'의 존재를 증명하였다. 다시 말하면 내가 존재한다는 것은 나의 정신에 분명히 나타나고, 나의 존재는 다른 존재와 확연하게 구별된다는 것이다. 나의 정신에 분명하게 명석하고 판명하게 파악된다는 것이다. 이것이 정신은 확실한 것이요, 자기철학의 출발점이며, 자기 철학을 전개해 나가는 것이다.

또한 데카르트는 신의 존재를 증명한다. 데카르트는 가장 확실한 것은 '정신'이라고 위에서 말했다. 이와 마찬가지로 '실체'를 들어서 증명을 하고 있는데, 즉 '실체'라는 것은 다른 도움 없이 스스로 존재하는 것, 즉 존재하기 위해 다른 아무것도 필요하지 않은 것을 말한다. 그것이 영원불변한 것인 신이라는 것이다. 따라서 신의 존재는 필연적이라는 것이다. 왜냐하면 유한한 존재인 '나'에게서는 나올 수 없기 때문이다.

신이 어떻게 존재하는가? 그는 구체적으로 우리의 정신 속에 있는 관념을 통하여 증명하고 있다. 우리가 갖고 있는 관념은 세 가지가 있다.

첫째는 외래관념으로서 감각을 통해 밖에서 들어온 관념이다.

둘째는 자작관념으로 외래관념으로서 만들어낸 관념으로 인어(人魚), 천사(天使), 삼족오(三足烏), 봉황(鳳凰) 등이 여기에 속한다.

셋째로 인간이 태어나면서부터 가지고 나온 관념으로 이것을 본유관념(innate idea)이라 말한다. 따라서 신은 우리의 정신 속에 분명히 존재한다는 것이다.

이로 보건대 신은 외래관념이 되지는 않는다. 또한 불완전한 인간은 완전한 신의 관념을 만들어 낼 수가 없기 때문에 자작관념은 더욱 더 아니다. 결론적으로 본유관념일 수밖에 없다는 것이다. 이러한 것을 인과론적인 증명(causal proof)이고 하는데 "무에서는 아무것도 생길 수 없고, 존재하는 것은 그것이 존재하기 위한 원인을 가져야하기 때문에" 신은 신의 관념의 원인으로서, 신의 관념을 나의 정신 속에 부여한 주체로서 존재하지 않을 수밖에 없다는 것이다.

또한 데카르트는 성 아우구스티누스처럼 존재론적으로 증명을 하고 있다. 신은 '완전성'을 가지고 있어서 완전한 존재가 존재하지 않는다는 것은 생각할 수도 없다는 것이다. 완전성을 가진 신은 분명히 존재한다는 것이다.

데카르트는 신이라는 관념은 인간의 의식이나 경험과는 상관이 없이 독립된 것으로 '나'라는 존재 안에서 만들어질 수가 없다고 했다. 따라서 완전하고 영원한 존재인 신이라는 관념은 '나'라는 존재 외부에 있는 완전한 존재인 신에게서만이 나올 수밖에 없다는 것이다.

데카르트는 방법적 회의를 통하여 정신의 존재를 설명했고, 정신 속에 있는 신의 관념을 통하여 신의 존재를 설명하였다. 그러면 물체는 어떻게 증명하는가? 그것은 간단하다. 물체는 신에 의해서 생겨났기 때문이다. 따라서 물체에 대한 관념은 물체로부터 생겨난다. 만약 물체가 물체로부터가 아니라 다른 원인에 의해서 생겨난다면 인간의 인식능력은 신뢰할 수 없고 신은 거짓말쟁이다.

간단히 설명하면, 우리는 감각을 통하여 외부의 물체를 지각할 수 있지만 감각을 통한 인식은 우리를 기만하고 오도하고 잘못된 방향으로 인도하기 때문에 믿을 수 없다. 그러나 세계가 있다는 사실은 너무나 자명하다. 이는 신이 인간에게 부여하여 준 신념이기 때문이다. 따라서 세계는 존재하고 물체는 존재한다는 것이다. 그렇지 않으면 신은 사기꾼이며 불완전한 존재이기 때문에 세계의 존재, 즉 물체는 반드시 존재할 수밖에 없다.

이로써 데카르트는 진리를 찾기 위해 모든 것을 의심하는 방법적인 회의를 통하여 우선적으로 정신의 존재를 증명하고 난 뒤 이를 바탕으로 신의 존재를 증명하였으며 신의 존재를 바탕으로 세계의 존재인, 물체의 존재를 점증적인 방법인 연역적으로 밝혀냈다.

정신과 물체는 어떤 속성을 가지고 있는가? 이원론(二元論)

데카르트는 '실체'를 "존재하기 위해서 다른 것을 필요로 하지 않고 스스로가 존재하는 것"이라고 위에서 밝혔다. 이러한 실체는 '신', '정신', '물체'라는 세 가지를 말하고 있다. 신은 절대적인 실체이고 두 가지는 신에 의존하기 때문에 상대적 실체라고 한다. 그러면 물체와 정신이라는 실체는 어떤 관계를 갖고 있는가?

이 두 가지(정신과 물체)는 아무런 사이가 아니다. 다시 말하면 서로 독립적으로 떨어져 있어서 서로가 어떠한 영향을 미치지 않는다는 것이다. 왜냐하면 이 둘은 '실체'들이기 때균이다. 물체는 물리적 법칙에 따라 움직이고 정신은 자유롭고 어떤 법칙에서 벗어나 있다고 볼 수 있다. 따라서 근본적으로 다른 것이므로 서로가 독자적이라 할 수 있다. 즉 물질은 정신에서 나올 수 없고 정신은 물질에 의존하지 않는다는 것이다. 이것을 데카르트의 이원론(二元論)이라 한다.

물체의 '속성(attribute)'은 무엇인가? 먼저 '속성'이라는 개념은 '어떤 사물이 지닌 본질적 성질'을 말한다. 무엇보다도 물체는 연장성(extension)을 가지는 존재라고 밝혔다. 연장성이라는 것은 그 길이를 통해 어느 정도의 공간성을 확보한다는 말이다. 예를 들면 아무리 작은 먼지라 할지라도 공간을 차지하고 있고 공간에 뻗어 있다는 것이다.

물체가 연장성을 가진다는 것은 어떠한 특징들을 내포하고 있는가? 첫째는 모든 물체는 분할될 수 있다는 것이며, 둘째는 연장성의 양태(mode)에 따라 여러 가지 형태의 물체가 생겨나며, 셋째는 이렇게 생긴 물체는 물리적인 법칙에 따라 움직이며, 넷째는 스스로가 움직일 수 없으며 움직인다면 그 제1원인이 바로 '신'이라는 것이다. 그러나 신은 계속적으로 원인을 일으키지는 않는다. 왜냐하면 물체에 대한 간섭을 배제하기 위해서 일정한 만큼의 양(量)만을 부여만 할 뿐이라는 것이다.

정신의 속성은 무엇인가? 정신은 사유(thought)를 그 특징으로 한다. 즉 사유 없이 정신은 생각할 수 없다는 것이다. 다시 말하면 정신과 사유는 불가분의 관계이다. 그렇기 때문에 정신은 물체와는 달리 공간도 없고, 길이도 없고, 모양도 갖고 있지 않으며, 운동도 없으며, 오로지 자유롭고 능동적이고 사유밖에 없다는 것이다. 여러분들이 마치 헛된 꿈을 꾸는 것처럼 말이다. 따라서 사유 능력이 없는 동물은 단순한 기계에 불과하다는 것이다. 예를 들면 집에서 키우는 강아지가 아파서 울음소리를 낸다고 가정을 하자. 여러분의 행동은 과연 어떠했을까? 데카르트는 단순히 소리로만 느끼며 감정이라든지 동정심을 알아차리는 것이 아니라, 마치 어느 집 개가 짖느냐는 식에 불과하다고 했다.

송과선(pineal gland)을 매개로 한 인과적 상호 작용설 (theory of causal interaction)

위에서 우리는 데카르트의 이원론을 살펴보았다. 그는 정신과 물체는 서로 독립성을 가지고 있어서 서로가 영향을 미치지는 못한다고 했다.

이러한 설명은 인간에게는 어딘가 부족한 느낌이다. 인간을 설명하는 데 한계가 있다는 의미이다. 왜냐하면 인간은 정신과 육체를 모두 가지고 있기 때문이다. 예를 들어 휴식을 취하면 힘이 나는 것 같이 육체를 설명할 수는 있지만 정신은 외부의 상호작용이 없으면 불가능하다는 것이다. 인간의 정신과 육체는 서로가 밀접한 관계를 가지고 있기 때문이다. 절대로 따로 따로 움직일 수는 없기 때문이다. 다시 말하면 "건전한 육체에 건전한 정신"이 깃든다는 말처럼 두 사이는 불가분의 관계라고 볼 수 있다.

데카르트는 이 문제를 풀기 위하여 생체리듬에 관여하여 호르몬을 만들어 내는 송과선을 매개로 하여 육체와 정신이 서로 상호작용하고 있다고 했다. 다시 말하면 정신과 육체의 상호작용은 뇌 속의 송과선을 통해 서로 만나면서 외부로부터 주어지는 물리적 자극이 신경계통에 자극이 되어 감각을 일으키기도 하고, 반대로 육체에 전달된다는 다소 궁색한 설명을 하고 있다. 우리는 이를 '인과적 상호 작용설(theory of causal interaction)'이라고 한다.

그러나 이러한 데카르트의 설명은 여러 철학자들의 논쟁거리로 남겨 놓았고 이원론이 가지는 약점이며 인간에게 있어서 정신과 육체의 밀접함을 충분히 설명하지 못했으며 그의 제자인 괼링크스(Arnold, Geulincx, 1625~1669)에 의해서 설명을 하고 있다. 그는 스승의 이론의 대부분을 받아들였지만 정신과 물체의 관계는 '기회원인론(occasionalism)'으로 설명하였다.

이를 간단히 설명하자면, 두 관계는 정신과 육체는 서로 직접적으로 관련이 없지만 신이 정신과 육체의 매개자가 되어 정신이 어떤 것을 하고자 한다면 그 '기회'에 신이 '원인'이 되어 육체에 그것에 상응한 행동이 일어나게 하고, 육체가 어떤 자극을 받으면 그 '기회'에 신이 '원인'이 되어 정신에 그것에 상응한 느낌이 생기게 한다는 것이다. 예를 들면 정신과 육체는 정밀한 시계공에 의하여 만들어진 두 개의 시계와 같다. 두 시계는 아무런 관계가 없으면서도 한 시계가 5시를 가리키면 또 다른 시계가 5번을 타종하는 것과 같다는 것이다.

이와 같은 대륙의 합리론은 데카르트로부터 출발하여 스피노자와 라이프니츠로 이어져 근대철학을 형성하는 데 큰 영향력을 준 계기가 되었다.

2) 진정한 자유인 스피노자(Benedictus de Spinoza, 1632~1677)

스피노자는 네덜란드 출신으로 유대인 집안의 전통적인 교육을 받고 자라났지만 그들의 교육방식과 맞지 않아 많은 갈등을 겪었다. 이로 인하여 살해 위협까지도 받았다. 그는 일생을 금욕(禁慾)적인 생활을 하였으며 학문(學文)의 자유(自由)를 부르짖었다.

스피노자는 데카르트 철학의 영향으로 유대교를 비판하자 유대교회에서는 그를 이단(異端)으로 몰면서 탄압하기 시작하였고 결국은 부모님이 사망한 이후 파면을 당했다. 그때의 나이가 24세였다. 그 이유는 "하나님은 육체를 가지고 있을지도 모른다. 천사는 환상일지도 모른다. 영혼은 다만 생명일지도 모른다. 『구약성경』에는 영생에 대해 아무 말도 없다."라는 주장 때문이라 할 수 있다. 그는 1673년 독일 하이델베르크 대학의 철학교수직을 제안받았지만 거절했다. 왜냐하면 교수직으로 인해 철학을 연구하는 데 방해받기 싫었기 때문이다. 또 그가 유대인 공동체로부터 당한 파문을 감수한 것은 네덜란드에서의 자유와 세속의 체험이 그의 사유를 자극했기 때문이다. 따라서 그는 자신의 삶을 통틀어 세속에 맞서 자유를 획득하고자 했다. 또한 재미있는 것 중의 하나는 젊었을 때부터 학업을 계속하기 위해 생계수단으로 안경 렌즈를 손질하는 방법을 배웠기 때문에 살아가는데 별 문제가 없었으므로 자유롭게 학문탐구만을 고집했던 것 같다. 그는 오로지 생계를 유지할 만큼만 돈이 필요했으며 그 외는 별 관심이 없었고 친구들과 자유롭게 토론을 즐겼다. 러셀(Bertrand Russell, 1872~1970)은 이와 같은 생활태도를 극찬하여 "위대한 철학자들 가운데 가장 고결하고 매력적인 철학자"라고 묘사했을 정도였다.

그의 사상은 데카르트와 매우 유사하다. 즉 인간의 이성을 믿었고, 이성에 근거한 지식을 존중하였으며, 실체의 개념을 통하여 사상을 전개하며, 수학적 방법을 철학에 적용시켰다.

모든 실체는 신으로부터 시작된다.

앞에서 데카르트는 정신과 물질은 이원론이라고 설명하였다. 이 두 가지는 각자의 독립적인 존재라 하고 서로 영향을 미치지는 않는다고 했다. 그러나 스피노자는 데카르트의 이원론이 인간에 있어서는 어딘가 부족한 설명이라 하면서 일원론(一元論)을 주장했다. 다시 말하면 정신과 물질은 하나로 통합할 수 있다는 것이다.

스피노자는 기하학을 철학에 접목했다. 그의 대표적인 저서인 『기하학적 방법으로 증명된 윤리학』에서 윤리학이 다루는 사랑, 정의, 실체 같은 의미들을 공리, 정의, 정리, 증명을 통하여 기하학적으로 설명했다.

먼저 그는 실체라는 것을 "모든 사물의 근저나 배후에 자리 잡고 있으면서 모든 존재를 자체 안에 융합하거나 포괄하는 일자(一者) 또는 무한자(無限者)"로 이해했다. 여기서 일자(一者)는 모든 존재의 사물의 원천으로 절대자(絶對者)를 말한다.

다시 말하면 실체라는 것은 "스스로 존재하고 이해되는 존재이며 이를 위해서 다른 것을 필요로 하지 않은 독자적인 존재"라고 한다. 따라서 실체는 무한자(無限者)이며, 단독자(單獨者)이고, 자인자(自因者)라는 것이다. 따라서 이러한 실체는 좀처럼 찾을 수가 없으며 유일한 것은 '신'이 될 수밖에 없다. 즉 '신'은 하나의 실체만 있다는 것이다. 따라서 그는 '신'이라는 것은 필연적으로 존재한다고 했다. 즉 '신'으로부터의 출발이 모든 문제들을 해결할 수 있는 명제가 된다는 것이다. 마치 데카르트가 "나는 생각한다, 고로 나는 존재한다."에서 출발했던 것과 같다. 즉 모든 존재를 신에서부터 출발하여 사고했다.

스피노자의 '신'의 관점은 기독교에서 말하는 '신'과는 전혀 다른 의미를 가지고 있다. 신학과는 전혀 별개이며 '인간'과 '사물'과 '신'은 따로 있는 것이 아니라 만물이 곧 '신'이라는 것이다. 즉 '신'은 '자연'과 분리되어 있는 것이 아니라 그대로 '자연'이다. 따라서 '실체'가 곧 '신'이며 그것이 '자연'이라는 것을 의미한다. '신'은 그저 자신의 힘으로 '자연'을 생산하며 그 '자연'속에 그대로 존재한다는 것이다. 즉 만물의 근원이 '신'이라는 것을 의미한다.

스피노자는 "존재하는 모든 것은 신 안에 있고 신이 깃들지 않은 사물은 존재할 수도 없으며 사유될 수도 없다."는 범신론적인 결론에 도달한다. 그는 이러한 이유로 교회로부터 살해위협과 파면을 당했다. 이러한 관점에서 괴테는 그를 "신에 취한 사람"이라고 평하였다.

그런데 앞에서 '실체'는 '신'이며 '신' 그 자체가 '자연'이라는 범신론적인 결론이 어떻게 도출되었을까? 다시 말하면 '자연'을 어떻게 '신'이라 할 수 있는 것인가? 에 대하여 그는 '자연'은 '신'이 가지고 있는 모든 속성을 지니고 있다고 설명한다. '신'이 가지고 있는 속성은 무한자(無限者)이며, 단독자(單獨者)이고, 자인자(自因者)인데 자연은 모두 이것의 성질을 포함하고 있다는 것이다. 무한한 힘과 생산력을 지니고 있는 것이 자연과 일치된다는 것이다. 따라서 '신'과 세계는 분리되어 있는 것이 아니라 세계는 '신' 속에 있고 '신'은 '세계' 속에 있다는 것을 의미한다. 따라서 "신과 세계는 하나다"라는 공식이 정립된다.

스피노자는 또한 이러한 자연을 두 가지로 구분하는데 하나는 '만드는' 자연과, 또 하나는 '만들어지는' 자연이다. 다른 말로 표현을 한다면 '능산적 자연(能産的自然, natura naturans)'과 '소산적 자연(所産的自然, natura naturata)'으로 구분된다는 것이다. 쉽게 말하자면 원인(原因)과 결과(結果)를 의미한다.

능산적 자연은 신이 자신의 필연성을 통해 사물을 만들어내는 것으로 능동적이고 창조적인 측면이 있어서 '그것에 따라' 일어나기도 하고 변하기도 하는 것을 말한다. 즉 자연법칙이다.

소산적 자연은 능산적 자연을 통해 생겨난 것으로 자연법칙에 따라 일어나기도 하고 없어지기도 하는 자연현상을 말하며 끊임없이 변동하는 세계의 모습, 즉 이것을 '우주의 얼굴'이라고 하는데 이는 수동적인 측면을 가지고 있다.

따라서 자연이라는 실체는 자신을 변화시켜 만물을 만들어 내며 그렇게 만들어진 모든 만물은 '양태(樣態, 표현되는 방식)'라고 부르며 신의 모습을 담고 있다. 결국은 신과 세계는 동일하다는 것이다.

관념의 질서와 사물의 질서는 동일하다. 심신병행설(心身竝行設, the parallel theory of mind and body)

스피노자는 유일한 실체는 신이라고 하였다. 그러한 신은 자연과 일치한다고 위에서 말했다. '신'은 사유와 연장이라는 두 가지 특성을 지니고 있는데 모든 것은 신을 통해 존재하므로 모든 개별적 사물 역시 두 가지 관점에서 파악되어야 한다. 다시 말하면 사유의 관점에서 보면 관념으로, 연장이라는 관점에서 보면 물체로 나타나는 것이다. 두 개의 서로 다른 실체가 존재하는 것이 아니라 두 가지 양상을 통해 관찰되는 하나의 실체가 있을 뿐이라는 것이다.

여기에는 자연을 정신적인 측면에서, 혹은 물리적인 측면 두 가지 모두를 설명할 수 있다. 자연이라는 실체의 속성인 '사고'는 자연의 법칙과 자연의 형상(form)이고 '연장(延長, 물체의 기본적인 존재형식으로 공간의 일정부분을 점유한다는 점에서 데카르트는 물체의 속성을 연장으로 삼고, 정신의 속성을 사유라고 하였다.)'은 자연의 '질료(質料)'라 할 수 있다는 것이다.

스피노자는 데카르트처럼 정신과 육체는 어떠한 관계를 가지는가?를 설명하였다. 데카르트는 이 둘의 관계를 이원론적으로 보았다. 각자가 독자적이고 개별적이라는 것이다. 그러나 스피노자는 다른 방식으로 설명하였다.

이는 유일한 실체인 신을 중심으로 나타난 두 속성에 불과하다는 것이다. 정신과 육체는 둘이 아니라 한 실체에 나타난 두 측면이며 밀접하게 결부한다고 본다. 다시 말하면 자연, 혹은 신의 한 실체적인 측면에서 보면 하나는 정신이고 또 하나는 물체의 측면으로 나타난다는 것이다. 따라서 정신과 육체는 같이 움직이게 되며 마치 동전의 양면과 같다. 이렇게 정신과 물질은 신의 속성으로 신을 중심으로 평행을 이루고 있다는 것이다.

스피노자는 정신적 현상과 물리적 현상은 서로 평행을 이루며 두 가지 측면이 모두 다 나타난다고 이해할 수도 있다고 했다. 관념(ideas)의 질서와 사물(things)의 질서는 동일하다는 것이다. 인간의 행동의 변화는 정신과 육체는 동시에 일어나며 두 가지는 각자 따로 일어나지는 않는다는 것이다.

예를 들면 삼각형을 공식으로 나타내면 원을 관념적으로 이해한 것이 되며 삼각형을 그림으로 표현하면 물리적으로 이해한 것이 된다는 것으로 반대로 삼각형의 그림이 잘못되었다면 삼각형의 공식이 다르게 나타나는 것처럼 인간의 육체와 정신은 다르게 일어나지는 않다는 것이다. 이것을 스피노자의 심신병행설이라 하며 데카르트의 이원론을 스피노자의 일원론으로 발전시켰다.

신을 갈망(渴望)한 인식론(認識論)과 윤리학(倫理學)

스피노자의 인식론은 현대철학에 있어서도 영향을 끼쳤다. 인식론이란 "사물을 어떻게 알 수 있는가?"라는 앎의 과정을 탐구하는 학문이라 했다. 따라서 모든 만물은 신이라는 실체의 한 부분이기 때문에 우리가 무엇을 안다는 것은 결국 신을 안다는 것이며 그것을 인식하였을 때 진리에 접근할 수 있다고 볼 수 있다. 그는 "개별 사물을 더 잘 이해할수록 신에 대해 더 많이 알게 된다."라고 했다.

스피노자는 지식을 종류를 3가지로 구분하여 인식의 과정을 설명하고 있다.

첫째는 상상(想像)의 단계로서 감각을 통해 얻은 지식을 말한다. 다른 말로 풀이 한다면 속견(俗見)으로서 매우 부정확한 지식이다. 단순히 보고 듣고 하는 것으로 사물을 정확히 파악할 수는 없다는 것이다. 이는 지식을 파악하는데 일차적으로 도움을 줄 수는 있지만 정확성이 부족하다는 것이다. 왜냐하면 사물은 상황에 따라 다르게 나타날 수 있기 때문이다.

둘째는 이성을 통하여 얻은 지식을 말하는데 첫 번째를 통하여 나타나는 지식이 아니라 과학적 탐구를 통해 얻어진 지식을 말한다. 이는 과학적 탐구를 통해 얻어진 지식으로 공통된 관념이 만들어 내는 지식으로 사물의 성질로서 연장, 운동, 정지, 크기, 모양 등을 만들어내면서 다른 관념들을 파악하는 방법이다.

예를 들면 삼각형의 공통된 관념을 만들어 내면서 적합하고 옳은 관념들을 연역해가는 지식을 말한다. 이러한 방법은 속견으로 한 지식보다는 더 진리에 가까우며 인간은 이와 같은 지식을 추구함으로써 과학적인 탐구를 할 수 있다는 것이다. 이러한 방법은 오늘날에도 매우 유용하게 사용된다. 따라서 스피노자의 인식론은 현대철학에 많은 영향을 미쳤다고 볼 수 있다.

셋째는 가장 높은 수준의 지식으로서 신의 속성들의 본성으로부터 개별 사물에 대한 인식으로 나아가는 방식으로 그는 '직관지(直觀知)'라고 불렀다. 이러한 지식은 앞의 두 가지와는 다른 방식으로 얻어진 지식이다. 이것은 어쩌면 완벽하게 이루는 직관지는 어디에나 없을지도 모르지만 철학에 있어서는 종합적으로 진리를 아우르는 판단 기준이 된다는 데서 매우 유용하며 스피노자의 인식방법에 있어서 이상(理想)일 수가 있다는 것이다.

스피노자는 주요 저서인 『에티카, Ethics, 1677』를 통하여 자신의 독특한 윤리학을 주장했다. 그는 이 책에서 자신의 합리주의적인 철학을 가장 체계적으로 나타내었으며 윤리학에 대한 견해를 기하학적으로 풀이하였다. 결론적으로 신과 세계와의 관계를 창조론적인 측면이 아니라 '신이 곧 자연'이라는 범신론적인 측면에서 밝히려고 한 것을 앞에서도 언급하였다. 다시 말하면 신의 내적 필연에 의해 모든 사물이 생긴다는 것이다. 이 저서는 친구들에 의해서 발견되어 훗날 괴테(Johann Wolfgang von Goethe, 1749~1832년)에 의해서 재평가를 받았으며 독일 관념론에 큰 영향력을 미쳤다.

스피노자는 인간은 어떤 행위를 함에 있어서 자유의지에 따라 행동을 하는 것이 아니라고 했다. 인간은 자연의 법칙의 일원으로서 한 치의 오차도 없이 움직이며 행동에 있어서 결단 혹은 의지가 전혀 관계가 없다는 것이다. 즉 자연의 필연성처럼 한 치의 오차도 없이 톱니바퀴처럼 운동을 한다는 것이다.

인간의 행동 변화는 외부의 자극에 의해 일어나고 이러한 자극에 대한 반응은 자기를 보존하려는 욕구를 가지고 있기 때문이라는 것이다. 그러나 자기의 보존을 위해 선택된 행동을 하였다고 해도 그것은 자기의 주관적인 차원에서의 반응이지, 외부에서 일어나는 상황자체를 변화할 수는 없다는 것이다. 예를 들어 만약 여러분이 친구에게 말다툼을 하다가 주먹이 날아온다고 가정을 하자! 그러면 반드시 두려움을 느끼고 피하려고 할 것이다. 이러한 행위는 주관적인 행동이지 외부에서 일어나는 상황을 바꿀 수는 없다는 것이다. 모름지기 인간의 행동은 자연현상과 마찬가지로 불변의 법칙을 따른다는 것이다.

이러하듯이 우리는 신에 대한 지식을 통해 자연법칙을 이해하려고 해야 한다는 것이다. 이를 위해서는 반드시 지성을 동원해야 한다. 자연이 자연의 법칙에 따라 흘러가듯이 인간도 본연의 법칙에 따라 행동을 할 때 덕에 이르는 만큼 인간은 이성을 통하여 행동을 할 때 최고의 덕에 이를 수 있다는 것이며 이것이 인간의 본연 혹은 본성이라는 것이다.

그러나 인간은 본래적으로 충동, 본능, 감정에 의해서 행동을 하는 존재이다. 즉 이성을 사용하여 본능이나 감정을 통제할 수 있다. 일차적으로 어떤 행위를 할 때 본능에 의해서 이루어진다면 인간의 행위는 결코 바람직한 행동으로 나타날 수 없으므로 이러한 본능을 이성을 활용하여 올바르게 조절할 수 있다는 것이다.

각각의 본능에 따라 행동한다면 반드시 많은 어려움을 겪게 될 것이다. 이러한 혼란을 해결할 수 있는 것이 이성이며 종합적인 안목으로 전체적인 행동을 바람직하게 유도할 수 있도록 한다는 것이다. 이것이 바로 신을 알아가려는 노력이며 부정적인 사고에서 탈피하여 긍정적인 사고로 생활할 수 있는 방법이다. 다시 말하면 '신에 대한 지적 사랑'을 이해함으로써 외부의 자극과 필연적인 법칙을 이해할 수 있다. 이를 통해 외부의 자극을 이겨내고 사물의 지배에서 벗어나는 것이라 할 수 있다. 이것이 바로 이성적인 삶을 살아갈 수 있다는 것이다.

스피노자는 우리가 가지고 있는 일차적인 행위인 욕망, 본능, 충동, 감정 등은 부정적인 면을 초래하고 이성을 따르는 삶이 인간의 행동에 도움이 된다고 했다. 그는 '우리는 신에 대한 지적 사랑'을 통해 우주를 전체로서 인식할 때 철학이 추구하는 지혜를 얻을 수 있다고 했다. "내일 지구의 종말이 올지라도 사과나무 한그루를 심겠다."라고 한 것은 그의 사상을 잘 말하고 있다.

3) 나이가 어리다는 이유로 박사학위를 거부당한 라이프니츠 (G. W. von Leibniz, 1646~1716)

라이프니츠는 독일이 배출한 위대한 철학자들 중의 한 명으로 스피노자가 주장한 독일의 합리주의자들과 마찬가지로 이성과 이성에 의한 지식을 중시하였고 실체를 자기 철학의 중심에 놓고 이론을 전개하였다. 그는 어렸을 적에 천재라는 소리를 들을 정도 매우 영리하였으며 16세에 독일의 라이프니츠대학에 진학하여 홉스와 데카르트 철학에 대단한 관심을 가졌다. 이는 대학교수인 그의 부친의 영향을 많이 받은 것이다. 그는 대학을 졸업한 뒤 1966년에 박사학위를 신청했지만 나이가 어리다는 이유로 퇴짜를 맞아 다른 대학에서 박사학위를 받았다.

후에 교수직 제안을 거부하고 정치에 관심을 두었으며 세계 각지를 여행하면서 스피노자와 같은 학자들과 친분을 가졌으며 종교개혁으로 갈라진 교회를 통합하려고 하여 사상가로서의 측면도 보였다.

또한 그는 뉴턴이 발견한 미적분학을 3년이나 앞서 발견하였으며 '보편수학', 즉 수학적 부호로 된 언어를 가지고 사고도 계산할 수 있으며 이를 통해 학문 사이의 장벽도 헐어낼 수 있다고 했다.

그는 "보편수학이 완성되는 날, 우리의 논의를 계산해 봅시다."라고 할 만큼 수학을 매우 중시하였다.

그는 신학에도 능통하여 신을 증명하기도 하였으며 수많은 글과 3만여 통이나 되는 편지를 남겼지만 평생 독신으로 살았으며 매일 똑같은 음식을 음식점에서 시켜먹을 정도로 연구에 매진한 학구파였다. 말년에는 고독한 삶을 살았으며 죽을 때 그의 곁에는 아무도 없었다고 한다.

"단자에는 창문이 없다." 실체로서의 단자

대륙의 합리론자들이 주장했듯이 라이프니츠 역시도 "실체란 무엇인가?"를 자기철학에 중심을 두고 연구하였으며 앞의 스피노자와 데카르트와는 다르게 정의를 하였다. 데카르트는 물체와 정신이라는 두 가지의 실체가 존재하며 이 두 가지는 서로 독립적이라 하였으며 스피노자는 자연이라는 하나의 실체만 있고 그것은 사고와 연장이라는 두 개의 속성을 가지고 있으며 이를 근거로 정신과 육체를 자연이라는 한 실체의 두 가지 측면으로 나타나는 현상이라는 심신병행설을 주장했다. 라이프니츠는 자연이라는 실체 한 가지만으로는 모든 정신과 육체의 관계를 설명하는 데는 부족하다는 입장이다.

그는 '실체'를 유일한 것이라고 인정하는데 그것은 '신'도 아니고 '자연'도 아닌 '단자(單子, monad)'라는 것이다. 'monad'는 희랍어인

'monas'에서 유래되었으며 수학으로 '1' 혹은 '단위'를 의미한다. 그에게서 단자는 연장성을 지니지 않으며 물체적인 것도 아니며 단순하며 분할되지 않는 것이며 스스로 움직이며 힘과 생명을 지닌 것이다. 쉽게 말하면 그는 스피노자처럼 자연을 근거로 한 것에 만족하지 못하고 아주 작은 것에서부터 시작하고자 했다.

라이프니츠의 단자론은 고대철학의 데모크리토스가 말하는 원자론과는 유사하지만 다소 차이가 있다. 원자론은 유물론자들처럼 단순한 실체가 아니라 그것은 단일체 혹은 하나를 뜻하는 것이다. 즉 원자론은 연장성을 속성으로 갖는 물질적인 것이고 더 이상 나눌 수 없고 생명을 가지지 않으며 외부에서 힘을 주지 않는 한 움직일 수 없다는 것이다. 라이프니츠의 단자의 개념을 정리하면 다음과 같다.

첫째로 '단자'는 원자와 같이 연장(길이)을 가지는 것이 아니고 모양도 없으며 실재(real)하는 것이며 세계를 구성하는 기본 단위(unit)이다. 따라서 에너지나 힘을 가지고 인간의 정신을 표현하며 물질세계에 앞서 있다.

둘째로 단자는 하나가 아니라 무한하다는 것이다. 무한한 단자들이 모두 다르고 구별되며 독립적이어서 서로에게 영향을 주지 않는다. 또한 단자는 스스로의 활동원리가 있으며 그 원리에 따라 활동한다는 것이다. 그는 이러한 단자를 "단자에는 창문이 없다"라고 칭했다. 이는 창문이 없으니 바깥이 보이지 않을뿐더러 결국은 다른 단자에게 영향을 줄 수 없다는 뜻이다. 따라서 이 세상에는 똑같은 단자가 없으며 각각의 방법으로 우주를 반영한다는 의미이다. 이것이 라이프니츠의 '실체'이다. 이 실체는 어떠한 길이나 크기를 가지지 않으며 그 안에 우주의 모든 것을 담고 있다는 '일자(the One)'가 바로 '실체'인 '단자'라는 것이다.

셋째는 단자는 계층을 이루고 있다. 그는 우주 속에 모든 만물은 단자로 구성되어 있다고 설명했다. 모든 만물, 즉 무생물과 동, 식물뿐만 아니라 신과 인간들도 단자로 구성되어 있다는 것이다. 따라서 모든 만물은 질적으로는 차이가 없다는 결론이 나온다. 다만 정신의 명료성에 따라 차이가 난다. 고등동물(高等動物)일수록 정신의 명료성이 높고 미생물일수록 정신의 명료성이 낮다는 것이다.

이는 우주의 만물은 신에서부터 인간, 그리고 동물, 식물, 미생물에 이르기까지 정신적 명료성에 따라 단자가 구성되어 있어 계층을 이룬다는 것이다. 이러한 계층은 단절이 없다. 가장 낮은 단계는 정신이 혼미한 상태이고, 인간의 단자는 의식을 가지고 있으며, 신은 무한한 의식과 전지전능한 힘을 가지고 있다. 이처럼 계층은 연속을 이루고 있다는 것이다. 이를 두고 그는 "자연에는 비약이 없다(there are no leaps in nature)."라고 했다.

한편 이러한 단자들은 하나하나가 '축소된 세계(a world in miniature)'에 해당한다. 예를 들면 어떤 하나의 사물은 그 자체가 하나의 세계가 된다. 그 자체에서 생겨난 다른 사물도 또 하나의 세계라는 것이다. 이러한 사실로 볼 때 단자는 '소우주(microcosmos)'로부터 구성되고 단자들로 구성된 세계는 '대우주(macrocosmos)'가 된다. 이러한 것은 단자의 명석함에 달려 있다.

이 세계의 질서와 충돌은 신에 의해서 예정되어 있다. 예정조화설(the doctrine of pre-established harmony)

앞에서 우주의 만물은 단자들로 구성되어 있으며 이러한 단자들은 독립적이어서 서로 별개이며 단순하며 스스로 움직이는 원리에 따라 활동한다고 했다. 라이프니츠는 단자들로 구성된 우주의 만물은 어떻게 질서와 조화를 이루는가? 에 의문을 가졌다.

그의 대답은 아주 간단했다. 이러한 단자들이 질서와 조화를 이루는 것은 신에 의해 예정되어 있다는 것이다. 예를 들어 밤하늘의 수많은 행성들은 각각에 의해서 존재한다. 그러나 행성들이 일 년 내내 충돌 없이 질서 있게 움직이며 각각의 활동을 하고 있다는 것이다. 이러한 이유는 서로 조화되도록 자연의 법칙에 의해서 결정되어 있으며 이를 조종하는 것이 '신'이라는 것이다. 결론적으로 신에 의해서 미리 결정되었다고 해서 "예정조화설"이라는 것이다.

따라서 인간의 정신과 육체도 이와 같은 이론으로 설명했다. 정신과 육체는 두 가지 모두 '단자'로 구성되어 있어서 정신적 명료함에 따라 차이가 난다. 말하자면 육체는 정신보다 덜 명료함을 가진 '단자'에 해당한다. 따라서 두 가지는 각각 독립된 단자이기 때문에 서로 영향을 미치지 않으며, 즉 단자에는 창문이 없기 때문이다.

정신과 육체는 어느 정도 연관성이 있어 서로 영향을 미치는 관계라는 것이 일반적인 견해이다. 그는 이러한 설명을 시계에 비유했다. 두 시계가 똑같이 바늘을 움직이며 가는 것은 미리 정교하게 가공되어 있기 때문이다.

이는 단자들이 각각의 독립적이지만 움직임에는 서로 질서가 있다는 뜻이다. 단자들은 각자 창조된 목적을 가지고 있고 그 목적에 따라 움직인다는 의미이다. 그래서 서로 분리된 단자들은 조화를 이루게 된다. 단자의 목적은 예정되어 있고 그 서로 다른 목적들이 단자의 활동 속에 조화를 이루고 있으며 이것은 신에 의해 일어난다는 것이다.

신의 존재와 인간의 자유

라이프니츠의 신을 원인으로서 파악하고 있다. 어떤 행위가 일어나기 위해서는 반드시 원인이 있어야 한다는 것이다. 이러한 원인은 다른 것의 원인이 되며 궁극적으로는 최초의 원인이 존재하는데 이것이 '신'이라는 실체가 존재한다는 것이다. 다시 말하면 다른 원인이 필요하지도 않는 것이 바로 '신'이라는 것이다.

세계는 신이 창조하였기 때문에 완전한 세계라는 것이다. 왜냐하면 이 세계는 신에 의해 예정되고 신에 의해서 창조되었기 때문이다. 따라서 신이 최선의 세계를 창조했다고 볼 수 있다. 신이 창조한 세계는 나쁜 세계가 될 수가 없다.

과연 오늘날 우리가 살고 있는 세계는 완전한 세계인가? 완전한 세계라면 인류는 왜 기아와 빈곤으로 허덕이며 각국은 이익에 따라 전쟁과 살인을 하고 왜 테러가 난무하는가? 또한 개개인의 이익 때문에 살인과 강도를 일삼으며 시기, 질투로 난무한 세상이 되었는가? 라는 의문이 존재한다. 과연 무질서하고 악이 존재하는 세계를 완전한 신이 창조했다는 것은 매우 아이러니(Irony)하다.

이에 대하여 라이프니츠는 이 세계는 악이 존재한다는 것을 인정했다. 신은 선과 아름다운 세계를 창조하였지만 결코 완벽한 세계를 만들지는 못하고 세계를 창조함에 있어서 "가능한 많은 선"을 가진 세계를 창조했다는 것이다. 신에게는 세계의 모든 것들을 부여할 수는 없었다. 그렇기 때문에 불완전하고 제한된 것들이 존재할 수밖에 없다는 것이다. 따라서 완전한 것보다는 그것을 대비할 수 있는 불완전한 것도 필요하다는 의미이다. 악을 통하여 선의 의미를 깨닫기 위해 필수적인 요소라는 것이다.

예를 들면 우리가 매일 맛있는 음식을 먹는다면 다른 음식에 적응이 되지 않을 것이다. 맛이 있다는 것은 반대로 맛없는 음식이 존재하기 때문에 알 수 있으며 그로 인해 맛있는 음식이 더욱 값어치가 있다는 것과 같다.

따라서 악은 실재적인 것이 아니라 완전성의 결여요, 결핍에 불과하다. 악이 있기에 전체적으로 이 세계는 조화가 이루어질 수 있으므로 불가피하게 존재할 수밖에 없다는 것이다.

이러한 라이프니츠의 예정설로 보면 인간의 행동에는 제약이 존재하는 것처럼 보이지만 어디까지나 잠재적이고 가능한 것일 뿐이다. 결국 인간은 사유와 성찰을 통해 끊임없이 살아가는 존재라는 의미이다. 그것은 결국 자신 안에 있는 가능성을 실현시켜 나가는 것이고 이를 통해 사물의 본질과 관념을 찾는 것이 자유를 실현시켜 나가는 것이다.

자유라는 것은 자기 자신 안에 있는 가능성을 펼쳐 나가는 과정이며 인간의 필연적 과정이다. 따라서 우리는 자유를 포기해서는 안 된다. 왜냐하면 신이 가능한 완전한 세계를 창조하였듯, 즉 가능한 선이 많은 세계를 창조하였듯이 우리는 자유를 가지고 불완전함을 해소할 수밖에 없다는 것이다.

2. 영국의 경험론

합리주의가 이성을 중시하였다면 경험론은 모든 학문의 기초는 경험에 의거한다고 한다. 흔히 이 학파는 영국에서부터 출발하였다고 해서 영국의 경험론이라고 한다.

계몽주의 철학자들은 자연의 실재에서 정신의 구조에 대한 설명으로 관심을 돌렸고 그 정신의 장치들을 경험적으로 설명하면서 르네상스의 초점이었던 단순한 수학적 인식 요소보다는 감각적 인식 요소에 의존했다. 이른바 영국 경험론 학파는 칸트 시대 이전까지 계몽주의 철학을 이끌어 나갔으며 사물보다는 관념, 본유적 필연적 원리보다는 경험을 기반으로 철학을 연구했다.

영국의 경험론을 대표하는 철학자는 시초인 베이컨을 비롯하여 윌리엄 오컴(William of Ockham, 1280?~1347) 등이 있다. 이들은 스콜라 철학을 퇴보시켰으며 대체로 과학적인 방법을 동원하여 경험과 실험을 중시하였다. 인간은 감각을 통하여 사물을 인지할 수 있으므로 감각이 지식의 출발점이며 지식은 감각에 의해서 생겨난다는 것이다.

1) 맞지 않으면 고통을 알 수 없다. 경험론을 주장한 존 로크 (John Locke, 1632~1704)

영국의 경험론이 베이컨에서부터 시작되었다면 로크는 경험론의 창시자라고 할 수 있다. 다시 말하면 철학적 체계를 갖추었다는 것이다. 그는 청교도 집안에서 태어나 엄격한 교육을 받았다고 전해진다. 그가 1690년에 발표한 『인간오성론』은 그를 경험주의 철학자로서 유명한 반열에 올려놓은 저서이며 『시민 정부론』은 근대 민주주의의 이론을 발전시켰고 미국 독립선언문의 기초가 되었다.

그의 철학적 관심은 "지식은 어떻게 얻을 수 있는가?"이고 이를 매우 단순하게 설명하였다. 대륙의 이성론(합리론)은 이성을 신뢰하며 수학적 방법에 의존하여 이성적인 지식을 중시했지만 경험론자들은 경험을 중시하고 경험적 방법에 의존하여 경험적인 지식을 중시하였다. 따라서 로크도 우리의 지식이라는 것은 추상적이고 이데아 같은 관념적인 것이 아니라 경험함으로써 만들어진다고 했다.

로크는 인식의 기원, 즉 지식은 어디에서 생기는가?를 밝히기 위해 본유관념을 부인했다. 본유관념은 인간이 태어나면서 갖는 관념으로서 경험에 의한 지식을 획득하는 것이 아니라 경험에 앞선 경험이라는 것이다. 다시 말하면 생득 관념을 부인하는 것이다.

로크는 이와 같은 생득관념인 본유관념을 매우 부정하였으며 아주 위험한 것이라고 주장하였다. 역으로 생각하면 인간에게는 이성과 판단을 무시하게 되며 무작정 맹신하게 되는 경향을 보인다는 것이다.

로크는 논리적 원리, 실천적 원리, 신의 관념은 본유관념이 아니라고 했다. 논리적 원리 같은 관념들은 미개인들이나 교육받지 않은 사람들에게는 없다는 것이다. 또한 실천적 원리들, 즉 도덕률은 보편성을 갖지 않고 시대와 문화, 사회에 따라 다르기 때문이다. 그리고 신의 관념도 마찬가지다. 왜냐하면 어린아이들에게는 신의 관념이 보이지 않고, 신에 대한 표상(image)이 서로 다르기 때문이다.

이와 같이 우리에게는 본유관념이 존재하지 않으며 정신은 '백지상태(tabula rasa)'와 같다고 했다. 다시 말하면 우리의 마음은 아무런 관념이 없는 '공허한 방(empty cabinet)'과 같고 깨끗한 흰 종이와 같다는 뜻이다. 따라서 처음에는 아무것도 담고 있지 않다가 우리의 경험으로부터 하나하나씩 채워진다는 의미이다. 우리의 지식은 '경험에 근거하고, 경험에서 유래'하며 경험이 인식의 통로라고 할 수 있다는 것이다. 따라서 우리의 인식은 외적 경험과 내적인 경험으로써 지식이 만들어지고 마음속에 채워진다. 이를 교육학에서는 백지설(白紙說)이라고 한다.

외적인 경험은 '감각'에 의해서 사물을 인식하고 내적인 경험은 '반성(reflection)'을 통해서 사물을 인지한다. 구체적으로 말하면 사고, 의심, 추리, 비교, 추상 등을 통해서 사물에 대하여 관념을 얻는 것을 내적 경험, 즉 반성이라 말한다.

예를 들면 초콜릿이라는 사물을 두고 우리는 맛을 보거나 만지거나 하면서 초콜릿의 성질을 알아내는 과정이 외적인 경험으로서 사물을 인식하는 것이며 감각기관을 통해서 얻어지는 초콜릿의 성질을 가지고 2차적으로 정신활동을 하면서 얻어지는 활동을 내적 경험, 즉 반성이다. 이때 2차적인 활동은 '상품을 만들어 팔면 수익을 얻을 수 있구나!'라는 결론을 내린다면 내적 경험을 통해서 지식을 얻는 것을 의미한다.

로크는 경험을 통해서 얻는 관념을 단순하거나 복잡한 것으로 나누는데 이를 단순관념과 복합관념으로 구분할 수 있다.

단순관념은 감각기관을 통하여 얻어진 외적인 경험과 반성에 의해 생기는 내적인 경험에 의해서 생기는 관념에 해당하며 정신이 수동적으로 받아들인 관념을 말한다. 이러한 단순관념은 첫째로 하나의 감각기관에 의해 생겨날 수 있다. 색, 소리, 맛에 대한 관념들을 말한다. 예를 들면 "소금은 짜다."라는 것이다. 둘째로 하나 이상의 감각기관에 의해 생기는 것도 있다. 공간, 연장, 형태, 정지, 운동 등의 관념들을 말한다. 셋째로 내성에 의해서 생기는 관념들도 있으며 마지막으로는 감각과 내성에 의해서 생기는 관념들, 예를 들면 고통, 쾌락, 힘 등이 있다.

이와 같이 단순관념은 감각기관을 통하여 얻는 개별적이고 수동적인 개념을 말한다. 예를 들면 소금을 감각으로 받아들일 때 '희다'와 '짜다'라는 관념으로 따로따로 받아들이는데 이러한 것을 감각기관에만 의존한다는 것이다.

복합관념은 단순관념에서 넘어오는 자료들을 정신활동을 통해 종합하는 것이다. 이는 사유, 비교, 결합, 추상, 추론을 통해 합쳐지기도 하고 나누어지기도 한다. 이를 통하여 사물을 분리시키고 통합시킬 수 있다고 한다. 예를 들면 "나뭇잎은 파랗다."라고 해서 나뭇잎과 푸른 강물을 구별하듯이, 혹은 똑같이 검다고 해서 초콜릿과 기름을 구별하는 것처럼, 이런 것들을 복합관념이라고 한다. 다시 말하면 정신의 능동적인 작용을 통해 단순관념들을 다양하게 결합하고 가공하고 변형하여 만들어내는 관념이다. 따라서 복합관념은 많이 생길 수도 있다.

다시 복합관념은 '양태'와 '실체'와 '관계'로 나눌 수 있다. 첫째로 '양태'는 실체가 아니고 실체에 의존하거나 수반되는 것으로서 실체의 모습이라고 볼 수 있다. 예를 들면 걷다, 기다, 달리다, 구르다와 같은 복합관념은 운동이라는 관념의 형태이며 지속이라는 관념의 양태로서는 시간, 날짜, 달, 해, 영원과 같은 복합관념이 생겨날 수 있다.

둘째로 실체는 존재론적으로 말할 때와 인식론적으로 말할 때 그 의미가 다르다. 그것이 존재하기 위해 다른 것을 필요로 하지 않는 독립된 존재를 존재론적인 실체라고 말하며, 인식론적인 실체는 현상과 반대되는 개념으로 현상의 배후에는 그 현상을 가능하게 하고 그 현상을 지지하는 어떤 기체(substratum)가 있다고 추론하며, 그 기체를 '실체(substance)'라고 부른다는 것이다. 이렇게 실체라는 것은 나타나지도 않고 배후에 있으므로 지각할 수도 없고 다만 추론을 할 수 있다는 것이다. 따라서 그는 실체라는 것을 실체의 존재를 믿으면서 "내가 알 수 없는 어떤 것"이라고 했다. 그러나 감각을 떠나 있는 실체를 아는 것은 당연히 불가능하다는 것이다.

로크는 실체에 속하는 복합관념으로는 '영혼', '물체', '신'이 있다고 했다. 인간은 정신적인 작용을 분명히 하고 있다. 달하자면 어떤 사물을 인식하기 위해서는 분명히 추론과 사유를 통한 정신작용을 한다는 것이다. 이러한 정신적인 작용을 하여주는 기체(substratum)로서 영혼이라는 정신적 실체가 있다는 것이다. 물체도 마찬가지이다. 예를 들면 어떤 장미에서 붉다, 예쁘다, 향기롭다 등의 감각적인 성질을 얻게 되며 이러한 감각적인 성질들을 가능하게 하고 지지하는 것이 장미라는 물질적 실체가 있다는 것이다. 이와 같은 것은 모든 사물에도 적용이 된다는 것이다. '신'이라는

'실체'는 영혼이라는 정신적인 '실체'와 물질적 실체인 '물체'를 지지하는 기체로서 신이라는 실체가 있다는 것이다.

셋째로 관계는 우리의 한 관념이 다른 관념과 비교하거나 연관시킬 때 생기며 이러한 방법은 무수히 있을 수 있다는 것이다. 따라서 관계에 속하는 복합관념도 수없이 많을 수 있다.

마음속에 있는 관념이 그대로 지식이 되는 것이 아니다.

로크는 인간의 마음은 공허하고 백지상태(tabula rasa)로 되어 있다고 했다. 따라서 경험을 통해 단순관념이 정신의 작용으로 인하여 결합되고 가공되어 변용되어서 복합관념이 생긴다는 것이다. 이렇게 해서 지식이 형성되어 우리의 공허한 상태를 채워준다는 것이다. 그러나 마음속에 있는 관념이 그대로 지식이 되는 것은 아니라고 했다. 관념들이 결합하여 어떤 명제를 이룰 때 가능하다는 것이다.

로크는 이에 대하여 지식은 "두 관념 사이에 일치와 불일치를 아는 것"이라고 했다. 다시 말하면 지식은 분명하게 주어와 술어가 정확하게 일치되어야 한다고 했다. 주어와 술어가 명확하게 일치한다면 진리(Truth)가 되고 그 반대는 거짓(False)이라는 것이다. 이에 따라 지식이 결정된다는 뜻이다.

로크는 이에 따라서 지식을 세 가지로 구분할 수 있다고 했다.

첫째로는 직관적 지식(intuitive knowledge)으로서 정신이 두 관념 사이의 참과 거짓을 누구나 인정하며 다른 관념의 개입 없이 직접적으로 알아볼 수 있는 지식을 말한다. 예를 들면 사각형은 삼각형이 아니며, 물과 기름은 다르고, 또한 1+1=2이다. 이러한 사실들은 따로 논증할 필요성이 없는 가장 확실하고 명료한 지식을 말한다.

둘째로는 논증적 지식(demonstrative knowledge)으로 추리와 논증을 통해 지각할 수 있는 지식을 말한다. 이는 어떤 명제가 직관적으로 나타나지 않아서 다른 관념들을 동원하여 참(Truth)과 거짓(False)을 찾아내어 명제를 확인하는 방법이다. 예를 들면 논증적 지식으로서 삼단논법과 수학적인 공식들을 말할 수 있다. 그러나 이러한 명제는 잘못된 추리나 논증을 할 경우 오류를 범할 수 있어서 조심할 필요가 있다. 왜냐하면 잘못된 추리나 논증을 할 경우 전혀 다른 명제로 도달하여 혼란을 가져올 수 있고 오히려 논쟁을 불러올 수 있기 때문이다. 예를 들면 신이 존재하는가?, 예수는 사람인가? 아니면 신(神)인가? 라는 논쟁적인 지식이 여기에 속한다고 할 수 있다. 이러한 지식은 직관적인 지식보다 덜 명료(明瞭)하여 오류(誤謬)를 범할 수도 있다는 것이다.

세 번째로는 감성적 지식(sensitive knowledge)으로서 감각을 통해 지각하는 지식이다. 이는 만지고 보면서 그리고 맛을 보거나 사물을 접촉함으로써 생기는 지식을 말한다. 예를 들면 "꽃은 아름답다." "식초는 시다." "쇠는 솜보다 무겁다." 등은 직접 사물들을 접촉함으로써 가능하며 인간의 감각을 통해 얻는 지식이다. 그러나 감각적인 지식은 명료성이 덜하여 오류를 범할 수도 있다. 감성적 지식은 지식이라기보다는 신념(faith)이나 의견(opinion)에 불과하다고 이야기를 하면서 인간의 대부분이 이러한 지식에 의존하고 있다는 것이다.

로크는 지식의 범위는 어디까지인가?, 지식의 범위는 어디까지 영향을 미치는가? 라는 의문에 대하여 설명하고 있는데 지식의 범위는 관념을 넘어설 수 없으며, 즉 관념이 없는 곳에 지식이 있을 수 없다는 의미이다. 따라서 우리의 지식은 인간이 관념을 얻을 수 있는 데까지만 미칠 수 있게 된다. 관념은 단순관념과 복합관념으로 구성되어 있는데 단순관념을 통해 복합관념이 형성되고 단순관념은 경험에서 생기기 때문에 지식의 범위는 경험에 한정된다는 것이다. 따라서 지식은 결국 경험에 의해서 생겨난다고 볼 수 있다. 제목에서 말했듯이 "맞지 않으면 고통을 알 수 없다."라고 한 것과 일맥상통한 이야기다.

인간은 도덕적으로 충분히 살아갈 수 있다. 자연권

로크는 경험주의를 신봉한 만큼 정치학에서도 많은 영향을 미쳤다. 당시는 르네상스 이후 봉건사회의 몰락과 근대 시민사회가 도래하면서 많은 사람들이 민주주의와 인간의 자유에 관심을 가지고 있던 상황이었다. 따라서 로크의 정치사상은 자유를 갈망하던 영, 미의 자유민주주의에 영향을 주었다.

우리는 앞에서 홉스의 정치사상에 대하여 살펴보았다. 그는 인간은 자연 상태에서는 약육강식(弱肉强食)이 난무하기 때문에 자기들의 자연권(natural right)을 양도하여 국가로부터 자기의 생명과 재산권을 보호받아야 한다고 주장했다. 왜냐하면 자연 상태(natural state)에서는 죽음과 공포로 둘러싸여 있기 때문이다. 이와 같이 그는 인간의 자연 상태를 매우 부정적으로 인식한다.

로크는 홉스의 정치사상과 대립하며 출발하고 있다. 홉스의 '자연 상태'의 개념에서 차이점을 나타내고 있다는 것이다. 로크는 자연 상태를 인간을 심판하고 벌하는 어떠한 권위도 존재하지 않는, 함께 어우러져 사는 사회를 말하며 충분히 도덕적으로 살아갈 수 있다는 긍정적인 면을 강조했다. 따라서 만인은 모두 평등하고, 자유롭기 때문에 인간의 생명과 재산, 그리고 자유를 누구도 침해할 수 없다고 했다. 이를 보장하는 것이 법이라고 할 수 있다. 따라서 법은 인간의 행동을 제약하는 수동적인 법이 아니라 인간의 이성에 의해서 혹은 이성을 실현시킬 수 있는 법인 자연법(natural law)을 말한다.

로크는 자연법은 인간이 태어날 때부터 가지는 권리인 자연권에서 출발해야 한다고 했다. 홉스는 인간의 자연권은 자기를 지킬 수 있는 권리에 강조를 두었다면 로크의 자연권은 다른 사람에게 침해받을 수 없는 권리를 말하고 있다.

예를 들면 개인의 생명, 자유, 평등, 교육, 재산 등을 남에게서 침해를 받을 수 없는 권리를 말한다. 로크는 자연권 중에 특히 재산권을 중시하였다. 그는 인간의 노동이 가장 기본적인 재산권이며 무작정 재산을 축적하는 것이 아니라 노동이며 노동에 의해 축적된 재산권은 노동의 주인에게 돌아가야 한다고 주장했다. 정당한 노동에 의한 재산권을 인정하며 어떠한 투기도 정당화될 수 없다고 했다.

로크는 이러한 재산권에 대한 관점에서 국가와 정부를 설명하고 있다. "과연 국가와 정부의 역할은 무엇인가?"라는 것이다.

인간은 사회를 이루면서 국가를 통해 결속하고 이를 위해 정부의 지배를 승인하게 되므로 국가와 정부는 시민의 생명과 재산을 보호하기 위해 존재한다는 것이다. 왜냐하면 만인은 평등하다는 자연권을 가지고 있기 때문에 함부로 당사자의 동의 없이 재산을 강탈할 수 없고 어떠한 정치권력도 인간의 자유와 권리를 속박할 수 없다. 그러나 속박을 해야할 경우 만인의 동의가 필요로 하는 법을 제정해야 하는데 이러한 법은 시민에 의해 제정되고 시행되어야 한다는 것이다. 법의 제정과 시행은 논리적으로 시민들이 이미 동의를 하였으므로 무언의 동의는 곧 계약이라는 것이다.

로크는 이러한 법을 제정하고 시행하려는 정부의 통치권이 절대적이라고 언급했다. 법은 군주나 행정부 그리고 일부 소수가 소유하는 것이 아니라 정당한 법의 절차와 시행을 위해 입법부의 권한이라고 주장했다. 왜냐하면 행정부는 입법부가 만들어 놓은 자연권을 가진 법을 효율적으로 진행하면 된다는 것이다. 군주나 소수의 권력자가 법을 만들고 집행한다면 권력이 한쪽으로 쏠릴 경우가 있으며 잘못 사용될 위험이 매우 크다. 그러나 최고의 권력은 다수인 시민에게 있으므로 잘못된 법의 원칙을 따르면 언제든지 행정부를 교체할 수 있다. 이는 시민들의 반란과 저항을 인정하면서 1688년 명예혁명을 시민의 저항권을 인정하고 정당화하는 단초(端初, beginning)를 제공하였다. 이는 의회민주주의를 일으키는 데 많은 영향을 미쳤다.

신사(紳士)를 양성하자. 교육론

로크는 정치, 철학사상에도 많은 영향을 주었지만 근대에 이르러 그의 교육사상이 매우 주목을 받았다. 당시 교과 중심의 엄격한 교육에서 벗어나 자유를 통한 교육을 주장하였던 매우 진보적인 교육사상가였다.

그는 교육에 관한 저서인『교육에 관한 고찰』에서 교육의 목적을 신사를 양성하는 데 초점을 두고 실시할 것을 주장했다. 이는 당시 영국 상류사회의 생활을 영위할 수 있는 것으로 폭넓은 지식과 교양을 습득하고 다양한 분야에서 지도자를 양성하는 신사교육을 목적으로 한 것이다. 따라서 강제적이고 규칙을 따르도록 강요하는 공교육(公敎育)이 아닌 사교육(私敎育) 위주의 교육에 관심을 두고 있다.

로크는 신사가 되기 위한 요건은 덕성, 지혜, 예절, 지식의 네 가지를 추천하였는데 덕성은 인간의 기본적 자질이자 행복이며, 지혜는 안목을 기르면서 생활을 유용하기 위함이며, 예절은 대인관계를 원만하게 하여 주며, 지식은 삶을 살아가는 방안을 제시해준다. 지식이라는 것은 이차적인 것을 말하며 다른 것을 보조하는 역할을 한다. 이는 모두 경험에서 우러나온다고 볼 수 있다.

또 하나는 앞에서 주장했듯이 인간은 태어나면서부터 백지로 태어났으며 하얀 종이와 같으므로 이러한 백지상태를 경험을 통해서 관념을 획득할 수 있을 수 있으며 이를 위해서는 후천적인 교육을 통해서 가능하다는 것이다.

로크는 유아교육에서도 후천적인 교육과 심신의 조화로운 발달을 중시하였다. 이를 위해서는 건강한 신체적 발달을 우선시하고 올바른 정신을 형성하는 것을 중시해야 한다고 했다. 이러한 것은 좋은 습관을 통해서 기르는 것이 중요하다고 말했다. 다시 말하면 "건전한 신체에 건전한 정신이 깃든다."라고 하여 자신의 교육론을 뒷받침했다.

따라서 부모는 훌륭한 가정교사를 두어야 한다고 했다. 훌륭한 가정교사는 비용에 상관없이 지식과 덕성을 겸비한 교사이다. 또한 부모는 가정교사를 자주 바꿔서는 안된다.

로크는 아동들에게 절대로 체벌과 같은 행위를 하여서는 안된다고 했다. 아동이 지식이나 미덕을 갖추기 위해서는 철저한 훈육이 필요하지만 폭력을 가할 것이 아니라 자유롭고 성숙한 개성을 신장하도록 도와주어야 한다는 것이다. 이를 위해서는 칭찬과 자긍심을 북돋아주는 흥미로운 교육에 중점을 두어야 하며 교사는 스스로 모범을 보이는 자세가 필요하다.

지식의 내용은 지식에 대한 사랑과 함께 지식을 탐구하는 내용으로 구성되어야 한다며 읽기, 쓰기, 성서, 외국어, 고전어, 인문학, 자연과학 등 광범위하게 실시하여야 하며 이외에도, 무용, 음악, 미술, 승마 등 생활에 필요한 기술을 익힐 수 있도록 구성되어야 한다고 했으며 마지막으로는 세계여행을 강조했다.

2) 존재는 지각됨이다(esse est percipi). 버클리(G. Berkely, 1685~1753)

버클리는 그는 영국의 고전 경험론을 대표한 철학자이다. 아일랜드 출신으로 트리니티대학에 15세에 입학하여 수학과 논리학 그리고 철학을 배운 뒤 모교에서 교수를 역임하였다. 이후 종교에 뜻을 두어 아메리카 원주민들에게 복음전파와 교화를 위해 힘썼지만 실패하고 귀국하여 대략 18년 동안 주교(主教)생활을 하였으며 은퇴한 이듬해 사망하였다.

그가 입학한 트리니티대학은 헨리 8세에 의해서 1546년에 설립되었으며 Cambridge대학에서 가장 규모가 큰 단과 대학이다. 졸업생들 중에 유명한 인물이 많다. '만유인력의 법칙'의 아이작 뉴턴과 천재 시인인 바이런, 『종의 기원』을 집필하여 진화생물학의 토대를 다진 찰스 다윈, 영국 고전 경험론의 창시자 프랜시스 베이컨 그리고 현재 영국의 찰스 황태자도 바로 이곳 트리니티대학 출신이다. 케임브리지대학 전체에서 노벨상을 수상한 졸업생이 60명인데 이 중 트리니티대학 소속 졸업생들만도 무려 31명이나 된다고 한다.

로크의 인식론은 경험론적인 관점에서 다소 비판적이면서 객관적인 영향을 받아 성립한 경험론을 주관적이고 관념론적으로 발전시켜 나갔다. 먼저 그는 추상관념을 비판하였다. 당시의 과학은 물질의 개념을 매우 중시했으나 이를 반대하면서 과학자들에게 감각을 통해 파악할 수 있는 존재 이외는 다른 것이 없다고 주장하였다.

그는 우리의 관념들은 감각기관에 의해서 인식되므로 언제나 특수하고 구체적이라고 하였다. 이는 우리에게 들어온 관념들이 결합되고 분리되어서 온 것과 가공된 것도 있지만 여전히 구체적이고 특수하다는 것이다. 이에 반하여 추상관념들은, 예를 들면 '이데아(IDEA)' 그리고 '인간'이라는 관념들은 일반성과 추상성을 가진다. 버클리는 이러한 추상성을 비판하고 있다. 왜냐하면 이러한 관념들은 '언어'에 기반을 두며 그 어디나 실제로 존재하지는 않기 때문이다. 실제로 존재하는 것은 감각적인 성질이라는 것이다. 인간을 예로써 설명한다면 우리의 마음속에는 존재하고 있다지만 구체적으로 남자도 아니고 청년도 아닌 '인간'이라는 추상관념은 없다. 우리에게는 특수한 인간이나 관념들이 있을 뿐이라는 것이다.

결국 추상관념은 과학이 추구해야 할 사항이 아니고 물질적 실체는 '사물의 본질'을 밝히고자 하는 형이상학의 임무라는 것이다. 사물의 본질은 존재하지 않으며 오로지 사물에 대한 경험을 통해서 알 수 있으며 감각의 세계에서는 어떠한 추상적인 관념은 없다는 것이다.

여기에 비추어 '원인'이라는 용어도 불필요하다고 했다. 왜냐하면 원인을 가리키는 사물들을 찾아낼 수 없기 때문이다. 지식은 오로지 경험을 통해서 파악할 수 있으므로 감각 가능한 경험만이 지식이 될 수 있다는 것이다. 추상적인 언어들은 경험과는 거리가 멀다. 따라서 실체를 추상관념으로 실재화하였다는 것으로 '물질적 실체' 혹은 '내가 알 수 없는 어떤 것'은 있을 수 없다.

따라서 추상관념을 비판하고 실체를 부정하는 것은 '언어의 기만'으로부터 탈피하는 것이며 있지도 않은 관념을 있는 것처럼 현혹하는 추상관념의 유혹으로부터 벗어나게 된다는 것이다.

여기에서 주목할 것은 버클리는 신을 통해서 질서와 경험을 설명하고 있다는 점이다. 실체나 물질을 통해 사물의 근원이나 질서를 만들어 내는 것이 아니라 신에 의해서 만들어진다는 것이다. 우리가 살고 있는 이 우주의 세계에는 어떤 법칙성과 질서가 존재하는데 이것은 신이 부여한 질서이고 법칙일 뿐이지 어떤 형이상학적인 실체에 의해서 만들어지는 것은 아니라는 의미이다. 또한 인간의 질서를 파악하는 것은 정신이지만 이러한 경험을 하도록 움직이는 것은 결국 '신'이라는 것이다.

따라서 인간에게 전달되는 경험들이 갖는 규칙들은 신에게서 나온 것으로 과학자들이 '물질'에서 찾았던 궁극적인 실재는 '정신'에서 구할 수 있으며 이러한 '정신'은 결국 '신'이라는 것이다.

이는 우리가 지각하지 않는 순간에도 신은 계속 지각하고 있기 때문에 우리가 없어도 대상은 존재한다는 것이다. 그는 성직자답게 철학적 종착지를 '신'으로 귀결시켰다.

버클리의 저서『하일러스와 필로너스의 세 대화, Thee Dialogues between Hylas and Philonous, 1713』에서 그의 철학적 과제를 세 가지로 요약하고 있다. "나는 새로운 사상을 수립하려고 하지는 않는다. (…) 나는 전에 일반인들과 철학자들이 함께 갖고 있던 진리를 밝히려는 것뿐이다."

첫째로 우리가 지각하는 사물들은 실재(real)한다는 것이고, 둘째는 지각을 통해 사물들은 관념이 되고 그 관념은 우리 마음속에 있다는 것이며, 셋째로 인간이 지각하지 않을 때 사물들은 신의 지각(知覺) 속에 있다는 것이다. 이것이 그의 철학의 핵심이다.

우리가 지각하는 사물들이 실재(real)하고 존재한다는 것은 지각만이 가능하다는 것을 말한다. 이는 우리는 추리나 논증을 통할 필요성이 없기 때문이다. 왜냐하면 우리 앞에 있는 사물들은, 예를 들면 강, 바다, 산, 별, 달 등은 반드시 실재하기 때문이다. 이러한 것들은 대륙의 이성론자들을 직접적으로 비판한 것이다.

로크는 관념과 그 관념을 일으키는 사물을 구별하고 있는데 관념은 내면에 존재하고 사물은 외부에 있다고 한다. 사물은 관념을 일으키는 힘이나 성질을 가지는데 그것을 제1성질과 제2성질로 나누었다. 제1성질은 사물이 가지고 있는 고유한 성질, 즉 사물로부터 분리될 수 없는 고체성, 연장성, 모양, 운동 등을 가지며 제2성질은 사물과 감각과의 접촉에서 생기는 변용된 성질이며 색, 소리, 맛, 냄새 등이 해당된다.

그러나 버클리는 모든 성질은 사물에 속한다면서 두 가지를 구분하지 않았다. 즉 제1, 2성질은 구분할 필요가 없고 모든 성질은 사물에 속한다고 본 것이다. 그리하여 색깔이 실재적인 것이 아니면 연장도 실재적인 것이 아니다. 물체는 색깔을 가지고 있으며 색깔을 가진 물체는 연장되어 있어서 색깔을 가지고 있다는 것이다. 이 두 가지는 같은 것이라는 말이다. 따라서 우리가 지각하는 그대로의 성질을 지닌 물체야말로 참다운 것이라 하였다. 세계를 있는 그대로 보자는 것이며 눈에 보이는 것들은 환상이 아니라는 것이다.

두 번째 명제는 지각된 사물은 관념이 되고 관념은 우리의 마음속에 있다는 것이다. 버클리는 사물의 실재성을 인정하였다. 우리가 지각하는 사물은 실재로 존재한다는 것이다. 그러나 사물의 실재는 어떻게 아는가? 위에서 서술하였듯이 지각을 통해서이며 지각을 떠나서는 사물의 존재를 알 수 없다. 여기에서 유명한 명제가 생겨나는데 "존재는 지각됨이다(esse est percipi)."이다. 이것은 지각으로 존재의 유무를 알 수 있다는 것이다.

예를 들면 내가 "저기에 공이 있다."라고 한다면 나는 분명히 저기에 있는 공을 보고 만질 수 있다는 뜻이다. 또한 밖에서 "닭장 안에 닭이 다섯 마리가 있다."라고 했을 때 내가 닭장 안에 있으면 분명히 지각할 수 있다. 이는 지각되어야만 존재할 수 있다는 것이다. 따라서 지각된 사물은 우리에게 관념으로 남는다. 사물의 존재는 그것이 존재한다는 것에 의존하며 지각을 통해 형성된 관념이 없다면 존재하지 않는다는 의미이다.

예를 들면 우리는 사과를 생각할 때 사과가 주는 시원한 느낌이나 새콤한 맛 또는 붉은 사과를 떠올리는데 이것이 바로 관념이다. 이러한 관념이 없으면 사과의 존재를 알 수 없다고 하였다. 따라서 모든 사물은 정신 속에 있는 관념에 불과하다는 것이다.

즉 생각하지 않은 사물들의 절대적인 존재를 말하는 것은 아무런 의미가 없으며 우리가 알게 되는 것은 사물의 실체가 아닌 그것을 통하여 만들어 내는 관념에 불과하다는 것이다.

그러면 이 세계에는 관념만 있는가? 라는 문제에 봉착한다. 버클리는 관념을 인식하고 상상하고 기억하는 '어떤 것'이 있다고 하였는데 그것은 바로 정신이다. 정신은 능동적이고 생산적이며 독자적인 것에 반하여 관념은 수동적이고 정신에 의존한다는 것이다. 정신과 그 속의 관념만이 존재하기 때문에 그의 사상을 '관념론'이라고 한다. 여기에 대하여 다음과 같이 설명하고 있다. "실제로 눈에 보이는 태양과 꿈속에 나타나는 태양, 머릿속으로 상상하는 태양은 어떠한 차이가 있을까?"라는 질문에 그는 실제로 눈에 보이는 태양은 '모든 사람'의 정신 속에 존재하고, 꿈속에 나타나는 태양은

'어떤 한 사람'의 정신 속에 존재하고 머리로 상상하는 태양은 오직 그것을 생각하고 싶을 때에만 정신 속에 존재한다는 것이다.

버클리의 관념론은 지각을 통해서 생겨나 정신 속에 있으며 정신을 떠나서 존재할 수 없는 주관적인 관념론(subjective idealism)이다. 이는 객관적 관념론(objective idelism)에서 플라톤이 주장한 영원한 관념과는 다르다. 플라톤은 관념은 실재성을 가지고 완전한 것이며 사물은 그것을 모방한 불완전한 것이라고 했다. 또한 관념의 세계는 경험의 세계와 분리되었다는 것이다.

세 번째 명제는 "실제로 보이는 태양처럼 모든 사람에게 나타나는 표상은 무엇일까?"이다. 그것은 모든 사람들의 관념 자체를 존재하게 하는 사유능력이 있기 때문이라는 것인데 바로 '신'에 해당한다. 이는 사물은 인간이 지각하지 않을 때는 신의 지각 속에 있다는 뜻이다.

버클리에 의하면 자연계에 있는 실재적 사물은 우리가 그것을 지각할 때나 지각하지 않을 때나 언제나 존재해야 한다는 것이다. 예를 들면 배가 고파서 밥을 먹고자 할 때 밥이 존재하는 것과 마찬가지로 배가 고프지 않아도 밥은 항상 존재해야 한다. 이것을 가능하게 하려면 그 사물을 지각하는 무한한 정신이 있어야 하는데 그것이 '신'이라는 것이다.

버클리는 '존재는 지각된다'라는 명제를 옹호하기 위해서 무한한 지각자인 신을 내세웠으며, 무한한 정신인 신에 의하여 세계는 객관적으로 실재한다고 했다.

결론적으로 사물은 지각을 통해 인식되어 관념으로 변하고, 결국 관념으로 존재한다. 실제로 우리는 사물에서 관념 이외에는 아무것도 얻을 수 없다는 것이다. 예를 들면 우리가 칼로 손을 벤다면 '아프다', '고통스럽다'라는 관념만 얻는 것과 같다. 이처럼 버클리의 관념론은 미리 추론하거나 논리적으로 이끌어 내지 못하고 후천적인 경험과 관찰로써 파악할 수밖에 없다는 것에서 영국의 경험론에 속한다.

3) 상식도 포기하자. 흄(David Hume, 1711~1776)

로크에 의해서 출발한 경험론적 인식론은 버클리를 거쳐 흄에 와서 완성된 형태를 갖추게 된다. 그는 인식론을 한층 더 경험론적으로 설명하고 있다.

흄은 스코틀랜드의 에든버러에서 태어났으며 에든버러대학에서 법학을 전공하였지만 법률가의 길을 포기하고 학문의 길을 선택했다.

그가 졸업한 학교는 졸업생 중 18명이 노벨상을 수상했으며 옥스퍼드, 케임브리지대학교를 제외한 영국의 대학교 중에서 유일하게 영국 수상을 3명이나 배출하였다. 이 외에도 시리아, 말라위, 대한민국, 탄자니아, 캐나다를 포함한 9개국의 정상들을 배출하였다. 대표적인 졸업생을 살펴보면 데이비드 흄, 찰스 다윈, 코난 도일, 알렉산더 그레이엄 벨 등이 있다 한국인 유명 동문으로는 대한민국의 제4대 대통령이며 야당 지도자인 윤보선(尹潽善), 제3대 국무총리와 제1대 외무부 장관, 자유당 총재를 지낸 장택상(張澤相) 등이 있다.

흄은 다시 프랑스로 건너가 유명한『인성론』과『도덕, 정치론』을 저술하여 주목을 받고 세 번째 저서인『영국사』를 출판하여 부와 명예를 한 몸에 받았다. 그의 인생사는 파란만장하였다. 대학교수가 되려고 신청하였으나 거절당했고 친척의 비서로 전투에 참가하기도 하였으며, 대학도서관의 사서로도 근무하였으며, 정치가로 외교관과 외교부차관으로도 활동한 후에 고향으로 돌아와 말년을 보냈다. 그는 외교관으로 일했던 시절 루소와 교분이 있었으며,『국부론』을 저술한 영국의 경제학자인 애덤 스미스(Adam Smith, 1723~1790)도 말년에 친구로서 어울렸다고 한다. 그는 독신으로 평생 살았으나 아이러니하게도 주위의 부인들 사이에는 매우 인기가 있었다.

‘생생한 관념’이 ‘희미한 인상’보다도 못하다. 인상과 관념

로크에서 시작된 경험론적인 인식론은 ‘인상(impression)’이라는 새로운 용어를 통하여 관념(idea)보다도 지각과 밀접히 연관된 것으로 설명하고 있다. 로크는 감각과 반성을 통한 경험에 의해 관념을 획득하고 그 관념들로부터 지식을 얻게 된다고 했다. 버클리는 지각으로 관념을 획득하고 그 관념을 통해 지식을 얻는다고 했다.

그런데 흄은 지각을 통해 '인상'을 얻게 되고 그 '인상'들이 '관념'이 되며 따라서 인상과 관념이 지식으로 된다는 것이다. 따라서 인상이 원초적이고 관념은 인상의 모사(模寫, copy)에 불과한 것이다.

우리는 정신이 만들어 낼 수 있는 것은 경험의 테두리 안에 있어서 정신의 내용물은 감각기관을 통한 경험에 의해 주어진다는 것이며 이것을 '지각(perceptions)'이라고 부른다는 것이다. 예를 들면 천마(天馬, 하늘을 나는 말)는 날아다니는 새와 달리는 말을 결합한 것에 불과하다는 것이다.

흄에 의하면 지각은 무엇이 더 생생하게 남아있는가에 따라 인상과 관념이라는 두 가지의 형태로 구분된다. 다시 말하면 생생함의 정도에 따라 이 둘을 구분할 수 있다는 것이다.

인상은 무척 선명하고 구체적인 것, 즉 보고 듣고 미워하고 사랑하는 원초적인 지각이며 관념은 볼 수 없고 애매모호한 것이며 덜 생생하며 덜 분명한 것을 말한다. 다시 말하면 인상들을 다시 생각하고 반성할 때 생기는 것으로, 즉 인상들의 기억이 만들어 내는 모사에 불과하다는 것이다. 예를 들자면 떡볶이를 보고 '먹는 것, 매운 음식 그리고 맛있는 음식'이라고 떠올렸다면 인상에 해당되고 떡볶이를 생각하면서 군침을 삼킨다거나 너무 매운 맛에 고통을 느꼈던 기억이 난다면 이것은 관념이다. 다시 말하면 어떤 행동을 하면서 고통을 느꼈다면 인상이고 그 고통의 감각을 기억한다면 그것은 관념이라는 것이다.

흄은 인상과 관념은 비슷하게 나타나지만 인상은 '생생한 지각'

이고 관념은 '희미한 지각'이며 이 둘의 관계는 '생생한 인상'이 '희미한 관념'보다도 못하다고 했다.

이는 인상이 없는 관념은 있을 수 없으며 인상을 통하지 않고서는 존재할 수도 없다는 것이다. 먼저 인상이 있을 때 관념이 생길 수 있다는 의미이다. 예를 들면 황금산이라는 것은 원초적으로 인상에서 생긴 관념으로서 황금과 산들로 결합된 것이므로 궁극적으로 인상에 기초한 것이다.

따라서 흄은 인상에서 생긴 관념을 경험에 의해 제공되는 물질을 섞어내고 그들의 물질을 바꾸는 인간정신의 능력이라고 말한다. 예를 들어 천마는 날개라는 인상과 말이라는 인상이 만들어낸 관념이다. 이러한 인상들을 경험을 통해 섞어내고 구별해서 하나의 관념으로 만들어 내는 것이 인간정신의 능력이다.

"우리의 사고는 얼마만큼 자유로운가? 사고의 한계는 어디까지인가?"라는 의문이 들 것이다. 우리는 사고가 무한하고 아무런 제한을 받지 않는다고 생각하였을 것이다. 그러나 사고는 인상에 의해서 제한을 받는다. 누구나 인상을 자료로 상상하기 때문이다.

또한 인상을 갖는 관념만이 의미를 지닐 수 있다. 다시 말하면 관념이 어떤 인상에 의해서 출발을 했는지에 따라서 의미가 있느냐 없느냐를 가늠할 수 있기 때문이다. 다시 말하면 어떤 인상에서 출발했는가를 답하지 못한다면 무의미한 관념이라는 것이다. 예를 들면 천마라고 하였을 때 어떤 인상에서 왔는지를 충분하게 답을 할 수 있어야 한다. 날개와 말의 인상이라는 답을 내놓지 못할 경우 무의미한 관념이며 지식이라고 할 수 없다.

흄은 자연현상에서의 원인과 결과에서도 설명하였다. 그는 자연현상은 인과율(causality)의 지배를 받으며 모든 자연현상에는 원인과 결과가 반드시 수반된다고 하였다. 왜냐하면 필연성이 있기 때문이다.

그러나 흄은 여기에서도 의문을 가졌다. 그 이유는 원인과 결과를 관념으로 생각했기 때문이다. 그래서 인상과 관념에 의거하여 "인과율은 어디에서 유래를 하는가?"라고 물었다. 원인과 결과에 대응하는 인상이 없다는 것이다. 그러나 원인과 결과에 대한 관념이 생기는 것은 우리가 대상 사이의 관계를 경험하기 때문이다. 다시 말하면 둘 사이의 관계를 반복적으로 경험하고 바로 그 반복적인 경험이 인과관계의 법칙을 만들어 낸다는 것이다. 다시 말하면 그 필연성은 원인과 결과라는 두 현상의 근접과 선행과 계기가 반복해 경험한 데서 생긴 습관(habit)에 불과하다.

이를 쉽게 설명하자면, 어떤 현상 A(원인)가 어떤 현상 B(결과)를 일으킬 때 우리는 A와 B에서 세 가지의 관계를 접하게 된다. 첫째는 A와 B는 언제나 가까이 있다는 '근접(contiguity)'관계를 보게 되고, 둘째로 A는 언제나 B에 시간적으로 먼저 일어나기 때문에 '선행(priority in time)'관계를 보게 되며, 셋째로 A에 언제나 B가 따르기 때문에 둘 사이에서 '계기(succession)'관계를 보게 된다는 것이다. 다시 말하면 A와 B는 근접과 선행과 계기의 인상을 갖지만 결코 이 둘 사이에는 필연성이나 필연적 연결의 인상을 갖지 못하며 결코 필연성을 담보하지는 않는다는 것이다.

예를 들면 당구장에서 당구를 친다고 가정을 할 때 하얀 공(원인)을 쳐서 빨간 공(결과)이 움직였다고 하면 이때 정지되어 있던 빨간 공이 하얀 공의 충격을 받고 움직였다고 판단을 하고 이러한 현상을 여러 차례 반복해서 관찰한 결과로 하얀 공이 원인이고 빨간 공은 하얀 공의 결과라고 말하며 서로의 인과성을 인정하는 것이다.

그러나 사실은 일어나는 현상을 관찰하면 하얀 공이 움직이고 난 다음에 빨간 공이 움직였다는 사실만 관찰되며 하얀 공이 빨간 공의 원인이라는 것은 밝혀지지는 않는다.

또 하나의 예를 들면 "날씨가 추우면 얼음이 언다."라는 인과 법칙은 추운 날씨와 얼음을 동시에 경험을 하고 바로 그 경험이 반복될 때 생기며 이러한 반복은 추위와 얼음이라는 인상의 결합에서 나온다.

즉 선후관계를 나타내는 현상자체의 계기 작용만 관찰될 뿐 필연적인 인과관계는 나타나지 않는다는 것이다. 그런데도 우리가 필연적으로 인과 관계를 가진다고 생각하는 것은 둘 사이에서 생기는 근접, 선행, 계기를 반복적으로 경험하는 것에서 오는 습관 때문이다. 그러나 이것은 습관일 뿐이며 심리적인 것에 불과하다. 이것이 우리에게 잘못된 관념을 지니게 한다는 것이다.

흄은 과학적인 인과율까지도 의심하였다. 이것은 과학을 흔들어 놓았으며 과학적 지식도 의심할 여지를 남겨 놓았고 과학의 성립

자체도 불가능하게 하였다. 왜냐하면 우리가 과학적으로 인정한 상식 자체도 포기하게 만들었기 때문이다.

"인상에 없는 관념은 존재할 수 없다." 실체(實體)의 부인(否認)

로크는 실체를 "내가 알 수 없는 어떤 것"이라고 하면서 '물체', '정신', '신'이라는 실체를 인정하였고 버클리는 물체라는 실체를 부인하고 정신, 신이라는 실체를 인정하였다. 그런데 흄은 "인상에 없는 관념은 존재할 수 없다."라는 경험적인 원리를 앞세워 모든 실체를 부인했다는 점에서 두 사람과 차별된다. 그는 두 사람의 사상을 비판하면서 경험주의를 더욱 공고히 하였다고 볼 수 있다.

흄이 실체를 부인한 것을 설명하면 다음과 같다. 인상에는 지각을 통해 들어오는 사물의 성질과 그 성질들의 결합만 있을 뿐이지 그 배후에 지탱하는 실체는 없다는 것이다. 다시 말하면 인상의 결합만 있을 뿐이지 그 인상은 어디에서 유래되었는가를 설명하여 주지는 못한다는 것이다. 따라서 실체는 인간의 상상에 불과한 허구이자 위조된 것이며 어둠 속의 유령과 같다고 했다.

흄은 물체라는 실체를 부정했다. 물체적 실체의 관념은 인상에 없다는 것이다. 그 이유는 인상에는 물체라는 실체가 남아있지 않기 때문이다. 따라서 실체라는 관념이 존재하지 않는 것이다. 만약 실체의 관념이 지각을 통해 온다면 형태는 다음과 같다. 눈에 의해 지각된다면 색깔을 나타날 것이고 귀에 의해 지각된다면 소리로 나타날 것이며 입에 의해서 지각된다면 맛으로 나타날 것이다. 그렇기 때문에 실체라는 것이 존재하지도 않는다는 것이다. 왜냐하면 실체는 감각을 통해 전달된 인상일 뿐이고 우리가 어떤 물건을 지각한다고 해서 우리가 없는 동안에 그 물건이 그대로 존재한다는 것은 보증할 수 없기 때문이다. 다만 우리가 존재한다고 느끼는 이유는 사물이 존재하는 것처럼 행동하며 상상이나 습관에 의해서 믿는 것이다.

또한 자아(自我, ego)라는 정신적 실체도 부인하는데 그 이유는 "어떠한 인상으로부터 자아의 관념이 유래되었는가?"에 대한 답을 줄 수 없기 때문이다. 내가 나 자신 안에 들어가 보면 사랑, 증오, 기쁨, 슬픔, 고통, 쾌락 등의 지각을 얻게 될 뿐이라는 것이다. 즉 자아는 다양한 지각적 성질들의 집합체에 불과하다는 것이다. 이는 "나 자신"에 대하여 생각한다면 자신에 대한 다양한 지각일 뿐 그 어떤 실체가 아니라는 의미이다. 따라서 변하지 않는 자기정체성은 없다.

그리고 마지막으로 '신'의 실체를 부정한다. 우리의 관념은 지각을 넘어서지 못하기 때문이다. 특히 목적론적으로 신의 존재를 증명하려는 입장을 반박한다. 즉 자연 속에서 발견되는 질서를 부여한 주체자로서 신이 존재한다는 것을 반박한다. 그 이유 중의 하나는 신에 관한 문제, 즉 신의 본성, 섭리 등의 문제는 경험을 넘어설

뿐만 아니라 이성의 한계를 넘어서므로 연약하고 유한한 인간이 범접할 수 없는 것이다. 즉 인간의 경험과 이성은 너무나 부족하여 증명할 수 없는 문제라는 것이다.

다른 하나는 자연의 질서가 어떤 설계자(신의 산물)의 산물이기보다는 생성과정의 산물이며, 자연의 질서는 경험적 사실인데 이러한 경험적 사실로부터 신의 존재를 유추할 수가 없다는 이유이다.

흄은 "인상에 없는 관념은 존재할 수 없다."라는 경험론적인 논리를 가지고 물체적, 정신적, 그리고 신의 실체와 인과율을 부정함으로써 과학, 철학 그리고 신학의 토대를 흔들어 놓았으며 의심을 통하여 극단적인 경험주의 철학을 탄생시켰다.

선악을 결정짓는 것은 이기주의와 공감이다. 흄의 윤리학

흄은 윤리학도 경험론적인 입장에서 설명했다. 도덕적 판단은 철저하게 사실과 관찰을 통해 이루어져야 한다는 것이다. 흔히 도덕은 이성적인 행동에 따라 선악(善惡)을 구분하는데 흄은 이성의 역할은 도움이 되지 않는다고 말한다. 왜냐하면 선악은 감정의 유무에 따라 생겨나고 사라진다고 보았기 때문이다. 도덕이냐, 비도덕이냐는 감정의 문제이지 이성의 문제는 아니라고 했다. 이는 도덕적 판단이 감정에 지배를 받는다는 것이다. 즉 어떤 일을 할 때와 하지 않을 때의 나타나는 감정을 우리는 도덕감(道德感, moral sentiment)이라고 하는 데 여기에서 선악이 판단된다고 했다.

예를 들면 자기 집에 강도가 들어와 몸싸움을 하다가 실수로 강도를 죽였다고 가정을 하였을 때 이성으로 판단을 한다면 비난을 받아야 하지만 정당방위라는 측면에서는 불가피한 행위이다. 즉 도덕감(道德感)이 선악의 판단 기준이 된다는 것이다. 따라서 선악은 주관적인 기준이 될 수 있으며 도덕적인 판단은 개인적인 선택의 문제가 될 수 있다.

그러나 흄은 선악은 이기적이고 주관적인 것만은 아니라고 설명했다. 그 이유는 우리는 자기와 관련이 없어도 타인을 칭찬하며 타인의 훌륭한 행동을 본받으려고 노력하기 때문이다. 이는 공감(共感)을 통해 이루어진다. 따라서 이기주의와 공감이 합쳐져 선과 악을 결정짓는 기준이 될 수 있다고 하였다.

정의(正義)는 이기적이고 유용함을 가지고 있다. 나 자신과 관련이 없을지라도 그 유용함을 공감할 수 있다면 그것은 칭찬받을 만한 행위로서 정의가 된다는 것이다. 또한 때로는 공공의 이익을 만족시킬 때가 있으며 그것을 공감하면 정의가 된다. "자신에게는 유용함이지만 다른 사람에게 고통을 주고 있다."라는 공감을 일으키면 그것은 불의(不義)에 해당된다.

이렇듯 흄은 이성에 의해서 선악이 구분되는 것이 아니라 감정과 개인주의적인 요소가 결정적인 기준이 된다고 했다. 이것이 경험주의와 합리주의의 차이점이라고 볼 수 있다.

근대·현대로
떠나는
서양철학사

제3장

계몽주의

1. 계몽주의의 개념과 시대적 배경

계몽주의(啓蒙主義, Enlightenment)란 프랑스어로 'Siècle des Lumières'이고, '빛의 세기'를 뜻한다. 즉, 깨게 하는 것, 눈을 뜨게 하는 것을 말한다. 이는 인간의 합리적으로 생각하는 힘인 '이성의 빛'이 무지함과 미신, 종교적 광신, 불합리한 관습이나 전통 같은 어두운 터널로부터 사람들을 깨어나게 할 수 있다고 믿었기 때문이다. 17~18세기에 유럽을 휩쓴 정치, 사회, 철학, 과학 이론 등에서 광범위하게 일어난 사회 진보적, 지적 사상운동으로, 현재의 민주주의와 자본주의의 근간이 되는 사상을 계몽사상(啓蒙思想)이라고 부른다.

18세기 유럽사회는 절대주의 국가체제가 형성되면서 개인들은 사상과 자유에 대한 억압으로부터 벗어나기 위한 몸부림으로 가득

차 있었고 이를 위해 이성의 힘을 발휘하여 전통과 속박으로부터 벗어나려고 각성운동을 벌였다. 다시 말하면 계몽이라는 용어에서 나타나 있듯이 지식수준이 낮거나 인습에 젖은 사람을 가르쳐서 국민들을 각성시키려는 운동이었다.

이 시기는 영국의 명예혁명, 미국의 독립, 프랑스 혁명과 등과 같은 시민혁명이 일어났던 격동의 시기로서, 근대 시민 사회가 형성된 시기이다. 중세 말엽부터 서서히 나타나기 시작한 시민세력이 자본의 형성과 시민혁명, 즉 프랑스혁명, 영국의 명예혁명으로 새로운 계급으로 사회의 주인으로서 자리를 갖게 된다. 시민계급은 '절대권력'을 휘두르던 절대주의 왕정에 대한 저항과 반발로 발생하였다. 당시는 중세 봉건사회가 해체되고 근대 시민사회가 형성되는 과도기였으며 절대적 권력을 가진 전제군주(專制君主)가 국가의 모든 권력을 행사하고 있었다. 절대군주는 모든 불합리 · 불평들을 비판하는 사상과 언론을 엄격하게 통제하였고 이러한 상황이 계속되자 민중은 구체제의 불합리한 모순, 즉 정치적 · 사회적 · 종교적 속박으로부터 벗어나기를 바랐다. 이에 따라 양심과 신앙의 자유 · 기회균등 · 대의정치 · 인간의 평등을 되찾으려는 운동이 확산되었으며 계몽주의 사상은 변화와 개혁을 요구하는 민중의 사상적 근거를 제공하였다. 이러한 점에서 볼 때, 계몽주의 사상은 문예 부흥과 종교개혁이라는 사회운동을 통해 종교와 국가의 속박을 벗어나려던 인문주의가 다시 절대주의에 의해 불합리한 구속과 억압이 가해지자 이것을 극복하기 위해 전개된 운동이다. 계몽주의 사상의 본질적 과제는 절대주의의 모든 불합리한 권위 또는 이데올로기(Ideologie)에 대해 합리주의적 비판을 하며, 민주주의적 시민사회의 정신적 지주를 확립하고자 하는 데 있었다.

초기의 계몽주의는 인간의 이성을 중시하고 불합리한 사회체제를 비판하였으나 민중의 삶과 고통을 외면한 채 귀족중심으로 흘러갔다. 후기에 들어서 민중들의 참여로 구시대의 악습과 체제를 혁신하여 시민사회를 형성하려고 하였고 이를 토대로 개인의 자유와 평등을 되찾으려고 노력하였다.

계몽주의 사상은 영국의 베이컨에서 시작하여 로크와 버클리, 흄을 통해 발전되었으며 프랑스에 전파되었다. 프랑스에서 계몽주의를 발전시킨 주도 세력은 디드로(Diderot, 1713~1784)와 몽테스키외(Montesquieu, 1689~1755), 볼테르(Voltaire, 1694~1778), 루소(J. J. Rousseau, 1712~1778), 콩도르세(Marquis de Condorcet, 1743~1794)를 비롯한 184명의 사상가와 학자이다. 이들이 참여한 『백과전서』는 당시 프랑스 혁명의 사상적인 배경이 되었고, 독일에 파급되었다. 계몽주의 사상은 영국에서는 명예혁명, 프랑스에서는 프랑스 대혁명이라는 시민혁명의 사상적 기반이 되었다. 독일에서는 칸트(Immanuel Kant, 1724~1804)에 의해서 계몽주의 사상의 이론적 체계가 완성되었다. 18세기 후반에는 루소와 같은 합리주의적 계몽사상가들이 계몽주의에 낭만적 요소를 가미하여 이론적 측면에 실천적 힘을 부여하였다.

이들은 정치적인 열망이 매우 강한 사람들로 근대 이전의 정치와 국가관을 새로운 시대에 맞는 것으로 교체하기를 희망하였다. 이러한 정치이론이 바로 유명한 자연권과 사회계약론이었다. 그들은 독단적이고 권위주의적인 왕정정치를 불신하고 사회계약론이나 자연권을 근간으로 한 새로운 정치사상을 내놓았다. 그것이 바로 정치적인 민주주의로 민주적인 정치체제를 세상 밖으로 드러내기 시작했다는 데서 의의가 있다.

이러한 계몽사상은 17세기에 영국의 경험론에서 출발하여 18세기 프랑스를 거쳐 독일로 전파된 광범위한 사상운동으로서 인간의 이성으로 수립된 과학을 신뢰하여 인간의 힘으로 모든 것을 변화시킬 수 있다는 신념에서 생겨난 사상이라고 볼 수 있으며 20세기까지 발전하였다.

결론적으로 말하자면 18세기에 일어난 계몽주의는 전제정치와 억압에 저항하며 현대의 민주주의, 인권과 시민의 자유에 대한 제도적 보장, 세속주의와 종교적 다양성, 개인의 윤리적 자율성, 과학적 태도 및 견해 등에 큰 영향을 미쳤다. 계몽주의는 세상을 좀 더 나은 곳으로 바꿀 수 있다는 믿음에 입각한 운동이었다. 계몽주의는 사상과 행동 그리고 진보를 가로막는 정통 사상과 권위를 타파하는 것을 목표로 삼았다. 훗날에 프랑스 대표적인 자연주의 문학의 작가로, 기록적인 문체와 논란을 불러일으키는 주제를 소설에 도입함으로써 현대소설에 기폭제 역할을 한 인물이었던 에밀 졸라(Émile Zola, 1840~1902) 등 많은 프랑스 지식인들의 사상 등에도 큰 영향을 미쳤다. 또 계몽주의는 전통적인 로마 가톨릭 교리에서 벗어난 자유주의 신학에 영향을 주었으며, '하나님의 책'(The book of God)이라고 불리던『성서』에 대한 자유로운 비평의 토양이 되었다.

1) 미국의 독립선언과 프랑스 혁명에 영향을 준 몽테스키외(Montesquieu, 1689~1755) 삼권분립론(三權分立論)

몽테스키외는 프랑스의 유명한 포도 주산지로 알려진 보르도(Bordeaux) 출신으로 1635년 리슐리외(Richelieu, 1585~1842) 추기경이 창립한 프랑스에서 가장 권위가 있는 아카데미 프랑세즈(Academie francaise)의 학술단체 회원으로 선출되어 영국에서 체류하던 중 명예혁명의 영향을 받아 정치이론에 관심을 둔 인물이었다.

여기에서 아카데미 프랑세즈를 간단하게 설명하자면 1634년에 리슐리에 추기경이 설립하여 1635년에 법인으로 인정받았으며, 프랑스 혁명 동안에 활동이 중단되었을 뿐 1803년에 부활하여 현재까지 이어지고 있다. 이들은 문학적인 소양을 갖춘 학자들로 약 40여 명의 회원을 유지하고 있으며 설립 목적은 표준이 될 만한 문학적 취향을 유지시키고 문학용어를 확립하고 불어를 보존시키는 것이다. 대표적인 회원을 보면 코르네유, 라신, 볼테르, 샤토브리앙, 빅토르 위고, 르낭, 베르그송 등 프랑스 문학사에서 명망이 있는 인물들은 대부분 아카데미 프랑세즈의 회원들이었다. 유럽에 있는 많은 문학 아카데미 가운데 가장 오랫동안 최고의 명성을 유지하고 있으며 『아카데미 사전』을 내고 있다.

몽테스키외의 주요 저서로는 1743년 『로마인의 성쇠원인론』, 1748년 『법의 정신』이 있다. 이 책을 통하여 자유라는 것은 정치적 구조를 확립하여 인간의 생활이라는 구체적인 현실에서 출발하여야 한다고 했다. 또한 이 책에서는 현대 정치이론에서도 매우 중요한 정치구조인 삼권분립을 주장하여 현대 민주주의를 확립하는 데 기여하였다.

그는 삼권분립을 통하여 입법, 사법, 행정의 권력을 분산하고 서로 견제함으로써 국민의 정치적 자유를 보장할 수 있다고 했다. 그래야만 정치는 국민을 위한 것이 될 수 있다고 주장했다. 이는 로크의 국가이론을 재정비한 것이다. 즉 통치권은 절대적인 것이지만 군주나 행정부가 소유하는 것이 아니라 입법부로 이관하여 군주의 횡포를 견제해야 삼권의 견제를 통해서 국민의 자유와 평등을 실현하고 권력이 집중화되는 것을 막을 수 있다. 따라서 국가권력은 반드시 행정, 입법, 사법으로 나누어 서로 견제함으로써 가능하다는 것이다.

몽테스키외는 『법의 정신』에서 역사 이래로 정치형태는 세 가지로 나누는데 첫째는 전제정치로 '공포'를 지배원리로 한다. 둘째는 군주정치로서 '명예'의 원리가 지배하는 것이며, 셋째는 '덕의 원리'가 지배하는 공화정치(共和政治)를 말한다. 그는 이 세 가지의 정치

형태 중에서 권력이 어느 한쪽으로 치우치지 않는 군주정치(君主政治)를 원했다. 왜냐하면 당시의 계급 간의 갈등, 즉 국왕과 귀족 그리고 시민계급의 힘의 균형으로 인한 정치를 보면서 이와 같은 정치형태를 주장하였다. 이는 시대적 상황의 반영이라 볼 수 있으며 이를 분석하여 고안된 정치형태로서 이론적인 결과일 것이다.

이러한 정치형태는 상원은 귀족이 지배하고 하원은 시민계급이 지배함으로써 적절한 권력분리로 견제와 조화를 이루어 국민의 자유를 보장할 수 있다고 하였다.

몽테스키외는 로크의 입법권에 사법권을 추가하여 완전한 권력구조의 분리와 제한을 통하여 바람직한 정치적 구조를 확립할 것을 주문하였다. 이것이 바람직한 민주주의를 실현하는 데 이상적인 정치구조라고 생각했기 때문이다. 그의 사상은 근대적 자유주의의 시초가 되는 것이다.

몽테스키외의 삼권분립은 당시 프랑스의 시대적인 상황과 연결하여 볼 수 있다. 당시 프랑스는 유럽에서 가톨릭교회와 귀족의 세력이 강성하였으나 영국에서처럼 시민계급의 세력은 주목받지 못하였다. 이 세 계급은 서로를 지배하기에는 힘의 균형이 팽팽하였던 것이다. 이와 같은 프랑스와 영국의 정치상황과 비교하면서 삼권분립을 주장했다고 볼 수 있다.

권력분립론에 관한 명확한 설명은 정부에 대한 근대의 논쟁에서 허용되었고, 전 세계 많은 헌법에서 이를 규정하고 있다. 또한 자유주의 입장에서 권력분립에 의한 법치주의를 제창하였다. 그는 법학 연구에 처음으로 역사 법학적, 비교 법학적, 사회학적 방법을 적용하여 법학의 발전에 기여하였다. 『법의 정신』은 당시 정치사상에 커다란 영향을 끼쳤다.

2) 이탈리아에 르네상스가 있다면 프랑스에는 볼테르가 있다. 볼테르(Voltaire, 1694~1778)

볼테르는 1694년 매우 유복한 공증인(公證人)과 귀족 출신인 어머니 사이에서 태어났다. 그의 성격은 아버지를 닮아서 화를 잘 내는 편이고 빈틈이 없었으며 어머니의 피를 이어받아 변덕이 쉽고 기지(奇智)가 풍부하였다고 한다. 어렸을 적에는 몸집이 매우 작고 연약하여 유모는 단 하루도 못 살 것이라고 하였으나 여든네 살까지 살았으며 어렸을 때의 병약함은 죽을 때까지 그를 괴롭혔다고 한다. 또한 그는 추(醜男)하게 생겼고 남에게 호감을 주지 못하였으며 외설적이며 정직하지 못하였다. 한편으로는 친절하고 친구들을 위해서는 정력을 쏟을 정도로 선과 악이 뒤섞인 인물이었다. 그러나 그의 정신에는 무한한 생산력과 찬란한 광채가 있었다.

그의 저작은 99권이나 되었으며 대부분이 유익하고 찬란한 내용을 가진 대작(代作)들이었다. 오늘날 우리가 볼테르를 읽지 않는 것은 그가 우리를 위하여 투쟁한 신학상의 논쟁이 아직까지 우리의 가슴에 절실하게 울리지 않기 때문이다.

그는 주로 교회, 특히 타락한 기독교를 공격하였다. 그중에서도 예수를 빙자하여 벌어지는 갖가지의 불법사례들을 보면서 개탄하였으며 교회에 무조건 복종하는 권력자나 귀족계급들에게 특유의 말솜씨로 비판을 가하였다. 교회의 구속과 미신에 대한 승리는 그의 훌륭한 말솜씨 덕분이었다. 그러나 "쓰여진 것은 남고 이야기한 것은 사라져 버린다(Scrpta manent, verba volant)."는 볼테르의 날개 돋친 말도 예외는 아니었다. 이와 같은 풍자적이고 훌륭한 말솜씨로 인하여 많은 사람들과 마찰을 겪었으며 당시에 주요 인사들을 감금하였던 바스티유(Bastille)감옥에 투옥되었다가 석방되기도 하였다.

볼테르는 '일을 하지 않는 것과 존재하지 않는 것은 결국 같은 것이다.' 또한 '게으른 자를 제외하고는 모든 인간은 선하다.'라고 할 만큼 동시대의 누구보다도 열렬히 활동하였으며 많은 사업을 하였다. 그리고 '나이가 들면 들수록 나는 일의 필요를 느낀다.' 또한 '만일 자살하고 싶지 않으면 언제나 일을 찾으라.'라고 할 만큼 끊임없이 일한 것으로 보아 자살의 유혹과 충동을 많이 느꼈던 것 같다. 이렇게 자기 자신이 충분히 활동을 하였기 때문에 볼테르 100주년 기념사에서 『노트르담의 꼽추』로 널리 우리에게 알려진 빅토르 위고는 '볼테르의 이름을 말하는 것은 18세기 전체의 특징을 말하는 것이다.'라고 말했다.

또한 볼테르는 프리드리히(Friedrich, 1712~1786)의 편지에서 전쟁은 죄악이며, 국왕은 평화를 지킬 의무가 있음을 훌륭하게 말하고 있는 것을 보고 감격하여 눈물을 흘릴 정도로 평화를 갈망한 인물이었다.

그는 조국인 프랑스에서 영국으로 추방당하였는데 당시의 영국의 정치상황에 놀라움을 금치 못하였다. 그를 놀라게 한 것은 영국인들의 자유로운 정치사상과 자기가 좋아하고 쓰고 싶은 것을 바탕으로 자유로운 활동을 하고 있는 모습이었다. 그의 저서『영국인에 관한 서언』은 당시의 프랑스와 영국의 정치상황을 비교한 책이다. 볼테르는 영국의 상황에 대해 "영국인은 자기 자신의 의견을 가지고 있었으며, 종교를 개혁하고 왕을 교수형에 처하고 다른 나라에서 왕을 데려오고 유럽의 모든 군주보다 강한 의회를 만들었으며 이 나라에는 바스티유는 없었으며 (…) 심리도 행하지 않고 투옥할 수 없는 체포장도 없었다. (…) 영국은 또한 힘찬 정신적 활동에 용솟음치고 있었으며 베이컨의 이름은 아직도 널리 대중에 오르내렸으며, 그의 귀납법적 연구는 모든 영역에서 승리를 하고 있었다."라고 기록하였다.

이는 그가 영국에서 생활하면서 크나큰 충격을 받았음을 의미한다. 자연권을 주장한 로크의 이론과 교육사상은 프랑스에서 볼 수 없었던 자유주의였기에 놀랄 수밖에 없었던 것이다. 영국에서의 개인주의와 자유로운 학문의 탐구, 출판의 자유, 정치적 자유 등과 같이 영국인이 누리는 체제를 프랑스와 비교하면서 비판하였다. 특히 영국에서처럼 중류계급인 새로운 시민계급이 합당한 위치를 장악하도록 지지 격려를 하면서 자연스럽게 혁명의 첫 계명(鷄鳴)이 되었다.

그는『철학사전』에서 종교를 비판하기도 하였다. 그는 "최초의 성직자는 최초의 어리석은 자를 만난 최초의 사기꾼이었다."라고 하였다. 그러나 종교 자체를 비난하는 것이 아니라 모든 책임은 성직자에게 돌렸다. 종교상의 논쟁과 전쟁은 신학상의 하찮은 싸움의 결과라는 이유였다. 그러면서 그는 "그토록 많은 공포의 원천이었고 불행한 적개심을 불러일으킨 것은 일반 서민이 아니다. (…) 제군들의 노동으로 안락의 게으른 날을 보내고, 제군들의 땀과 가난으로 부유하게 된 자들이 자기들의 도당(徒黨)들과 노예를 얻으려고 투쟁하였다. 그들은 제군들의 주인이 되기 위해 파괴적 광신을 제군들에게 불어 넣었다. 그들은 제군들이 신을 두려워하는 것이 아니라 자기들을 두려워하도록 미신으로 인도하였다."라고 종교와 성직자들을 비판하였다.

또한 볼테르는『성경』의 신빙성에 대해서도 의문을 품었다.『자파타의 질문』에서 질문하기를 "우리들이 몇 백 명씩이나 태워 죽인 유대인이 4천 년 동안 신의 선민(選民)이었다는 것을 어떻게 설명할까요?"라고 뒤를 이어『구약성서』의 이야기와 연대학(年代學)이 일치하지 않는 것을 폭로하는 질문을 계속한다. "과거에 흔히 있었던 것처럼 두 개의 종교회의가 서로 저주할 때 그 어느 쪽이 옳을까요?"라고 질문을 하였다. 이렇게 천진난만하게 성경의 존재에 대하여 비판하였다.

또한 기적과 초자연적인 효과에 대해서도 부정하였는데 "내가 수녀원의 문 앞에 있을 때, 수녀 페슈는 콩피트 수녀에게 이렇게 말했다. "신께서 나를 염려해주는 것은 틀림없어요. 내가 나의 참새를 귀여워 한다는 것도 당신도 알겠지요. 만일 내가 참새의 병을 치유하기 위하여 아베 마리아(Ave Maria)를 아홉 번 부르지 않았더라면 틀림없이 죽고 말았을 거예요"라고 말을 하자 빈정거리며 형이상학자의 말로 대신한다. "아무리 참새가 귀엽다 해도 신께서 당신의 참새까지도 염려해 주신다니 믿어지지 않는군요. 신께서는 그밖에도 다른 할 일이 많다는 것을 제발 믿어주셨으면 해요." (…) 수녀 페슈는 말했다. "당신의 말씀은 이교도 같은 이야기군요. 나의 고해 신부님이라면 (…) 선생은 섭리를 믿지 않는군요! 라고 생각하실 겁니다." 그러자 형이상학자는 대답하기를 "나는 태양의 빛처럼 만물을 지배하는 법칙을 영원히 결정한 보편적인 섭리를 믿습니다만, 어떤 특수한 섭리가 당신의 참새를 위하여 세계의 운행을 바꾸리라고는 생각하지는 않습니다."라며 기적과 같은 섭리를 부정했다는 것이다.

그렇다고 해서 그는 무신론자는 아니었다. 그는 "무신론을 거부할 정도로 외고집쟁이고 신을 믿고 있다."라고 할 정도인데 『무지한 철학자』 속에서 범신론을 추리하면서 일어난 오해로서 디드로에게 "나는 장님으로 태어났기 때문에 신의 존재를 부정하는 손더슨(Nicholas Saunderson, 1682~1739, 영국의 장님 수학자)의 견해에 결코 찬성하는 사람은 아니다."라고 분명하게 밝혔다는 것이다.

그는 신의 존재를 믿었다. 신의 존재를 믿는 것은 벌과 영원성이 따르지 않는 한 그다지 도덕적 가치가 없다는 것이다. 아마도 미천한 사람들에게 상벌을 주는 '신'이 필요하다는 것이다. 또한 그는 베일(John Bale, 영국의 주교)의 "무신론자들의 사회가 존재할까?" 라는 질문에 "그렇다."라고 대답하면서 "그러나 그들이 만약 철학자이기도 하면은"하고 단서를 달았다. "그러나 인간은 절대 철학자가 아니다."라는 것이다. 따라서 반드시 신은 필요하다고 결론내렸다.

볼테르는 교회의 횡포와 전쟁의 광분 때문에 정치에서는 한발 물러나 있었다. 왜냐하면 정치는 생리에 맞지 않다는 것을 알고 또한 국가를 통치하는 무리들에게도 염증을 느꼈기 때문이다. 그는 다음과 같이 혹평을 하였는데 '세계를 규제하는 입법자들은 (…) 자기의 아내를 지배하고, 자기의 집을 다스릴 수도 없으면서 온 세상 사람들을 단속하려고 한다.'라고 정치가들의 무능함을 비판하였다.

그는 가난한 자들이 품는 변화의 욕구에 대해서도 관심을 가지며 그들의 요구도 당연하다고 했다. 이에 "그것의 단병통치약은 재산을 늘리는 것이며 재산이 인격을 대변해주며 자존심을 높이는 것이다."라고 하였다. 그리고 재산이 있다는 것은 인간의 힘을 배로 증가시킨다는 것이다. 왜냐하면 토지 소유자는 남의 토지보다는 조상이 물려준 토지를 보다 더욱 잘 경작할 것이라는 자본주의적인 색채를 나타내었다.

프랑스 계몽기의 대표적 철학자로 꼽히는 볼테르는 프랑스의 지성사에서 특별한 위치를 차지한다. 종교적 광신주의에 맞서서 평생 투쟁했던 그는 관용 정신 없이는 인류의 발전도 문명의 진보도 있을 수 없다고 생각했다. 그래서 다양한 장르를 넘나드는 그의 저서들 속에는 당대의 지배적 교회 권력이었던 로마 가톨릭교회에 대한 비판이 꾸준히 등장한다. 그의 생각에 반대하는 사람들은 그가 전통적 가치들의 토대인 기독교 정신을 무너뜨리려 하고, 풍기를 문란케 한다고 비난했다.

볼테르는 로마 가톨릭교회가 이단으로 규정해 가혹하게 탄압하던 개신교도 종교의 자유를 가져야 한다고 주장할 정도로 그 당시 대단히 진보적인 주장을 한 철학자였다. 볼테르는 『캉디드, Candide』, 『랭제뉘, L'Ingénu』 등 풍자소설로 당시 강력한 지배계급이었던 로마 가톨릭교회와 예수회의 부패와 부도덕을 공격했다. 또 『관용론』에서 칼라스 사건으로 처형된 장 칼라스(Jean Calas, 1762년 한 개신교 청년의 자살을 두고 가톨릭교도들의 부당한 모함으로 장 칼라스의 가족이 풍비박산 난 처형사건)를 적극적으로 옹호하며 가톨릭교회의 광신을 고발하였다. 그는 이 책에서 "불관용(不寬容)은 신의 법도 아니다. 그대들이 예수 그리스도를 닮고자 한다면, 순교자(殉教者)가 될지언정 망나니가 되지 말라."고 말하며 종교의 관용을 주장했다.

볼테르는 디드로 등의 백과전서파를 적극 지지하고 기독교적인 광신, 종교적 편견, 독단적 형이상학 등을 맹렬히 공격하면서 17세기의 이원론적 경향에 반기를 들어 뉴턴이 확립한 자연과학적 인식을 휴머니즘의 윤리에 의하여 현실 사회와 결부시키려고 하였다. 그의 회의적 상대주의는 자연 과학적 인식의 현실화·통속화의 결과였다. 만년에는 이론적 회의를 실천적 확신에까지 끌어올려 자연법의 규범성을 신이 준 불변의 법으로 인정하려 하였다. 그가 각광을 받은 시기는 오래가지 않았으나, 유럽의 모든 지식인들에게 큰 영향을 미쳤다.

3) '사람은 자유로운 몸으로 태어났으나, 그는 어디에서나 사슬에 매여 있다.' 루소(J. J. Rousseau, 1712~1778)

루소는 매우 어려운 가정에서 태어나 방황하고 방탕한 삶을 살아오다가 열여섯에 그의 어머니의 대리인이자 후견인인 바랑 남작부인을 만나 학문의 길로 접어든 매우 독특한 지식인이다. 그는 스위스 제네바 출신으로 편부슬하에서 가난한 시계공의 아들로 태어나 열두 살 때 숙부의 집에서 허드렛일을 하면서 생활하였으며 열여섯 시절에 방랑생활을 하다가 운명의 여인을 만나면서 그 집에서 집사생활을 하면서 독서와 음악공부를 시작했다. 그 이전에는 체계적인 공부를 하지는 못하였으나 책읽기를 매우 좋아하였다. 바랑부인을 만나기 전까지는 그가 할 수 있는 직업을 모두 하였으며 방황의 늪에서 헤쳐 나오지 못하였다. 그의 직업을 열거하여 보면 작가 지망생, 음악교사, 유랑악단 등이었다.

그는 서른 살 때 파리로 나와 디드로 등과 교분을 가지면서 이를 계기로 『백과전서』의 간행에 참여하게 되었다. 1749년 프랑스의 디종(Dijion)에서 아카데미 현상논문에 그의 저서인 『학문과 예술』이 당선되었으며 1755년에 『인간불평등기원론』이 출판되었고 1762년 『사회계약론』을 발표하면서 학자로서의 위치를 확고하게 자리매김하였다. 그 후에 그는 유명한 교육학의 저서인 『에밀, Emile』을 1762년에 출간하였으나 금서로 제정되어 도피생활을 하게 된다. 『에밀』은 워낙 유명한 교육소설이어서 오늘날에도 교육의 지침서로서 각광을 받고 있다.

인간은 자연 상태에서는 평등한 존재였다. 『인간불평등기원론』

루소는 1755년 『인간불평등기원론』에서 인간은 왜 평등하지 않는가? 의 원인을 분석하였다. 그는 인간은 자연 상태에 있을 때 자유롭고 행복한 삶을 누릴 수 있다고 전제한다. 다시 말하면 인간의 본성은 원래 선하게 태어났으나 자연 상태를 벗어나면 온갖 유해한 환경들이 인간을 유혹하여 사악한 상태로 빠진다는 것이다.

다시 말하면 사유재산, 언어, 농업활동이 없던 원시상태에서 인간은 평화롭고 자유로웠으나 자연 상태에서 벗어나 사회제도나 문화 속으로 들어가면서 인간은 불행하고 사악해졌다는 것이다. 처음 원시상태에서는 약자가 생길 수도 없었으며 그 사회는 언어도 존재하지 않았고 사유재산도 없었으므로 혼자 사는 데는 아무 어려움이 없었기 때문이다. 따라서 누가 누구를 지배하는 주종관계(主從關係)가 없었으며 욕심도 없었고 자유의 몸이었으며 법과는 무관한 사회였던 것이다.

이러한 사회가 오게 된 연유는 무엇인가? 루소는 원인을 분석하였는데 인간이 사유재산을 가진 이후에 그러한 현상이 일어나게 되었다고 주장한다. 사유재산을 가진 이후부터 남의 재산을 탐하였으며 그렇지 못할 경우에는 전쟁도 불사하였던 것이다. 가족이 형성되면서부터 이제까지 필요하지 않았던 언어나 질투에 대한 감정이 생겨났으며 사회가 존재하면서 이를 통제하기 위해 도덕과 법률이 생겨났다. 결론적으로 말하면 자연 상태에서는 불평등이 존재하지 않았다가 사회가 분화될수록 도덕과 법률이 생기게 되었으며 오히려 인간은 부자연스럽고 행복하지 않은 존재로 변화하였다는 것이다. 따라서 루소는 인간은 욕심이 없는 자연 상태로 회귀할 것을 주장하고 있다. '자연인(nature man)'으로 돌아가자는 것이다. 이때 '자연인'이라는 것은 개인의 본성이 잘 보존되고 사회적인 제약으로부터 벗어나라는 것이다. 이는 루소의 '자연으로 돌아가라'는 말과 일치한다.

주권은 결국 국민으로부터 나온다. 『사회계약론, 社會契約論』

루소는 『사회계약론』에서 인간을 불평등하게 만드는 원인은 다음과 같다고 했다.

첫 번째로는 사유재산을 갖게 된 이후라고 서술했다. 인간이 전쟁과 도둑으로부터 위협받고 밤거리를 조심해야하는 것은 모두 인간의 사유재산에 대한 욕심에서부터 생겨났기 때문이다.

두 번째는 이러한 사유재산의 유무(有無)가 인간을 계급화시켰다는 것이다. 다시 말하면 지배계급과 피지배자계급, 주인과 노예계급으로 분리하여 놓았다는 것이다. 이러한 사유재산에 대한 욕구와 계급화로 인해서 사회는 혼란스럽고 불행하며 약탈과 방화, 강도, 강간 등 온갖 범죄가 만연되기 시작했다.

예를 들면, 국제사회에서의 영토전쟁도 마찬가지이다. 각 나라의 이권이 개입되는 것을 방지하였다면 전쟁과 약탈, 방화, 테러와 같은 것은 일어나지는 않았다는 것이다. 이를 미리 예방하지 못했기 때문에 선진국과 후진국이 발생하고 폭력 행위가 발생할 수밖에 없었던 것이다. 이로 인하여 인간은 사악하고 이기적이며 폭력을 행사하도록 변했다는 것이다.

이에 대하여 가진 자들은 자신의 재산을 보호하기 위하여 권력을 이용하여 교묘하게 자신의 체제를 유지시키는 데 일조하였다. 왜냐하면 법과 제도는 자신을 위주로 제정되고 유지되도록 만들어 놓았기 때문이다. 강자들은 이와 같은 법의 잣대로 행사를 함으로써 약자들에게 더욱 올가미를 씌웠으며 인간불평등을 더욱 공고화하였다.

세 번째로는 권력의 자의성(恣意性)이다. 권력의 자의성이란 인간의 계급화를 제도적으로 분명하게 하는 것이다. 따라서 루소는 이러한 법과 제도는 개혁의 대상이며 반드시 타파해야 한다고 했다.

이는 "인간의 생존을 위한 정치제도는 필요가 없는 것인가?"라는 의문을 품게 했다. 이에 대하여 루소는 정치제도와 법은 반드시 필요하다고 하였다. 그러나 기존의 법과 제도는 가진 자들을 위한 법으로 일관되어 있으므로 새로운 법을 제정하자고 주장하였다. 이때 새로운 법에서 가장 필요한 것은 "일반의지(一般意志)"라는 기준이었다.

"일반의지"는 개인의 관점에서가 아니라 공적 주체(公的主體)로서 국민이 가지는 일반적인 의지를 말한다. 루소는 이를 바탕으로 국가의 공동선(公同善, common good)을 실현하기 위하여 개인의 보존과 행복을 추구할 수 있고 국가 전체에 이로움을 줄 수 있는 법을 만들어야 하며 반드시 국민 전체가 합의를 이루고 동의를 할 수 있는 법이 필요하다고 주장했다. 따라서 '국가는 이러한 법을 가지고 지배권을 정당화하여야 한다.'고 했다.

이는 개인이 자연 상태에 있었던 자유와 평등, 억압이 없었던 상태가 되기 위해서는 개인의 권리보다는 국민들의 공동선을 실현해야 하므로 국가에 좀 더 적극적인 힘을 실어주어야 한다는 의미다. 따라서 국가는 이러한 법, 즉 "일반의지"가 담긴 법을 제정하여야 하며 국민들의 동의를 구한 법이기 때문에 강력한 지배권을 행사할 수 있다는 것이다. 이것이 국가와 개인 간의 '사회계약'이다.

'사회계약'이라는 것은 각각의 개인들은 자신의 권리를 국가의 공동선을 위하여 사회에 양도하고 자신의 생명과 재산과 권리를 보존하고 "일반의지"가 담긴 법을 준수하라는 것이다. 왜냐하면 "일반의지"는 국민들의 동의하에서 제정된 법이므로 결국은 국민에게 지배를 받기 때문에 더욱 강력하다는 것이다. 이것은 결국 주권에 의해서 지배를 받기 때문에 군주는 마음대로 권력을 남용할 수 없다는 의미이다.

그렇다면 이러한 "일반의지"를 가진 법은 어떻게 동의를 구하느냐? 가 문제이다. 그것은 간단하다. 루소는 투표로 일반의사(一般意思)를 구하면 된다고 했다. 투표를 통하는 것이 다수의 의견을 묻고 소수의 의견을 버리며 국민들은 자기 의사와 다르더라도 반드시 다수 의견에 따를 것이며, 설령 다르더라도 다음의 투표에서 타인들을 설득하면 된다는 것이다. 왜냐하면 소수 의견으로 채택되었다는 것은 일반의사가 아니었다는 것이 투표로 증명되기 때문이다.

따라서 루소의 정치사상은 주권은 국민에게 있고 "일반의지"에 의한 법의 지배라는 '민주주의' 원리를 주장했다. 주권은 외국 세력이나 특수이익을 추구하는 한 당파에 양도하거나, 국왕이나 신분제의회(身分制議會)에 분할할 수 없으며, 또 전 인민의 의사를 대표하고 있지 않은 의회(영국)에 의해 대행될 수 없다. 이와 같이 각 시민은 정치체제와 일반의지를 형성하는 주체이므로 루소의 사회계약론은 인민주권론과 법의 지배라는 민주주의의 2대 원리를 주장한 것이라 할 수 있으며, 이로 인해 그의 사상은 프랑스 혁명과 각국의 민주주의의 성전(聖典)이 되었다.

프랑스 혁명은 인류가 근대사회로 넘어올 수 있었던 역사적 사건이었다. 부패한 군주와 신앙의 억압에 저항하여 시민들은 거리로 나섰고, 지식인들은 지금까지 사회를 지탱하고 있던 사상이나 권력에 정면으로 대항하여 새로운 근대적 이념을 만들어 냈다. 루소의 『사회계약론』은 그 대표적인 저작(著作)으로 프랑스 혁명의 정초(定礎)가 되었다.

"도덕적 자유인," 또는 "고상한 야인(noble savage)", 교육론

루소는 1762년에 저술한 교육소설 『에밀, Emile』에서 자신의 교육관을 피력하였다. 이 책은 '에밀'이라는 고아가 태어나면서 결혼하기 전까지의 성장과정을 가정교사의 지도 아래 적어놓은 글로서 문학적이며 교육적으로 묘사한 5부로 나누어진 저서이다.

당시 유럽의 전통적인 아동관은 원죄설에 입각한 것으로, 아동은 기독교적인 관점에서 본다면 아담의 자손으로 태어난 자체가 죄악이며, 마음속에 모든 종류의 사악한 욕망이 들어있는 존재였다. 원죄설에 입각한 아동관은 자연히 엄격한 교육방법을 택했다. 어린이는 엄격한 환경과 제약 속에서 자라야 했고, 사악한 존재이므로 오직 교회를 통해 적극적이고 조직적인 방법으로 성장시켜야 했다. 따라서 세례와 같은 교회의 성사를 매개로 죄로 가득한 자연 상태에서 그리스도를 받아들이는 절차를 통해 어린이를 바르게 돌려놓는 것이 당시의 교육의 일반적인 특징이다.

루소의 교육목적은 아동을 자연적 본성, 즉 선을 되돌려주는 것이다. 따라서 어린이를 소질에 따라 자유롭게 교육하고 성장하도록 하여야 한다는 것이다. 루소의 말로 표현하자면 '자연인'을 만들자는 것이다. 이는 개인의 본성을 잘 보존하고 사회적인 제약으로부터 벗어나 자신의 욕망에 합당한 능력을 갖춘 인간을 말한다. 따라서 아동은 인간의 성장을 방해하는 어떠한 요소들로부터 해방되어야 하며 자연성을 침해하는 인위적인 영향으로부터 보호받아야 한다는 것이다. 이를 위해서는 관습, 문화, 제도 등을 거부하여도 된다고 했다.

다시 말하면 아동들이 가지고 있는 선한 본성을 그대로 자연스럽게 보호해 줄 수 있어야 하며 불건전하고 발달에 도움이 되지 않는 기존 질서로부터 벗어나게 하여 자유로운 인간으로 만들어야 한다는 것이다. 즉 "자연으로 돌아가라"는 의미를 가지고 있다.

오늘날 부모들은 어린 아이들을 너무 나약하게 키우는 경향이 있다. 왜냐하면 부모들이 아이들을 위해 아이들은 원하지 않는데도 간섭을 하기 때문이다. 그러나 루소는 그러할 필요가 없다고 하였다. 아이들을 선천적으로 살아갈 능력을 가지고 이 세상에 태어났기 때문이다. 자연은 인간을 인간답게 살아갈 수 있도록 할 수 있는 능력을 가지고 있고 그것을 아동들에게 제공할 수 있다는 것이다. 따라서 아동들을 어렸을 때 자연 속에서 있는 그대로 키울 것을 요구하며 다음에 사회에 나아가 적응하는 것이 오히려 바람직하다고 하였다. 즉 자연주의 교육관을 주장하고 있다. 이러한 자연주의 교육관을 정리하여보면 다음과 같다.

첫째로 잘못된 교육관에서 자란 아동들의 교육에 대하여 당시의 귀족사회를 비판하고 있다. 당시의 귀족사회는 자신의 인생을 향유하기 위하여 아이들을 자녀교육을 방치하여 잘못된 교육기관, 즉 수도원이나 기숙학교, 수녀원 혹은 유모의 손에 자라게 하였다. 이러한 교육기관 내지는 개인을 통한 교육의 형태는 가혹한 규율과 교육으로 아이들의 교육에는 별 효용가치가 없었으며 오히려 아이들을 맡김으로써 자기들의 향유를 즐기기 위한 임시방편으로 사용된 기관에 불과하다는 것이다. 이러한 아동들은 인간성이 결여된 어른으로 자랄 수밖에 없는 상황이며 오히려 어른들이 그들을 속박함으로써 자연적 성장을 방해하고 있다고 하였다.

둘째로 그의 교육사상을『에밀』의 서문에서 한마디로 요약했다. 그는 "인간은 조물주의 손에서 나올 때에는 선했는데 인간의 손에 넘어왔을 때부터 타락한다고 하였다." 이는 인간이 가지고 있는 본성이 사회나 기존 문화가 이들을 타락시키는 데 일조한다는 것이다. 이는 인간은 원래부터 이러한 인간성이 주어졌기 때문에 아동들을 발달단계에 따라 천천히 교육할 것을 주장했다. 따라서 악으로부터 보호만 하면 된다고 했다.

인간의 본성은 이성, 양심, 덕으로 이미 내면에 소유하고 있다는 루소의 주장은 현대사회에서 부모들이 자식에 대한 기대감을 발현하기 위해서 조기교육을 강조하는 것에 대한 경고를 주는 듯하다. 왜냐하면 국가나 사회, 가정이 이러한 인간의 내면성을 기다리지 않고 오히려 조급함에 아이들을 일찍이 경쟁사회로 내몰아 성장을 방해하고 있기 때문이다.

따라서 부모나 교사는 아이들에게 조급함을 주지 말고 기다리는 인내심이 필요하다. 예를 들면 아동이 실수로 창문을 깨트렸다고 가정을 할 때 창문을 빨리 갈아주는 것이 아니라 아이들이 추워서 느낄 때까지 기다리라는 것이다. 인간사회의 잘못된 문화, 편견, 아집, 잘못된 선견지명(先見之明), 부모의 욕심 등을 내세워 아이들을 몰아세우는 것은 자연에 반(反)하기 때문이다. 각각의 발달단계에 이를 때까지 기다리며 각 단계가 성취되었을 때 다음단계로 진입하는 것이 좋다는 것이다. 그러하지 않으면 발달지체현상이 일어나서 오히려 아이들의 성장에 방해되어 올바로 사회에 적응하지 못하고 낙오자로 남을 것이다. 예를 들면 갓 태어난 유아에게 걸음마를 시키는 것과 같다. 이렇게 될 경우 결과는 자명하다.

셋째로 결국 위의 내용은 '자연에 따르는 교육'을 행하라는 것이다. 루소의 '자연'이라는 의미는 내면(內面)에 있는 자연적 본성으로서 세월이 감에 따라 어떤 것을 추구하고 피하는 경향을 말한다. 다시 말하면 인간은 태어날 때 감각에 의존하고 자라면서 이성적으로 행동한다는 것이다. 유쾌한 것과 불쾌한 것에 따라 움직이다 점차 의식적인 행동을 하며 이성에 따라 합리적인 행동으로 옮겨가는 것이 자연스럽게 이루어진다는 것이다.

루소는 인간은 자기보존을 하려는 성향을 가지며 이러한 것을 주로 교육할 때 본성이 제대로 보존되므로 교사는 아동을 존중하며 발달단계에 따라 교육해야 한다고 했다. 이를 무시할 때 사악하고 비이성적이고 비도덕적인 인간으로 될 수가 있다고 경고하였다.

장 자크(Jean Jacques), 에밀(Emile), 소피(Sophie), 교육소설 『에밀, Emile』

위에서 루소가 추구했던 교육의 목적은 '자연인'이고 '도덕적 자유인', '고상한 야인'이라고 했다. 이렇게 되기 위한 과정을 『에밀』을 통해 제시하였다. 이 소설은 가정교사 장 자크가 남자 아이 에밀이 태어나면서 결혼하기까지 함께하면서 기르는 내용이다. 이 소설은 5부로 구성되어 있다. 여기에서는 5부의 주된 내용을 살펴보기로 한다.

제1부는 0~5세까지 영, 유아기를 다루면서 어머니가 직접 모유를 먹이면서 직접 아이를 양육하는 내용이다. 이때에는 아주 어린 시절이기 때문에 신체훈련을 중심으로 감각훈련을 통해 신체를 자유롭게 해주어야 한다는 것이다. 따라서 옷도 아이들이 자유롭게 활동할 수 있도록 넉넉하게 해주어야 하며 움직임을 구속하는 배내옷은 가급적 입히지 말아야 한다.

또한 아이를 시골에서 자라게 하는 것이 좋다. 왜냐하면 맑은 공기를 마시면서 자라는 것이 육체나 정신적으로 매우 좋기 때문이다. 그러면서 영유아기는 변덕이 잦고 심할 시기이므로 아이를 잘 파악하여야 하며 절대로 굴복해서는 안 된다고 했다.

제2부는 5~12세 아동기를 다루는 내용으로 여전히 감각훈련과 경험으로써 사물의 이치를 알게 해주는 것이 좋다고 했다. 또한 삶의 필연성을 통하여 사물 속에서 깨닫는 것을 필요로 하지만 추론과 관념을 사용하는 것은 금물이다. 왜냐하면 여전히 아이들은 자기 주위의 사물로부터 벗어나지 못하고 있기 때문이다.

따라서 교사는 "~해라"라는 명령보다는 "~한다."라는 복종이나 처분을 기다리게 할 필요성을 깨닫게 해주어야 하며 아동들에게 제공해야 할 것을 아끼지 말고 해주며 하지 말아야 할 것은 반드시 설명을 통해 설득을 하며 설득을 한 뒤에는 번복된 행동이나 언동을 하게 해서는 안 된다고 했다. 이 시기도 마찬가지로 자연 속에서 감각과 경험을 위주로 사물을 익히며 절대로 책상에 잡아두지 말아야 할 것을 강조하였다.

루소는 만약 아이가 읽고 쓰기를 못한다고 해서 답답하다는 조바심을 느끼지 말고 부모가 인내심을 기르라고 했다. 따라서 교육에 있어서는 "시간을 아끼지 말고 낭비하라."라고 조언하였다. 다시 말하면 시간을 잘못 사용하는 것보다 아무것도 하지 않는 것이 더 효율적이며 절대로 적극적인 교육을 할 필요성이 없다는 의미이다. 즉 소극적 교육이 필요하다는 것이다. 교육이라는 것은 추상적이고 관념적인 진리나 덕을 가르치는 것이 아니라 인간이 가지고 있는 본성, 즉 인간이 태어날 때부터 소유하고 있는 내면적인 선함을 기존의 잘못된 악습이나 문화 등으로부터 보호만 하면 된다는 것이다.

제3부는 12~15세경으로 소년기에 해당된다. 이 시기는 '유용성'을 기준으로 가르칠 것을 권하며 실험을 통한 과학적 지식과 같은 지력을 훈련시키며 관념을 통한 정신과 판단력을 기를 수 있는 훈련에 치중해야 한다. 왜냐하면 이 시기는 정신적 · 신체적 욕망이 앞서기 때문에 이를 활용하여 지리학이나 물리학을 가르쳐야 하며 절대로 이론적 지식을 추구하도록 해서는 안 된다. 따라서 독서를 가급적 멀리하며 오로지 허용되는 것은『로빈슨 크루소』만을 교육용이나 오락용으로 사용할 것을 요구하였다.『로빈슨 크루소』는 대니얼 디포(Daniel Defoe)의 작품으로 영국의 선원인 로빈슨 크루소의 삶에 진취적인 용기와 독립심, 청교도주의 등 당시 영국 시민의 생활 태도가 반영되어 있으며,『걸리버 여행기』와 함께 중산층을 대변하는 18세기 영국의 대표적인 고전소설로 꼽힌다.

또한 이 시기는 전문적인 기술훈련을 할 것이 아니라 생계유지가 될 정도의 기술 훈련을 시켜야 한다고 했다. 왜냐하면 다가올 미래를 대비해야 하며 이를 통해 정신과 신체를 건강하게 해줄 수 있기 때문이다. 그리고 이러한 교육을 통해 지식을 획득할 수 있는 능력과 지식을 사랑하는 마음을 길러줄 수 있도록 하는 데 반드시 "유용성에 원칙"에 따르라고 하였다.

제4부는 15~20세까지의 청년기를 다루었다. 이 시기는 도덕성이

일어나는 시기이므로 도덕과 종교, 사회적 관계 등을 교육시킬 필요성이 있다. 특히 이 시기는 정서적인 감정도 형성되는데 동정심과 타인에 대한 배려 등과 같은 박애정신이 생겨나므로 언어보다는 행동을 중심으로 교육해야 하며 경험을 통하여 습득할 수 있도록 해야 한다.

특히 이 시기는 이성에 눈뜨기 시작하는 단계이다. 이전 시기의 사랑과는 다른 의미로서 배우자를 찾고 동경하기 시작한다는 것이다. 따라서 이론적인 것보다 행동과 경험을 통해 배울 수 있도록 도움을 줄 필요가 있다.

이러한 교육을 통해 에밀은 아름다운 청년으로 성장하여 사회에 진출한다. 아름다운 청년이란 기존의 질서와 관습에 유혹되지 않는 청년으로서 자라난다는 것을 말한다. 가정교사는 소피(Sophie)라는 여성을 찾아두었고 두 사람은 결혼을 준비한다. 루소는 결혼을 자연의 첫 번째 제도이자 가장 아름다운 의식행위로 보았다.

제5부는 20세 이후의 시기로 에밀은 소피를 만나 결혼을 하며 떠나는 과정과 남성과 여성의 태도와 결혼의 조건을 그렸다.

결혼은 서로 다른 환경과 문화에서 자란 남녀의 관계이기 때문에 무엇보다도 협력과 조화가 중요하다. 그러나 루소는 남, 녀의 역할을 기존의 방식과는 전혀 다르게 주장하고 있다.

남자는 행동에 있어서는 능동적이며, 강함을 보여야 하며, 여성은 연약하며, 수동적이며, 순종적이어야 한다는 것이다. 다시 말하면 남성은 원하는 것을 무엇이든지 할 수 있어야 하며 여성은 저항을 해서는 안 된다는 것이다. 또한 아내를 구할 때에는 평범하되 화려하지는 말아야 하며 아름다운 여성을 선택해서는 안 된다고 하였다.

그 이유는 아름다운 여인은 결혼을 한 다음에는 아름다움에 대한 감각이 무디어지며 남편에게 오히려 불행을 가져다 줄 수 있다고 하였다. 아름다운 여성보다는 상냥하고 애교스러운 얼굴의 소유자는 남자들에게 어딘지 모르게 묘한 매력을 느끼게 되며 남편에게 즐거움을 줄 수 있다는 것이다.

이러한 결혼과정을 통해 에밀과 소피는 민주시민의 자질과 도덕성을 함양하기 위하여 유럽을 여행하며 각 나라들의 문화, 풍속, 정부제도, 국민성 등을 관찰하고 돌아와서 결혼하고 아이를 얻게 된다. 장 자크는 이들에게 시민으로서 열심히 살아갈 것을 주문하며 교육의 종지부를 찍으면서 그들의 곁을 떠난다.

루소는『에밀』에서 아이가 태어나면서 결혼하여 다음 세대를 영위할 때까지의 교육과정을 잘 묘사하였으나 정작 그는 하숙집 하녀와의 사이에서 자녀를 다섯 명이나 두었지만 자기 손으로 전혀 키우지 않고 고아원에 보냈다. 아이들이 시끄럽고 양육비가 많이 든다는 이유였다. 루소는『에밀』을 통해 자녀 양육법이라는 위대한 소설과 교육이론가로서 현대까지도 칭송을 받지만 자신의 자녀교육에서는 그러하지 못했다고 비난 받으니 아이러니하다고 볼 수 있다. 이러한 이유는 그의 불행한 과거에서 유추해 볼 수 있는데 태어날 때부터 어머니의 희생과 자기의 생명을 맞바꿨다는 데서 오는 회한과 불행이 있었기 때문이다. 루소의 어머니는 자기를 출생하고 열흘 만에 죽었기 때문에 모성애를 그리워하였고 그것을 충족하기 위해 방황과 바람기로 소년시절을 보냈다. 이와 같은 내용을 그의 저서 『참회록』에서 고백했다. 그는 "소년시절, 여자 가정교사에게 매를 맞은 일이 일생 중 최고의 쾌락이었으며 자위행위를 하던 버릇은 평생을 따라다녔고, 노출증 때문에 몽둥이질을 당할 뻔하였다."라고 회고하였다. 어린 시절의 불행은 그의 마음속에 평생 따라다녔으며 이로 인하여 젊은 시절의 바람기는 어머니를 그리워하는 동경심의 발로였다는 것이다.

『에밀』이 반종교적이라는 이유로 금서로 지정되자 루소에게 체포영장이 발부되어 그는 유럽 각지로 유랑을 하다가 친구 집에서 기거를 하고 살았다. 하지만 이미 몸과 마음은 상처를 받아 치유할 수 없는 상태로 비참한 죽음을 맞이하였다. 그가 자기는 "지상에서는 혼자였고, 세상은 자신을 산 채로 묻어버렸다."라고 했듯이 일생을 불행하게 산 사람이었다.

제4장

칸트의 독일 관념론과 비판철학

1. 철학사의 전면적 비판과 종합을 하여 철학의 혁명을 이끈 임마누엘 칸트(Immanuel Kant, 1724~1804)

임마누엘 칸트는 스코틀랜드의 후손으로 프로이센의 쾨니히스베르크(Konigsberg)에서 태어났으며 그의 증조부(曾祖父)는 1630년경에 지금의 독일로 이주하였다. 당시의 독일은 국가적 통일을 이루지 못하고 유럽의 다른 나라보다 정치 · 경제적으로 불안했다. 학문 또한 칸트 이전까지는 특출한 사상가를 배출하지 못하고 있었다.

그는 조그만 도시에서 얼마간의 가정교사를 제외하고는 주로 대학에서 지리학과 인류학을 강의하였고 거의 고향을 떠나본 적이 없었다. 그리고 그는 키가 160cm 정도로 아주 왜소하고 허약한 체질을 가진 볼품없는 인물이었다. 이러한 모습은 그리스 시대에 유명한 철학자인 소크라테스(BC 470?~BC 399)의 모습을 연상할 정도로 유사하였다.

그의 어머니는 경건파(Pietismus, 청교도, 검소한 생활과 엄격한 도덕생활을 주로 함)로 종교적 실천과 신앙을 엄숙히 따랐다. 칸트는 여기에 영향을 받아 어렸을 적부터 충실한 종교생활을 하였으나 나이가 들어서는 교회에 가기를 거부하였다. 매일 아침부터 저녁까지 하는 종교생활은 칸트에게는 오히려 반감을 가져왔기 때문이다. 그러나 어린 시절의 종교생활은 후에 그의 사상을 집대성하는 데 많은 도움을 준 것은 사실이었다.

그는 1740년 쾨니히스베르크대학(Albertus-Universitat zu Konigsberg)에서 문학, 철학, 물리학을 수학(修學)하고 대학 강사생활을 하다가 46세경에 철학에 관심을 가지게 되는데 논리학 및 형이상학 교수로 재직하고 난 뒤의 시기라 볼 수 있다. 어린 시절에 종교의 영향을 받아서인지 매일 규칙적인 생활을 한 것으로도 매우 유명하다. 그의 하루 일과를 보면 오전 5시에 기상하여 업무를 시작하였고 7시부터 9시까지 강의를 하며 그 이후 오후 1시까지 주로 연구를 하였으며 저녁 10시에 잠자리를 들 정도로 엄격하고 규칙적인 생활을 하였다. 실례(實例)로 마을 사람들은 그가 산책할 시간에 잿빛 연미복을 입고 손에 작은 등나무 단장을 쥐고 산책길을 걸어가면 3시 30분이라는 사실을 알고 자신의 시계를 맞추었다는 일화도 전해진다.

칸트의 수업은 학생들에게 매우 인기와 사랑을 받을 정도로 매우 흥미로웠다. 또한 강의를 할 때 기본원칙은 보통 수준의 학생들에게 관심을 보였는데 그 이유는 "둔재는 도와 줄 길이 없고, 천재는 스스로 할 수 있는 능력을 가졌기 때문"이었다.

칸트의 성격은 어린 시절부터 매우 소심하고 까다로웠다고 전해진다. 이러한 성격 때문에 자주 이사를 가야만 하였고 강의 도중에 불안감을 느꼈으며 주위의 시끄러운 소리도 참지 못할 정도였다. 이러한 성격의 소유자가 형이상학의 체계로 철학의 혁명을 일으키리라고는 아무도 상상을 하지 못하였다. 자기 자신도 "나는 형이상학이라는 애인을 얻었으나, 이 연인은 나에게 호의를 보이지 않고 있다."라고 술회할 정도였다. 또한 그는 형이상학에 대해 "형이상학은 끝없는 심연"이라든가 "형이상학은 철학의 난파선이 잔뜩 떠 있는 해안도 등대도 없는 어두운 대양(大洋)"이고 말하면서 또한 "언제나 바람이 심하게 불고 있는 사고의 높은 탑에서 살고 있는 사람"이라고 비판하였지만 그가 위대한 철학의 혁명을 가져올지도 모르는 인물이었다는 것이다.

어린 시절에 여리고 허약한 성장과정을 거친 칸트는 엄격한 관리를 통해 의학의 힘을 빌리지 않고 80세까지 장수하였다. 그는 평생 독신으로 살았는데 후회는 하지 않았으며 이에 대하여 "나는 이미 내가 걸어 가려는 길을 택했다. 나는 이 길로 갈 것이다. 그리고 아무도 내가 이 길로 걷는 것을 방해하지는 못한다."라고 말하듯이 결혼에 대한 생각이 확고하였다. 왜냐하면 결혼한 남자는 돈을 위하여 무슨 일이라도 다해야 하므로 결혼을 하지 않고 건강과 학문에만 열의를 다하였던 것이다. 이로 인하여 일흔 살에 수필집인 『단순한 결의로서 병을 극복하는 정신의 힘에 대하여』라는 수필집을 남겼으며 이외에도 그의 대표작은 1781년에 발표한 『순수이성비판』을 비롯하여 『실천이성비판』, 『이성의 한계 내에서의 종교』, 『덕행론』, 『영구평화론』, 『판단력비판』, 『도덕형이상학원론』 등이 있다.

경험은 우리에게 거기에 무엇이 있는지를 알려주지만 그것이 필연적으로 그래야 한다는 당위성을 말해주지는 않는다. 『순수이성비판』

『순수이성비판』은 인간의 이성을 다루는 책으로 사물을 어디로부터 오는가를 분석하여 놓은 책이다. 이 책의 구성은 선험적 미학, 선험적 분석론, 선험적 변증론으로 나누어진다. 여기에서 비판이라는 용어는 논평 및 혹평을 말하는 것이 아니라 비평적인 분석을 말한다.

칸트는 합리론과 경험론을 비판하였다. 이전까지의 이성론은 이성과 경험을 기초로 하고 있었으며 이성의 초월성을 초월하여 이성적 지식만을 강조하는 '독단의 잠(dogmatic slumber)'에서 헤어나오질 못하였으며 경험론은 경험을 기초로 하고 경험을 지나치게 했다는 데서 '회의론'에 빠졌다고 진단하였다. 따라서 인식의 기원

두 가지를 종합하여 보면 독단론과 회의론에서 빠져나올 수 있다는 것이다. 다시 말하면 경험론과 이성론의 약점을 찾아내어 두 가지의 철학을 비판하기 시작하였다.

먼저 합리주의자들에게 이성의 판단은 절대적이며 정확한 사유작용이다. 따라서 그들은 이성을 통해 사물과 세계를 설명하였고 이러한 사물의 세계를 지배하는 궁극적인 원리를 밝혀내는 것이 필수였다. 그러나 칸트는 이러한 필연적인 지식은 이성으로부터 독립하여 그 자체로 명석하고 확실해야 한다고 했다. 왜냐하면 이성론자들은 이성적 추론을 통하여 형이상학적인 실체를 밝혀내었으나 철학자들의 답이 서로 상이할 수밖에 없기 때문이다. 따라서 그들은 자신의 이성을 지나치게 믿는 독단에 빠졌다고 비판하였다.

반면에 경험주의자들은 사물을 인식하는 데 있어서 경험이 중요하다고 말했다. 그러나 칸트는 모든 지식은 경험할 필요성이 없으며 우리의 논리에 의해 판단되는 것도 있다고 하였다. 예를 들면 2+2=4가 아니고 5라는 것은 절대로 생각할 수 없는 것이다. 이러한 진리는 경험 이전(a priori)에 있어서 참된 지식이며 과거, 현재, 미래의 경험에 좌우되지는 않는다. 이는 필연적인 진리로서 경험 이전에 선험적으로 참이 되어야 한다. 다시 말하면 경험을 통하지 않고도 인간은 지식을 알아낼 수 있는 능력을 가지고 있는데 이것이 선험적 이성적 판단이라는 것이다. 이것으로 인간은 종합적인 판단과 과학적인 추리를 통해 새로운 지식을 추구할 수 있다고 하였다.

위에서 서술하였듯이 칸트는 이성론과 경험론을 비판하면서 자신의 철학을 주장하는데 이를 '비판철학'이라고 한다.

"감성이 없으면 대상이 주어지지 않으며 오성이 없으면 사유되지 않는다." 『선험적 미학』(선천적 감성으로 이해를 해도 된다)

칸트는 『순수이성비판』에서 진리는 반드시 절대성과 필연성을 가지고 있어야 한다고 했다. 이에 대한 대답으로서 그는 선험적 철학을 제시하고 정신의 내적구조와 생득적 법칙을 연구하려고 노력하였다. 즉 그 대상이 감각적 경험을 초월한다는 것이다. 선험적이라는 말은 대상의 선천적인 개념과 처음부터 관련된 모든 인식을 의미한다.

대상의 선천적인 개념은 경험을 서로 관련시켜 사물을 인식하는 것으로, 즉 감각을 통해 지식을 만드는 것인데 그 과정에는 두 가지가 있다.

첫째는 공간과 시간을 적용하여 이것을 질서 있게 하는 일이며, 둘째는 이렇게 얻어지는 것을 여러 지각에 '사고의 형식(범주)'를 적용시켜 질서 있게 하는 것이다. 칸트는 첫째를 '선험적 감성론, 혹은 선험적 미학'이라 부르고, 둘째를 '선험적 논리학'이라 부른다.

감각과 지각은 어떠한 관계인가?, 정신은 어떻게 감각을 지각으로 변화 시킬까? 에 물음을 가질 수 있다. 결론적으로 말하면 감각은 경험의 있는 그대로를 말할 뿐이다. 아직까지 인식의 단계는 아니라는 것이다. 그러나 여러 가지 감각이 시간과 공간 속에서 어떤 대상을 주위에 모아 보면 거기 존재하는 것은 자극의 의식이기보다 특수한 대상의 의식이므로 지각이 형성된다. 즉 감각이 인식으로 옮겨 갔다는 것이다. 예를 들어 사과가 주위에 늘어서 있다고 가정하면 우리는 감각기관을 동원하여 거기에 존재하는 것을 의식할 것이다. 그러나 이러한 감각들이 질서 있게 배열되어 있는 것이 아니라 매우 혼잡하다. 다시 말하면 '어중이떠중이들'이 모두 몰려들어 주위를 어지럽힐 것이다. '어중이떠중이들'을 그대로 놔두면 무기력하고 혼돈스럽고 다양하게 나타날 것이다.

이러한 무수한 '어중이떠중이들' 중에서 인간의 목적에 부합되는 적합한 감각, 가장 중요한 감각만이 선택된다. 예를 들면 우리가 배부르다면 맛이 있는 자장면을 만드는 것을 보더라도 그냥 지나쳐버릴 것이다. 그러나 배가 고플 때는 자장면의 냄새와 맛을 생각해내어 자장면을 느낄 것이다. 이와 같이 자신의 목적에 부합될 때만 감각, 관념의 연합이 일어난다는 것이다. 이는 시간과 공간에 의해서 일어나는 것이 아니라 먼저 정신의 목적에 따라 결정된다. 정신이 요구를 하면 올 것이고 요구하지 않으면 반응을 하지 않는다. 정신이 모든 것을 선택한다는 것이다.

이러한 정합을 하고 선택하는 힘은 시간과 공간을 사용하는 데 도구로 사용한다. 앞에서 예를 제시하였듯이 자장면을 가지고 결정을 할 때는 여러 가지 들어오는 보고들이 있을 것이다. 그러한 보고들을 장소와 시간대로 배열하고 질서정연하게 체계를 찾아내어 다양한 감각을 공간과 시간에 배열을 하여놓고, 이 대상 저 대상 현재 또는 과거의 시간에 귀속시킨다는 것이다. 공간과 시간은 지각되어진 것이 아니라 지각의 형식과 감각에 의미를 부여한다.

공간과 지각은 선천적이며 불가분의 관계이다. 왜냐하면 정돈된 경험은 반드시 둘을 포함하고 견제를 하기 때문이다. 예를 들면 꽃한 송이를 놓고 볼 때 색깔이나 냄새나 모양을 보지 않고는 그 실체를 파악할 수 없다. 하지만 꽃이 차지하는 일정한 공간에 대해서는 인정을 해야 한다. 우리의 직관이 파악하고 있기 때문이다. 또한 사람들은 자신의 감정이나 의지를 관찰할 수 있는데 이것들은 모두 시간의 흐름 속에서 진행된다. 따라서 시간은 경험 자체를 위해서 전제되어야 한다. 공간은 우리에게 외적 직관 형식이라면 시간은 내적 직관 형식이 된다는 뜻이다. 따라서 이 둘은 후천적으로 경험하는 것이 아니라 선천적이며 미리 우리에게 갖추어져 있는 것이다.

감각은 반드시 이 둘의 도움을 받아야 하며 그렇지 않으면 지각으로 변화할 수 없다. 그리고 두 가지를 갖지 않는 경험은 생각할 수도 없다. 이것이 충족될 때 감각이 지각으로 변화하여 오성의 형식인 범주에 의하여 사유, 정리, 종합되어 지식으로 인식된다.

결론적으로 말하면 인식의 선천적 형식은 감성의 형식과 오성의 형식인데 감성의 형식은 지식의 소재를 받아들이며 오성의 형식은 들어온 소재들을 정리하고 종합한다. 따라서 감성과 오성 중에 어느 하나라도 없으면 인식이 불가능하다는 것이다. 이 둘이 결합을 하여야만 인식이 가능하다. 따라서 감성을 통해 직관하고 오성을 통해 개념을 만드므로 감성을 직관이라 하며 오성을 개념이라고 한다.

"내용 없는 사고는 공허하며 개념 없는 직관은 맹목적이다. 『선험적 분석론』

앞에서 인식에는 두 가지가 반드시 결합되어야 한다고 말했다. 하나는 감성에 의해서 지식의 소재를 받아들이며 또 하나는 오성을 통해 그 대상의 소재를 받아들여 사유하고 정리하고 종합한다는 것이다. 아무리 대상을 직관으로, 우리의 감성으로 받았다고 해서 모두가 지식이 아니며 반드시 사유하는 과정이 필요하다는 의미이다. 따라서 이러한 오성에 의해서 인식이 성립하는 과정을 논한 것이 분석론이다. 따라서 그는 '판단'을 인식을 위한 사고의 과정으로 보고 선험적 종합판단은 분석판단과 종합판단으로 구분한다. 첫째로 분석판단(analytic judgment)은 이성에 기초한 이성적 판단을 말하며 합리주의적 관점에서 볼 수 있다. 논리학적으로 설명을 하자면 주어가 이미 술어를 포함하고 있는 것이다. 예를 들면 "안과 의사는 우리의 눈을 치료하는 의사이다."라든가, "삼각형은 세 개의 각을 갖는다."와 같이 이미 삼각형 혹은 안과 의사

(주어)라는 말은 '세 개의 각을 가진다.', '눈을 치료하는 의사다.'라는 사실(술어)를 포함한다. 이러한 판단은 틀릴 확률은 없다. 왜냐하면 개념분석에 의한 판단이므로 부인하면 자기모순에 빠지기 때문이다. 그러나 이것은 지식의 확장에는 별로 도움이 되지는 않는다. 단지 주어를 분석한 것에 불과하기 때문이다.

둘째로 종합판단(synthetic judgment)은 경험에 기초한 판단으로서 경험을 통해 주어가 붙여진 판단이라 볼 수 있다. 이 판단은 주어가 술어를 포함하지는 않는다. 가령 "이 소설은 외설적이다.", "얼굴이 이쁜 여학생은 공부를 못한다."와 같다. 이는 분석판단과는 달리 지식의 폭을 넓혀주는 데는 도움을 준다. 이러한 판단이 항상 옳은 것은 아니지만 타당할 경우에는 지식의 확장에 도움을 줄 수 있다는 것이다.

따라서 칸트는 분석판단과 종합판단의 장점을 이용하여 우리의 지식을 넓혀주며 좀 더 확실한 지식이 될 수 있는 선천적 종합판단(synthetic judgment a priori)을 제시했다. 다시 말하면 이성을 중시하는 분석판단과 경험을 중시하는 종합판단의 장점을 이용한 것이다.

칸트는 종합판단을 후천적 종합판단과 선천적 종합판단으로 나누는데 후천적 종합판단(synthetic judgment a posteriori)의 예는 "이 사과는 시다.", "바닷물은 푸르다." 등을 말한다. 이는 단지 인상이나 지각에 의존한 것이다. 반면에 선천적 종합판단은 선험적인 분석판단의 보편적으로 타당한 성격과 경험적인 종합판단의 지식 생산 능력을 결합한 것이다. 칸트는 항상 타당하면서 지식을 생산한 예로 수학적 판단, 물리학적 판단, 형이상학적 판단을 들었다. 이러한 것이 선천적 판단의 특징인 보편성과 필연성을 함의하여 우리의 지식을 넓혀주는 데 유용하다는 것이다.

위의 내용을 예로 들자면 첫째로 수학적 판단을 들 수 있다. 7+5=12라고 하였을 때 '12'라는 숫자는 주어를 분석해서 나온 것이 아니면서, 경험으로 얻어진 것도 아닌 지식이다. 이는 이성과 경험의 장점을 선택하여 지식을 찾는 칸트의 방식이다.

둘째로 물리적 판단의 예를 들자면 "모든 물체의 질량은 불변이다."가 있다. 이러한 예는 형이상학에도 해당되는데 "모든 인간은 선택의 자유를 누린다."와 같이 '자유'라는 술어는 '인간'의 개념에서 나온 것, 즉 주어에서 나온 것이 아니며 모든 인간에 대한 검증을 통해 얻어진 결과도 아니다. 이것은 인간에 대한 형이상학적인 판단을 기초로 하여 얻은 것으로 보편성과 필연성을 포함하고 있다.

증명도 할 수 없고 반대되는 증명도 할 수 없다.『선험적 변증론』

위에서 우리가 사물을 지각하는 것은 감성과 오성의 결합에 의해서 이루어진다고 하였다. 따라서 감성적 직관으로 인식되지 않는 대상에게는 적용할 수 없다.

경험을 중시하는 경험론은 대상을 경험할 때 바깥에 있는 대상을 그대로 비추면 진리가 되고 바르게 비추지 못하면 거짓이 된다고 하였다. 이것을 '진리모사설(眞理模寫說, copy of theory of truth)'이라고 하였다. 다시 말하면 사물을 볼 때 우리의 정신은 수동적이고 수용적이며 또한 우리의 인식은 객관적 세계에 있다는 것이다.

그러나 칸트는 정신은 능동적이고, 외부의 대상을 모사하는 것이 아니라 직관의 형식을 '통해' 받아들여 그것을 오성의 범주에 '따라' 분류하고 정리하여 '종합'한다고 보았다. 이로 인해 인식의 주도권은 인간에게 주어지며 이것은 능동적 정신에 의해서 구성된다는 것이다. 칸트는 이것을 '진리구성설(眞理構成說, the constructive theory of truth)'이라고 하였다.

칸트는 '인식의 전환(認識의 轉換)'으로써 정신을 능동적 혹은 적극적으로 사물(대상)의 인식에 개입을 시켜 사물을 경험하게 하여 무엇인가를 부여한다고 하였다. 확실히 사물(대상) 그 자체는 우리에게 무엇인가를 말해주지 않고 '정신의 작용'을 거치는 경험을 통해서만 파악된다. 즉 사물을 인식할 때는 사물이 아니라 정신이 중심이 된다는 것이다. 결국 인식은 사물과 '나', 즉 인식의 대상과 인식의 주체 사이의 상호작용이며 인식의 주체로서 '나'는 사물 사이의 주체를 구별하지만 '사물 그 자체(Ding an sich)'를 알 수 없다는 의미이다. 이것을 칸트의 '인식의 전환'을 가져온 혁명으로서 코페르니쿠스적 혁명, 혹은 전회(轉回)라고 한다. 다시 말하면 태양이 지구의 주위를 돌고 있다고 생각하였지만 코페르니쿠스 이후 지구가 태양 주위를 돌고 있다는 생각으로 바뀐 것처럼, 정신은 대상을 파악하기 위하여 사물의 주위를 돌고 있다고 생각하였지만 사실은 사물이 정신의 주위를 돌고 있다는 것이다. 이와 같은 사실은 아리스토텔레스 이후 사고의 전환을 가져왔고 결국은 근대 이전의 철학을 비판하는 혁명적인 사건이다.

그러나 칸트는 규제적 자아라고 불리는 '자아(自我)'. '세계(우주, 宇宙)', '신(神)'과 같은 경험할 수 없는 것도 인식의 전환을 할 필요가 있다고 했다. 이러한 관념은 인간의 인식이 경험할 수 있는 것이 아니기 때문에 실체가 존재하지 않는다는 것이다. 따라서 이에 대한 지식은 정확하지는 않다. 말하자면 영혼불멸이나 신, 혹은 자아나 세계는 현실세계에서는 경험할 수 없어서 우리의 인식은 한계에 이른다. 그러나 이러한 것들은 경험하지 못한다고 해서 지식으로 만들 수 없는 것이 아니라 초감각적(超感覺的)인 것들도 오성의 범주에 넣기 위해서는 선험적 가상이 생겨난다는 것이다.

이러한 관념들은 다른 대상을 이러한 관념들과의 관계 속에서 찾을 수밖에 없다. 즉 기능적인 문제로 합리적인 방법만을 제시할 뿐이라는 것이다. 이것은 형이상학에 관한 물음으로 어떠한 과학적 지식과는 다르다는 것이다. 다시 말하면 경험할 수 없으니 지식으로서 성립할 수 없는 것이 아니라는 것이다. 경험할 수 없고 인식할 수 없는 것은 이성을 통하여 부분적으로 사용해야 하는 이율배반(二律背反, antinomy)에 빠진다는 것이다.

이성을 통한 지식들이 항상 논란이 되는 것은 바로 이율배반이기 때문이다. 예를 들면 '인간은 태어날 때부터 자연권을 가지고 태어난다.'라는 명제는 '반대로 없다.'라는 논증이 분명히 생긴다는 것이다. 이러한 형이상학적인 문제들은 선험적인 가상으로 생겼으므로 포기하면 되는데 우리의 이성이 그를 가만두지 않기 때문이라는 것이다. 따라서 형이상학적인 명제들은 증명도 할 수 없고 반대되는 증명도 할 수 없다고 귀결된다. 양쪽의 주장이 너무나 팽배하여 어느 것이 옳은지를 판단할 수 없다는 의미이다.

칸트는 경험할 수 없는 지식들은 이율배반으로서 변증법적인 논리를 가질 수밖에 없다고 하였다. 이념들은 인식의 대상이 되지 못하고 이것들의 주장은 이율배반에 놓이게 되며 이성의 이념들의 한계가 노출하는 결과를 가져온다는 것을 『순수이성비판』에서 논의하고 있으며 이러한 논의는 실천적 · 도덕적 세계에서 찾고자 하였다.

도덕을 구현하기 위해 신의 존재는 반드시 있어야 한다. 『실천이성비판』

『실천이성비판』은 도덕과 종교의 문제를 다루고 있으며 이는 『순수이성비판』에서 인식론의 한계를 해결하지 못한 이성의 이념들을 실천적 · 도덕적인 세계에서 찾고자 하였다. 이러한 이념들, 즉 신 · 세계 · 자아 · 도덕 · 종교 등은 인식의 대상이 되지 못하기 때문에 여기에서 찾으려고 하였다.

이는 "인간은 무엇으로 알 수 있는가?"라는 문제로 인식의 능력 밖의 일이다. 결국 칸트는 이를 "우리는 무엇을 해야 하는가?"라는 도덕과 윤리의 문제로 전환해서 해결하려고 하였다.

칸트는 먼저 인간의 '선의지(善意志, Good Will, Der unbedingt gute wille)'를 강조하였다.' '선의지'는 '좋은 의도'라는 뜻으로 옳은 행동을 오로지 그것이 옳다는 이유에서 항상 선택하려는 경향을 말한다. 다시 말하면 마음속에서 옳다고 믿어 그에 따라 행하고자 하는 순수한 동기에서 나오는 의지를 의미한다.

인간이 사물과 구별되는 것 중의 하나가 인간은 '의지'에 따라 움직이는데 이러한 '의지'는 두 가지로 나뉜다. 한 가지는 '경험적 의지'이며, 다른 하나는 '순수한 의지'이다. '경험적 의지'는 자기 자신의 목적이나 이기심에 따라 행동하도록 명령을 하는 의지를 말하고 '순수한 의지'는 타인을 위하여 행동을 하라는 명령을 하는 의지이다.

'선의지'라는 것은 무조건적 선한 것이며 그 이외에는 선한 것은 없다는 것을 말한다. 따라서 선을 행하려는 순수한 의지가 있으면 결과에 상관없이 그 행위는 선(善)하다는 것이다. 어떠한 목적이나 보답과 보상을 바라면서 행하는 행동은 결과가 아무리 좋더라도 선한 것이 아니라는 것이다. 왜냐하면 순수한 의도가 없기 때문이다. 욕망에 따르는 의지가 아니라 의무감을 좇는 의지라는 것이다. 어떤 행위가 선(善)인 것은 그것이 선한 결과를 양산하거나 그 행위가 현명하기 때문이 아니며, 내재한 의무감, 우리의 개인적 경험에서 오는 것도 아니다. 그것은 우리의 과거, 현재, 미래의 모든 행동이 강제적으로, 즉 선천적으로 규정하는 도덕법칙에 따라 행해졌기 때문이다. 이 세상에서 무제한으로 선한 것은 오직 하나, '선한 의지', 즉 자기의 손익에 따라 움직이지 않는 도덕법칙에 따르는 의사뿐이라는 것이다.

이러한 도덕의 법칙을 성립하기 위해서는 반드시 의지의 자유를 전제해야 한다. 인간은 감성적인 충동이나 욕망이 아니라 스스로 이러한 것들을 규제할 수 있는 능력을 가지고 있기 때문이다. 따라서 인간의 의지가 자유롭다는 전제하에 선과 악을 판단할 수 있다는 것이다. 다시 말하면 칭찬과 비난, 포상과 벌을 줄 수 있으며 인간의 의지가 다른 사물과 같이 인과율의 지배를 받아 속박되어 있다면 그들의 행위를 평가하는 데 문제가 있다는 것이다. 이는 행위를 자유롭게 선택하였기 때문에 사람들의 행위에 대하여 선악(善惡)의 책임을 물을 수 있다는 것이다.

칸트에 의하면 "이러한 선의지는 어디에서 오는가?"에 대한 답은 바로 도덕률(道德律)이다. 도덕률이란 도덕법칙으로서 도덕행위의 기준이 되는 보편타당한 법칙을 말하며 자연법칙과는 달리 명령의 형식을 취한다. 소위 양심에 따르는 것을 말한다.

이러한 명령은 정언적 명령과 가언적 명령으로 구분되는데 '정언적 명령(定言的 命令)' 혹은 '정언명법(定言命法, kategorischer Imperativ)'과 '가언적 명령(假言的 命令)' 혹은 '가언명법(假言命法)'이다.

정언명법은 '~하지 않으면 안 된다.'라고 하듯이 '그렇게 하라.'라는 의미로 개인은 "너는 언제나 네 의지의 준칙(準則)이 보편적 입법의 원리로 타당하도록 행위를 하라."라는 유일한 법칙으로 정식화 된다는 것이다. 다시 말하면 "다른 목적과 관계없이 객관적으로 필연적인 행위를 명령하는 것"이며 개인의 행동이 옳은 것이 될 때, 우리는 정의로운 사람이 된다는 것이다. 위에서 말하는 준칙은 인간의 '주관적인 행위의 규칙'을 말하며 보편적인 입법은 '객관적인 규칙'을 따르라는 것이다.

이는 도덕적인 법칙이 격률(格率, 준칙, 개인이 자기 행위를 통제하기 위해 의식적으로 사용하는 기준)을 극복할 때 개인은 언제나 옳은 행위를 하며 누구나 인정하는 도덕적인 행동을 한다는 것을 의미한다. 자애(自愛)를 기초로 한 도덕은 도덕적 행위가 될 수 없으며 같은 일을 하더라도 의무감으로 행위를 할 때 도덕적 행위가 될 수 있다.

이와 반대로 '가언명법(假言命法)'은 조건에 따라 변하는 것으로 참과 거짓은 상황에 따라 달라진다. 이는 어떤 목적을 달성하기 위한 수단으로 내린 조건명령에 해당하고 그 목적을 승인하는 사람에게만 의미가 있으며 보편타당성은 없다는 것이다.

왜냐하면 타인을 나의 욕망이나 소원성취를 위한 도구나 수단으로서, 혹은 자신을 자기 감정이나 격정의 도구(예를 들면, 자기학대, 자기포기)로 삼고 있기 때문이다. 이는 "너와 남의 인격을 수단으로 삼지 말고 목적으로 대우하도록 그렇게 행동하라"는 것이다.

인간을 모독하거나 남의 인격을 비하(卑下)하거나 사람을 목적이 아닌 수단으로 대하는 어떠한 행위도 해서는 안 된다고 하였다. 인간이 도덕적으로 행동하지 않고 오로지 자신의 이해에 따라 행동해서는 안 된다는 의미이다. 따라서 첫째는 도덕행위를 할 경우는 의무감에 따라서 해야 하며, 둘째는 인간은 존엄성에 입각해서 행동하여야 한다는 것이다. 따라서 정언명법에 따라 행동할 것을 요구하였다.

우리는 살면서 "뱀의 지혜가 비둘기의 온순함보다 더 필요하다.", "도둑은 남의 물건을 훔치기만 하면 된다."는 식의 유혹을 받기도 한다. 인생에서 유용함과 자기이익을 추구해야 한다는 것은 당연하지만 정언명법의 말을 깊숙하게 새길 필요가 있으며 만약에 불리할지라도 선을 반드시 행하여야 한다는 것이다. 일종의 '의무감'으로 이기적인 행동을 자제하고 언제나 보편타당한 행동을 하도록 요구하고 있다. 이것이 '실천이성'이다.

이러한 행위를 하는 이유는 무엇일까? "왜 도덕적 행위를 하여야 하는 것 인가?"에 대한 의문을 시작하여 보자. 도덕적인 행위를 한 후의 결과는 어떻게 다가올까?

우리는 도덕적 행위를 반드시 해야 한다고 생각하지만 현실은 그렇지 않다. 자애(自愛)를 위하여 공갈, 협박, 사기, 살인, 강도 등이 난무하고 악인이 선한 사람보다 더 잘사는 모습을 볼 수 있다. 이러한 "잘못된 세상을 똑같이 살아가야만 하는가?"에 대한 의문을 가진다.

칸트는 이러한 행위는 인간의 행복과는 전혀 관계가 없다고 하였다. 이러한 상태에서는, 즉 불합리하고 정의롭지 못한 사회에서의 삶은 바람직한 도덕률이 없으므로 행복이 존재할 수 없다는 의미이다.

여기에서 칸트는 덕과 행복이 일치하는 최고선(最高善)을 끊임없이 추구하는 것이 '실천이성'이기 때문에 도덕적인 행위를 반드시 행하여야 한다고 하였다. 최고선은 최상선(最上善)이 실현된 다음, 덕과 행복까지 보장된 상태를 말하는데 이것을 가져오기 위해서는 순수한 마음으로 도덕법칙을 준수하려는 일종의 의무감에서 오는 최상선이 실현될 때 이루어진다.

그러나 인간은 자신이 갖고 있는 도덕적 의무감을 현실세계에서 바람직하게 실현시키기는 매우 어렵다는 것을 살아가면서 느끼게 된다. 현실과 우리의 의지는 반드시 일치하지는 않는다.

칸트는 여기에서 영혼불멸과 신의 존재를 이끌어냈다. 즉 인간의 행복은 쉽게 우리에게 다가오지 않기 때문에 도덕법칙에 따른 의지를 계속적으로 유지할 필요성이 있다는 것이다. 이는 역설적으로 말하면 인간은 무한하게 존재하여야 한다는 것이다. 인간의 삶은 현세에 끝나지 않고 내세까지 이어져야 하며 따라서 선한 사람에게는 행복을 주어야 하고 악한 사람에게는 불행을 가져다주어야 한다는 것이다.

이는 영혼불멸하며 전지전능한 신이 이러한 행위를 판단해야 한다는 것이 전제가 되어야 한다. 왜냐하면 도덕을 실현하기 위해서는 이들의 존재가 분명히 있어야 하기 때문이다. 이것은 이성에 의한 증명은 아니며 행위가 세계에 관여하는 도덕의식은 감성적 현상을 다루는 이론적인 논리학보다는 우위에 있어야 한다는 뜻이다.

따라서 칸트는 칸트 이전에 관심을 가져왔던 합리적이고 경험론적인 인식의 문제들을 '실천이성'을 통하여 설명하였다. 즉 우리가 경험적으로 느낄 수 없는 형이상학인 개념들을 『순수이성비판』에서 해결하지 못했으므로 '실천이성'을 통하여 설명하고자 하였다. 따라서 철학사에서 혁명을 가져올 수 있었던 것이다.

진정한 교회는 아무리 뿔뿔이 흩어져 있다 할지라도 공통되는 도덕법칙의 숭배에 의해 결합되어 있는 사람들의 공동체이다. 종교관

칸트는 노년에 와서도 놀랄만한 저서들을 출간하였는데 이 역시 큰 반향을 일으켰다. 그는 환갑이 되어서 『판단력비판』과 일흔이 다 되어 『단순한 이성의 한계 내에서의 종교』를 통하여 신의 존재를 증명했다. 즉 계획성과 미를 서로 관련시키는 일에서 시작하여 마치 예지의 존재자에 의하여 계획된 것처럼 구조와 균형과 통일을 나타내는 것은 아름답고 선하다고 하였다.

그러나 자연 속에는 아직 낭비와 무질서, 쓸데없는 반복과 증식 또한 자연은 생명을 유지시키지만 그것에는 얼마나 많은 수난과 죽음의 희생이 포함되어 있는가 말이다. 그러므로 외적계획으로 보이는 것은 신(神)의 존재를 증명하는 것은 아니다. 신학자들은 신의(神意)를 버려야 할 것이며 과학자들은 그것을 이용하여야 한다고 하였다. 왜냐하면 확실히 어떤 계획은 존재하지만 그것은 내적계획, 즉 전체에 의한 여러 부분의 계획이라는 것이다.

과학이 전체에 갖는 의식에 의하여 어떤 유기체의 부분을 설명한다면 그것은 한편의 발견의 원리, 즉 생명의 기계관적 해석과 균형을 잘 유지하며 양립할 것이다. 생명의 기계관적 해석과 발견에는 유효하지만 그러나 그것만으로는 결코 하나의 풀잎의 성장조차도 설명할 수 없다는 것이다.

따라서 종교는 이론이성의 논리 위에 둘 것이 아니라 도덕의 의식이라는 실천이성 위에 기초를 두어야 하며 성서나 계시도 그 도덕적 가치 위에 평가되어야 하며 그 자체가 도덕법칙의 재판관이 될 수가 없다고 하였다.

칸트는 신의 존재나 종교의 필요성을 주장하였으나 그것은 중세시대의 신비주의나 보수적인 계시에 의한 것이 아니라 '자유 신앙', '이성종교의 신앙', '도덕적 종교의 신앙'이었다. 이는 신은 멀리 있는 존재가 아니라 내 안에 존재한다는 것이다. 따라서 종교에서 신의 개념은 과거에 자연을 설명하기 위한 단순한 사변적(思辨的)인 것이 아니라 도덕적 본질로서의 신(神)이며, 자연과학적으로 증명할 수 없고 '도덕적 요청'으로서 도덕을 세우기 위하여 필요한 것이다.

예를 들면 천국은 우리가 감히 근접할 수 없는 곳에 있는 것이 아니고 또한 감히 측량할 수 없는 곳에서 찾을 것이 아니라 오히려 정신적 견지에서 찾아야 한다고 하였다. 이는 천국이 증명할 수 없다고 해서 멀고 가까운 데서 찾을 필요가 없고 도덕적인 종교에서 찾으라는 의미이다.

이러한 점에서 칸트는 도덕을 통해 종교를 과거, 신을 위한 신본주의(神本主義)의 신학이 아니라 인간에게 의무적인 인본주의(人本主義)의 신학을 주장한다. 이전의 신앙은 강제적이기 때문에 비도덕적이며 그러한 종교는 인간을 구원할 수 없다고 했다.

칸트는 신을 위한 종교를 반대하면서 인간을 위한 종교를 주장했다. 종교는 도덕에 의해서 생겨나고 그 임무는 도덕을 촉진시키는 데 있다고 하였다. 이는 신(神)보다는 인간에 복종해야 한다면서 '인간은 인간보다 신에 더 복종하지 않으면 안 된다.'는 명제는 다만 인간이 자기 자신에게 악(분명히 도덕법칙에 반대되는)을 행하도록 명령하는 경우에 그렇다는 뜻이다. 그러나 이와는 반대로 정치적, 공민적(公民的) 및 도덕적 법칙이 반도덕적인 종교적 규율에 대치되어 있는 경우에는 신의 위치에 속한 것으로 간주해야 한다고 하였다. 다시 말하면 신에 대한 복종도 인간을 도덕법칙에 복종시켜 선하게 만들기 위해 필요한 것이다. 그래서 모든 종교는 도덕적 이성으로서 검증을 받아야 하며 그것을 통해 진정한 종교와 사이비종교로 구별해야 한다고 하였다. 이러한 입장은 오늘날 많은 사람들이 신의 존재를 믿지 않고 있는 현실에서 하늘에 있는 신을 고집할 것이 아니라 신을 윤리적으로 혹은 도덕적으로 섬겨야 할 하나의 상징적 존재로 남겨 둠으로써 기독교의 근본사상이 일반 대중들에게 계속적으로 영향을 미치게 하여야 한다는 것이다. 그래야만 신이 존재하지 않는다는 오늘날의 과학적 견지에서 살아남을 수 있다는 것이다. 이는 신을 위한 도덕법칙이 있는 것이 아니고 도덕법칙을 위하여 신이 '요청'된 것이다.

교회나 교의(教義)는 인류의 도덕적 발달을 돕는 한 그 가치를 지니며 단순한 고백신앙, 예배신앙과 의식이 종교의 시금석(試金石)인 도덕적인 탁월성으로 변하자마자 종교로서의 막을 내리고 진정한 교회는 아무리 뿔뿔이 흩어져 있다 할지라도 공통되는 도덕법칙의 숭배에 의해 결합되어있는 사람들의 공동체라고 하였다. 이러한 목적을 위하여 그리스도는 삶을 살아왔으며 마침내 목숨까지도 버렸다는 것이다.

그러나 일부 성직자들은 이러한 견해를 곡해하여 신의 나라, 즉 도덕법칙에 의해 결합된 나라를 건설하기 위하여 힘쓰는 것이 아니라 신앙고백과 의식에 정열을 쏟았으며 이러한 결과로 무수한 종파로 분열되어 성직자를 위한 나라에 불과한 왕국을 건설하였다. 이러한 왕국은 기적(奇跡)이라는 미명(微明)아래 오히려 인간을 억압시키려 하고 있다고 했다.

기적은 현실세계에서는 도저히 신용할 수 없고 의식을 통한 기도는 자연법칙을 거스르는 효험도 없다는 것이다. 또한 교회는 반동적인 정부의 억압의 수단으로 바뀔 때 악행은 더욱 위험하고 극에 다다를 것이다. 왜냐하면 인간은 신이라는 큰 힘에 순종해야 할 예속적인 지위를 가진 존재로, 나락으로 빠뜨려 사람들로 하여금 자기 운명에 대한 주인다운 자각을 가지지 못하게 함으로써 지배계급의 의지에 순종하도록 만든다는 것이다.

이는 보편적인 도덕법칙에 순종하여야 한다는 칸트의 견해는 독재자나 혹은 특정 계급들이 이용한다면 큰일일 것이다. 이러한 보편적인 도덕법칙이 지배계급이나 특정인의 의사라는 것이다. 따라서 이러한 원리들을 이용하여 인간이 자기 생활적 지향을 버리고 보편적인 도덕법칙에 복종할 것을 요구하면서 그것이 계급사회의 온갖 이해관계를 초월하여 선험적으로 만들어진 초계급적이고 초자연적인 도덕원리라고 설교를 한다는 것이다. 따라서 누구나 모두 지켜야 한다는 것이며 곧 그것은 '신의 명령'이라고 하면서 따를 것을 요구한다는 것이다. 그러나 이는 소수계급의 의사이며 그들이 지향해야 할 원리이다.

칸트의 종교적 견해와 관련된 일화들이 있다. 1788년 뵈르네르 학교에서 루터파 프로테스탄티즘(Protestantism)의 정통적 형태를 벗어난 교직활동을 금한다는 법령을 발표하였다. 이에 따라 모든 출판물을 대상으로 검열제를 실시하여 이단(異端)혐의가 있는 교사들은 모두 해직하라는 명령을 하였다. 그러나 칸트는 노인이었고 그의 저서는 너무나 어려워서 독자들이 많지 않을 뿐더러 읽더라도 이해를 못한다는 이유에서 해직되지는 않았다.

또 한 가지로는 1794년 '폐하는 귀하가 철학을 남용하여 성서 및 그리스도교의 여러 중요한 기본 교의를 왜곡, 비방하고 있음을 주목하시고 심히 불쾌히 여기신다. 우리는 즉시 귀하에게 성실한 답변을 요구한다.'라는 서신(書信)의 답장에 '어떠한 학자도 종교상의 일에 관하여서는 독립적인 판단을 세워 자기의 의견을 발표할 권리를 가지지만 현왕의 치세(治世) 중에는 침묵을 지키겠노라'라는 답변을 함으로써 계속 자신의 논문이나 저서들을 출판할 수 있었다. 그의 종교적인 견해는 국왕과의 서신교환을 통하여 암묵적으로 현실에서는 굴복하였다고는 하나 당시의 나이는 70세에 이르렀고 몸이 쇠약하여 도저히 싸울 수없는 형편이라는 점에서 대단한 용기를 가진 종교관을 피력하였던 것이다.

정치학 및 영원한 평화, 전쟁은 전 국민의 일반 투표에 의하지 않는 한 절대로 선언되어서는 안 된다.

칸트는 1784년 『세계시민을 이념으로 하는 보편사의 고찰』이라는 논문을 통해 정치학을 피력하였다. 여기에서 그는 홉스의 "만인의 만인에 대한 투쟁"을 인간이 진보하고 발전하는 데 필수적이라고 했다. 즉 만인에 대한 투쟁은 자연의 수단으로 보며 인간이 서로 친밀하게 지낸다면 인간의 발전은 더 이상 진전이 없다고 하였다. 인간이 계속적으로 발전을 하려면 개인주의적인 경향과 경쟁은 필수적이라는 것이다. 그러면서 그는 "비사교성(非社交性)을, 즉 타인에게 이기려는 마음과 욕망을 자연에게 감사하라!"고 말하였다. 이는 우리에게는 이상하게 들릴지는 모르나 자연은 인류에게 유용하고 인간이 힘의 긴장을 새롭게 하도록 하는 데 무엇이 유용한지를 알고 있으므로 자연적인 소질을 더욱 발전시키기 위해서는 오히려 불화(不和)를 원한다는 것이다.

그러나 이러한 비사교성을 통한 악을 그대로 두어서는 안 된다고도 했다. 인간의 생존경쟁을 위해서는 규칙과 법, 관습 속에 일정한 틀 안에서 해야 한다는 것이다. 국가 간에서도 마찬가지이다. 각 나라들도 일정한 한계 내에서 국제법을 지켜야 한다는 것이다. 왜냐하면 야만의 상태에서 벗어나 평화를 지키기 위한 약속이기 때문이다.

1795년 그는『영원한 평화를 위해서』라는 논문을 통하여 세계평화를 유지하기 위한 법(法)인 영구평화론(永久平和論)을 제시했다. 이는 전쟁은 인류의 멸망이며 참극이므로 이를 막기 위한 방안(方案)를 제시하였다는 데서 의미가 있으며 후에 국제연맹(United Nations)을 창설하는 데 밑거름이 되었다.

칸트는 여기에서 '우리의 통치자들은 공공교육을 위해 쓸 돈을 현재 조금도 남겨놓지 않고 있다.'고 탄식하였다. 그 이유는 교육에 사용해야 할 비용을 다음의 전쟁을 위하여 사용했다는 것이다. 따라서 상비군제도를 폐지할 것을 주장하였다.

이러한 연유(緣由)는 상비군(常備軍)을 두는 것은 각 나라들이 서로 자극하여 많은 비용을 지불하게 되므로 오히려 전쟁을 부추기

기기 때문이다. 왜냐하면 이러한 비용은 평화를 유지하는 데는 오랜 기간이 걸리지만 전쟁을 통해 빨리 해결하는 것이 유리하기 때문이다. 이로 인해 군국주의(軍國主義)가 올 수밖에 없다는 것이다. 실제로 산업혁명 이후 유럽세계가 군비경쟁으로 인하여 아프리카, 아메리카, 아시아로 정복전쟁을 벌였다.

칸트는 영원한 평화의 조건에서 모든 국가의 정치체제는 공화주의가 되어야 하며 전쟁은 전 국민의 투표로 인해 동의하에 행하여야 한다고 하였다. 이는 스스로 싸우지 않으면 안 될 당사자들이 평화와 전쟁의 결정권을 가지고 있기 때문에 결코 전쟁을 원하지 않는다는 것이다.

이와 반대로 공화주의 체제가 아닐 경우, 대표자는 국민의 한 사람이 아닌 국가의 소유자로서 전쟁을 하기 때문에 자기 자신은 아무런 피해를 받지 않기 때문에 전쟁을 쉽게 결정한다는 것이다. 즉 국민을 생각하지 않고 혼자만의 욕심과 탐욕으로 손쉬운 결정을 하여 국민을 도탄 속에 빠져들게 만들기 때문이라는 것이다. 다시 말하면 전쟁은 국가 간의 지도자들의 싸움이지 국민은 원하지 않는다는 뜻이다.

한 나라의 정치적인 결단력과 외교력에 의해서 국민들의 삶이 좌우되듯이 반드시 전쟁을 피하고 평화를 구축하기 위한 제도를 확립할 것을 주창(主唱)하게 된 것이다.

2. 고삐 풀린 망아지로 불리는 피히테(Johahh Gottlieb Fichte, 1762~1814)

칸트가 독일철학의 초석을 다졌다면 피히테는 독일관념론의 초기 철학자라 볼 수 있다. 그는 가난한 집에서 태어나 목사의 도움으로 고등학교를 졸업하고 예나대학과 라이프치히대학에서 공부하였다. 그러나 목사가 사망하자 가정교사를 하면서 어려운 생활을 하였고 그마저도 성격에 맞지 않아 쫓겨나기도 했다. 그 이유는 불손한 학부모 앞에서 "어린이보다도 부모를 먼저 교육시켜야겠군요!" 라고 충고를 했다는 것이다. 그는 엄청난 독설가였고 자신의 강한 의지를 쉽게 꺾는 일은 없었기 때문이다.

그는 자신과 다른 의견을 가진 사람에게는 서슴없이 인신공격을 가하였고 인간 취급을 하지 않은 것으로도 유명한 고삐 풀린 망아지였다.

피히테는 당시의 철학자인 훔볼트(F. von Humboldt, 1769~1859), 슐라이허마허(Friedrich Schleiermacher, 1768~1834)와 함께 독일이 낳은 사상가인 동시에 개혁가이었다. 그는 베를린대학을 창설하였으며 초대 총장으로 역임한 위대한 교육사상가이며 개혁가였다.

1793년 예나대학의 초청으로 교수가 되었으나 무신론자로 낙인이 찍혀 강제로 사직을 당했다. 그 후 1807~1808년 프랑스 점령하에서 생명의 위험을 무릅쓰고 한 연설들을 모아『독일 국민에게 고함』이라는 책을 출간하면서 유명해졌다.

『독일 국민에게 고함』은 프랑스의 나폴레옹과의 전쟁에서 패한 독일이 위기에 처하자 베를린 학사원 강당에서 피히테가 시국 강연을 한 것으로 주된 내용은 독일 재건에 관한 내용으로 독일 국민의 분기(奮起)에 커다란 영향을 준 14차례의 연설을 모은 책이다.

그는 프랑스 점령하에서 나폴레옹(Napoleon Bonaparte, 1769~1821)에 대항할 것을 수차례 연설을 하면서 독일 청년에게 군대에 입대를 권하였고 자신도 종군기자로 자원을 하였으나 왕의 만류로 뜻을 이루지 못하였다. 자신의 아내가 종군 간호사로 활동하다가 악성 병원티푸스(발진티푸스)에 걸리자 정성을 다하여 치료를 하던 중 자신도 감염되어 사망하였다.

피히테는 칸트의 후계자라고 볼 수 있다. 그러나 그는 소크라테스의 제자 플라톤처럼 스승의 학문과 사상을 그대로 흡수하는 것이 아니라 새로운 철학, 즉 형이상학적 관념론으로 발전시킨 인물로서 독일철학을 관념론시대로 접어들게 만든 인물이었다.

피히테의 철학을 요약하여 보면 다음과 같다.

첫째로 결정론적인 입장을 취하는데, 이는 모든 것은 앞서 일어난 것들에 의해 결정되어 있고 자기 자신조차도 전체 속의 하나의 개체라는 것이다. 말하자면 경험의 규칙성 혹은 메커니즘(mechanism)에 사로잡힌 입장이다. 이는 필연성에 의해 지배를 받는다는 의미이며 객관적인 지성을 강조한다는 입장이다.

둘째는 사람이 지각하는 것은 자신의 의식적 상태밖에 없다는 지각주의(知覺主義)의 입장을 취한다. 이는 인식을 하는 과정에서 경험적인 것을 중시한다.

셋째는 주의주의(主意主義)입장이다. 이는 결정론(決定論)과 지각주의보다도 더 근원적인 것은 행동하려는 '의지'를 말한다. 인식에서 결정론과 지각 모두를 대변할 수 있다는 것이다.

따라서 피히테는 도덕적인 의지를 말하며 바른 행동을 얻기 위하여 인간은 세계에 대한 인식을 필요로 한다고 하였다. 다시 말하면 인식을 하기 위해서는 행동의 의지가 반드시 있어야 하며 그 의지는 도덕적 의지이며 지성보다는 도덕적 양심이 중요하다는 것이다.

이는 인간의 모든 행위는 도덕적 의지에 따라 설명될 수 있으며 순수이성은 실천이성과 밀접한 관계를 가지며 이 두 가지가 결합되어 인식은 행동하려는 의지에서 나온다는 것이다. 피히테는 이러한 행위가 자아(ego, 自我)와 비자아(非自我), 즉 스스로 투쟁할 수 있는 나 이외의 모든 것을 만들어낸다는 것이다.

피히테의 자아는 '없는 것'에서 모든 것을 창조해내며 아무런 한계가 없다고 하였다. 따라서 자아는 어떤 제약을 자신에게 가하게 되며 '자아의 정립'이라고 할 수 있다는 것이다. 이것은 '순수의식'이라는 것이다. 그런데 자아가 비록 아무리 외부와 관련이 없더라도 그것이 설정되었다는 것은 벌써 '비아(非我)'를 염두(念頭)에 두고 있다는 것이다.

따라서 이 세계는 자기 자신으로부터 만들어낸 전쟁터이기 때문에 이 세계에 대한 대처방식은 그것은 전적으로 나에게 달려있다는 의미이다. 인간은 자신의 도덕적인 삶을 진전시키고 자신의 도덕적인 목적을 값진 것이 되기 위해 자기 자신을 세계에 드러내야 하며 외부세계에 굴복해서는 안 된다는 것이다.

그러면 앞에서 설명하였듯이 자아(自我)와 관련이 있는 '비아(非我)'는 누구인가? 혹은 어떤 관계를 가지고 있을까? 피히테는 이 둘의 관계는 반려자 관계라고 했다. 다시 말하면 '비아'는 자아에 의해 극복할 대상이 아니라 서로 도덕적 삶을 추구해야할 동료이자 반려자라는 것이다.

독일 국민을 구원하기 위한 유일한 방법은 새로운 교육뿐이다. 교육론

피히테는 교육에 관해서 전문적인 저서를 출간한 적은 없지만 『독일 국민에게 고함』이라는 저서에서 볼 수 있듯이 교육을 주제로 강연을 했다. 그는 당시의 독일이 프랑스의 지배를 받으면서 치욕적인 삶을 살게 된 것은 독일 민족의 민족성이라고 지적하며 이를 치유하기 위해서는 새로운 교육뿐이라고 하였다.

당시의 독일 국민의 민족성은 이기심이 팽배하고 진리에 대한 무관심으로 정부를 부패하게 만들었으며 또한 국민들을 도덕적으로 타락시켰다는 것이다. 따라서 기존의 독일 교육을 새롭게 개혁해야 한다고 강연을 통해 많이 역설하였다.

피히테는 당시의 폐해를 극복하기 위해서는 반드시 도덕교육을 강화해야 한다고 주장했다. 이는 특정한 계급을 위한 교육이 아니라 국민 전체를 위한 교육이며 참되고 도덕적인 인간을 양성해야 한다는 것이 그의 교육목적이었다.

도덕적인 인간을 길러내기 위한 교육내용으로는 철학, 시, 살아 있는 언어가 매우 중요하다고『독일 국민에게 고함』에서 말하였다. 그는 철학과 교육은 매우 관련이 깊으므로 반드시 철학교육을 강화해야 한다고 강조하였다.

교육에 있어서 그는 조국애를 강조하였다. 왜냐하면 조국을 구원하기 위해서는 나라를 사랑하는 마음을 길러야 한다는 것이다. 따라서 조국애가 국가를 지배해야 하는 국가주의 교육을 주장하였다.

이를 위해서는 계급 간의 교육적 격차를 해소할 수 있는 민중교육론을 주장하였고 동시에 스위스의 교육사상가이면서 고아들의 아버지인 페스탈로치(Johann Heinrich Pestalozzi, 1746년~1827)의 노작교육(勞作教育)을 중시하였다. 이는 인간이 도덕적으로 자라는 데는 반드시 노동을 통한 교육이 반드시 필요하다고 하였다. 왜냐하면 경제적인 자립을 하지 못하면 먹고 살기 위해서 어떤 일을 행할지도 모르고 사회의 온갖 유혹에 휩쓸릴 경우가 많아서 사회적으로 타락한 인간으로 낙인이 찍힐 수 있기 때문이다. 따라서 노동의 즐거움과 가치를 느끼면서 살아갈 수 있도록 교육적으로 배려해야 한다는 것이다. 따라서 학교 내에서는 농업, 축산업, 수공업 등을 가르쳐 미래의 생활에 대비할 것을 주문하였다.

그러나 피히테의 교육방법은 지나치게 국가와 애국심을 강조한 나머지 국가주의, 전체주의를 갈망하는 위험성을 가지고 있다. 그럼에도 불구하고 교육을 통하여 독일 국민의 사상적 개조와 민족을 구원하고자 하는 열의는 대단한 것이었다.

3. 독일 관념철학을 완성한 헤겔(Georg Wilhelm Friedrich Hegel, 1770~1831)

헤겔은 칸트 이후에 독일관념론을 집대성한 인물로서 18세기 후반 독일의 슈투트가르트에서 태어났다. 어렸을 때부터 독서가였던 그는 18세에 튀빙겐대학에 들어가 신학을 공부하면서 그곳에서 시인인 횔덜린(Johann Christian Friedrich Hölderlin, 1770~1843)과 셸링(Friedrich Wilhelm Joseph von Schelling, 1775~1854)을 만나 친교를 맺으면서 생활하다가 그들과는 서로 다른 길을 가게 된다. 특히 셸링은 천재적 철학가로 헤겔에게 많은 영향을 주었고 그의 추천으로 예나대학에서 근무를 할 수 있었지만 결국은 학문적 대립 때문에 관계를 오래 지속할 수 없었다. 또한 횔덜린은 36년간 정신착란으로 인하여 폐인이 되었으며 헤겔만이 나중에 학문적인 업적과 성공을 거두었다.

그러나 그의 사생활에서는 약간의 잡음이 있었다. 서른일곱 살에 하숙집 부인과 불륜 관계를 맺고 낳은 사생아 때문에 교수직에서 쫓겨나게 되었다. 그러나 후에 명문집안의 딸과 결혼을 하게 되어 아들을 낳았는데 이를 두고 그는 “직장과 아내를 얻었으므로 이 세상에서 할 일은 다한 셈”이라고 했다.

독일 철학은 칸트에서 출발하여 피히테와 셸링을 거쳐 헤겔에 이르러 근대의 독일 관념론을 완성했다고 하였으며, 다른 표현으로는 “칸트 이전의 모든 철학은 칸트에게 흘러들어와 독일 관념론이라는 호수에 고였다가 헤겔을 통해 흘러나갔고 이후 모든 사상의 원천이 되었다.”라고 하였다.

칸트는 시간과 공간에 묶인 세계만 인식하는 인간이 그와 같은 한계를 뛰어넘어 도덕적인 삶을 선택할 수 있다고 했다. 이에 대해 헤겔은 칸트의 철학이 주관적인 관념론에 흐르고 있다고 평했다. 자아의 능동성을 주장한 피히테의 사고 역시 인간의 주관을 기초로 하기 때문에 개인을 초월한 역사의 흐름을 파악할 수 없으며 셸링처럼 자연과 정신이 동일하다고 생각해 버린다면 왜 차이가 나는 것일까? 에 대하여 비판을 가했다. 따라서 헤겔은 이성이 좀 더 역동적이며 그 진행과정을 추적하고 체험함으로써 세계 전체를 이해하게 할 수 있는 체계를 구축했다.

다시 말하면 인간의 성장, 자연, 역사발전과 의식의 성장에 따라 주관과 객관의 차이는 무엇이며 논리학, 자연철학, 정신철학을 체계화하였다고 볼 수 있다. 이를 헤겔의 절대적 관념론이라고 했다.

인간의 행위는 자신의 명령이 아닌 누군가가 그렇게 하라고 명령을 내린다면? 『역사철학 강의』

『역사철학 강의』는 고전중의 고전으로 불리는 책으로 유명하지만 너무나도 난해하다는 이유로 사람들에게 잘 읽히지도 않을 뿐더러 철학도(哲學徒)에게 매우 인기가 없는 책으로도 유명하다. 이 책은 일반적인 역사를 기술하는 책이 아니라 사람들이 주체적으로 현재의 상황을 극복해나가는, 발전하는 역사를 말한다. 다시 말하면 역사를 움직이는 힘이 무엇이며 그 방법과 방향은 무엇인지를 밝혀내는 책이라 할 수 있다.

이 책은 헤겔이 하이델베르크대학에서 역사철학강의를 한 것을 그의 사후에 에두아르트 간스(Eduard Gans, 1798~1839)가 잘 정리하여 출간했다. 읽고 이해하기는 쉽지만 헤겔의 뜻과는 거리가 먼 내용도 있을 것이라 생각하여 그의 아들 Karl Hegel이 1840년에 다시 출판한 책으로도 유명하다.

만일 여러분들이 세상에서 가장 존경하는 사람이 이순신(李舜臣)이라고 가정을 한다면? 이 사람이 세상에서 존경받을 수 있는 이유는 무엇인가에 많은 답을 찾을 수 있을 것이다. 결론적으로 말한다면 우리는 이순신의 전기(傳記)를 읽으면 그의 능력과 의지로 역사상의 유명한 영웅으로 묘사되었지만 사실은 누군가가 그렇게 하라고 명령을 내렸다는 것이다.

『역사철학 강의』를 살펴보면 역사라는 말과 철학이라는 말을 잘 이해하는 것이 무엇보다도 중요하다. 먼저 역사는 과거에 일어난 사건들을 기록으로 남겨놓은 것을 연구하는 학문이다. 그러나 과거에 일어난 모든 것들이 기록으로 남겨지지 않을 수도 있다. 따라서 역사는 두 가지로 해석할 수도 있는데, 하나는 과거에 실제로 일어났던 사건들 자체를 말하고 다른 하나는 사건의 의미를 인식하고 기록을 남긴 것을 말한다. 다시 말하면 역사는 주관적인 역사와 객관적인 역사로 분리하며 이 둘은 불가분의 관계라는 것이다.

철학은 진리를 탐구하는 것 혹은 사물의 근본을 깨닫는 합리적인 사고를 추구하는 학문이다. 따라서 복잡하게 구성되어 있는 세계의 근본원리와 질서를 깨닫는 학문이라고 한다면 역사철학이라는 개념을 추측할 수 있다. 따라서 역사철학은 역사가 어떻게 이루어졌고 발전했으며 무슨 의미를 갖는지 연구하는 학문이다. 『역사철학 강의』는 단순하게 역사를 연구하는 것이 아니라 역사와 철학을 잘 결합하고 통일한 저서라는 의미이다.

예를 들면 과거에 일어났던 역사적 사건들, 가령 임진왜란, 살수대첩, 프랑스혁명, 공산주의 혁명 등이 가지는 의미는 무엇이고 그러한 역사적 사건을 만들어 내고 움직이는 근본원리는 무엇인지를 밝히려는 것이다. 이에 의하면 역사는 아무 뜻 없이 진행되는 것이 아니고 철학적인 이유나 원인을 가지고 진행된다고 한다.

이 책의 서론에서는 그의 사상을 주장하는 데 절대정신과 이성 그리고 자유에 대하여 설명하고 있다. 특히 절대정신의 개념은 『역사철학 강의』에서 핵심일 뿐만 아니라 헤겔 사상의 중요한 한 부분이다.

절대정신은 자기 자신을 다 펼쳐서 완성될 때, 세계의 역사도 완성된다는 것이다. 따라서 세계사의 발전은 이 절대정신에게 달려 있다. 다시 말하면 절대정신이 완전한 자유에 도달해서 자유가 실제적으로 이루어지면 역사도 완성된다는 것이다. 이러한 정신은 과거에 일어났던 잘못을 반성하는 능력으로서 누구나 모두 가지고 있으며 인간만이 가지는 특징이다.

헤겔이 말하는 절대정신은 각 개인이 가지고 있는 정신이 아니라 인류의 역사를 이끌어 가는 주인의 정신이다. 이것은 하나의 원리로서 일본의 사무라이나 미국의 개척정신 그리고 조선의 선비정신과 같이 한 민족의 정신과 개인과 같은 상태와 조건에 따라 달라지는 것은 아니며 자신의 목표를 가지고 자기 길을 가는 절대정신을 말한다.

그렇기 때문에 사람이 명령하는 것이 아니라 정신의 도구로 사용된다는 것이다. 다시 말하면 정신의 대리자나 심부름꾼에 해당한다. 즉 역사 속에 등장하는 여러 인물들은 절대정신의 명령을 실천하는 인물에 불과하다는 것이다. 이순신의 경우에도 마찬가지로 절대정신의 명령인 "너는 반드시 조선의 백성과 국가를 구해야 해"라는 명령을 받고 실천한 것이다. 헤겔의 이러한 사상은 프랑스 혁명에서 아이디어를 얻었다. 즉 나폴레옹이 집권을 하자마자 독일을 침공하였는데 헤겔이 그 모습을 보고는 말을 탄 '절대정신'이 지나가고 있다고 표현을 하였듯이 개인의 능력에 의해서 실천을 하는 것이 아니라 당시의 절대정신이며 시대적 정신에 의한 대리자에 불과한 것이다.

『역사철학 강의』 제1부는 이러한 절대정신이 어떻게 역사 속에서 자신의 모습을 드러내고 어떻게 변화하고 발전해 왔는가를 말하고 있다. 이 장에서는 동양의 역사를 다루고 있는데 완전히 자유가 억압된 어린아이에 비유를 하고 있다. 절대 왕권이 지배하여 군주만이 자유를 누리기 때문이라는 것이다.

제2부~3부는 그리스 로마시대를 예로 들고 있으며 귀족정치와 미완성된 민주정치로 인하여 좀 더 발전된 시기로 청년기와 성년기로 비유했다. 제4부는 게르만 세계를 말하고 있는데 이 시기는 르네상스와 인본주의의 발달로 인간성과 자유를 회복하여 자유로운 정신활동이 지배된 시기로 완전한 성숙단계인 노년기에 해당된다.

역사의 발전 시기는 인간정신의 자유와 관련이 있으며 인간이 자유를 누리는 정도에 따라 정신의 성숙을 결정했다. 다시 말하면 역사는 자연의 변화처럼 반복되는 것이 아니라 인간의 의지에 따라 성숙하고 발전하며 그렇지 못할 경우는 쇠퇴하거나 멸망한다는 것이다.

역사의 주인인 정신은 자신의 의지와 목표를 가지고 스스로 자연 상태에서 벗어나 역사를 창조함에 따라 발전하며 이것은 국가의 형태와 제도, 법률 등으로 나타난다고 하였다. 절대정신이 고도로 발달된 나라는 국민의 자유가 얼마나 보장되고 제도가 얼마나 받침이 되며 국민들은 얼마나 도덕적 생활을 하느냐에 달려있다고 했다. 그러한 나라 중의 한 국가로 독일을 예로 들고 있다.

자유는 이성의 친구이며 자유는 신의 뜻을 표현한다면 가장 완벽한 세상이다. 이성과 자유

앞에서 우리는 세계역사에서 정신이 얼마나 중요한지를 살펴보았지만—막상 철학에 대하여 알긴 알지만 설명을 하는 것이 부담스러운 것처럼—정신을 설명하는 것은 무리일 것이다.

정신이란 생각하는 능력이라는 점에서는 다른 사람들과는 비슷하지만 헤겔은 좀 더 다르게 표현하였다. 그는 정신을 "이치를 살펴서 원리와 결과를 아는 능력"이라고 정의내렸다. 이는 우리가 보는 상태의 사실만을 보는 것이 아니라 이성을 통해 그 원리와 이유 그리고 미래를 예측하는 능력을 말한다. 예를 들면 오늘날 대학이 어려운 것은 무엇이며 그 원인에 대하여 분석을 하고 미래를 예측하는 능력을 말한다는 것이다.

따라서 헤겔은 정신을 이성이라고 말했으며 또한 역사의 주인이고 지배자라고 하였다. 그렇기 때문에 역사를 움직이는 것은 이성의 힘이라는 것이다. 여기에서 우리는 역사철학을 단순하게 역사적 관점에서 보지 말고 철학적 관점에서 살펴볼 필요가 있다. 왜냐하면 철학은 이성에서 출발하여 이성에서 종착점을 맞이하는 학문이기 때문이다. 단순히 스쳐지나가는 사실에 중점을 두는 것이 아니라 그 안에 담겨진 뜻을 파악하여 왜 그런지를 밝혀내고 반복된 실수를 하지 않기 위해 성찰할 필요가 있다는 것이다.

이성을 사유하는 것으로 보았을 때 그 자체는 우리 앞에 나타나지는 않지만 살아가는 한 계속 활동을 한다. 다시 말하면 이성은 실재하고 무한한 힘을 소유하며 모든 것을 스스로 해결하는 능력을 가진 괴물이라는 것이다.

즉 이성이라는 것은 자기 주관이 강하고, 옳고 그른 것을 스스로 판단하고 모든 것을 증명하는 데 있어서 다른 힘을 빌리지 않고 스스로 설명하고 증명하는 능력을 가지며 자기 자신을 목표로 하는 것이다. 따라서 세계의 역사도 이성이 이끌어간다고 볼 수 있다.

그렇기 때문에 역사는 꼭 그렇게 되어야 하며 일어나야 하는 일들이 일어나는 것으로 우연히 일어나는 것이 아니다. 따라서 철학자들의 임무는 역사가 할 수 없는 일을 행하고 항상 이성에 따라 깨어있을 수 있게 사유하는 것이다. 단순히 역사적인 사건들의 이해는 역사가에게 맡겨야 한다.

이성이라는 개념은 고대 철학자인 아낙사고라스(Anaxagoras, BC 500?~BC 428)에 의해서 생겨났다. 그는 이 세계는 종자(種子)에 의해서 생겨났으며 종자는 누스(Nüs, 세계정신, 우주의 영혼)에 의해 다양하게 만들어져 세상을 구성하고 어떤 정신적인 힘이 작용되었다고 했다. 즉 누스는 물질을 움직이고 생각하게 하는 능력이다. 예를 들면 행성들은 태양을 중심으로 일정한 법칙에 따라 움직이는데 이러한 법칙에 따라 작용할 수 있는 힘을 누스(Nüs)라고 한다는 것이다.

그 후 아리스토텔레스(Aristoteles, BC 427/8~BC 347)를 거쳐 중세시대에는 신의 섭리에 따라 세계가 발전되고 형성되었다고 했다. 그것이 신과 이성의 차이지만 결국은 같은 의미이다. 신과 이성을 동일시했다는 것이다. 즉 정신을 통해 진리를 알 수 있으며 사물의 근본과 신의 존재까지도 알 수 있다고 했다.

결론적으로 말하면 이 세계는 자연과 정신으로 구성되어 있지만 자연은 스스로 이성적으로 생각하고 행동하는 것이 아니므로 이성이라고 말할 수는 없다. 정신은 자신의 의지를 가지고 목적을 달성하려는 본성을 가지고 있어서 현실 속에서 자신의 모습을 드러내려고 하는 데 수단으로써 인간을 선택하였다는 것이다. 이러한 본성인 정신에 의해 세계역사는 만들어지고 변화하고 발전한다고 하였다.

헤겔은 또한 자유에 대하여 설명하였다. 앞에서 말했듯이 정신은 시·공간과 중력의 제한을 받지 않는다는 점에서 물질과 구별된다. 그리고 정신의 본질은 주로 개념, 호기심, 의지, 무한함 등을 들 수 있는데 가장 필수적인 것은 자유이다. 따라서 그는 자유가 다른 무엇보다도 중요한 핵심이라고 강조했다. 그는 "모든 것은 단지 자유를 위한 수단에 지나지 않고 모든 것은 이 자유를 구하며 산출하는 것이다."라고 했다.

정신과 물질은 엄연히 차이점이 존재하는데 먼저 물질은 불완전하고 처음의 성질과는 완전히 다르게 변하며 외부의 환경에 맞게 변형된다는 것이다. 다시 말하면 물질세계는 능동적으로 이루어지지 않으며 스스로 목적을 세우지 않고 외부의 환경에 맞도록 변화하는 것에 불과하다.

그러나 정신은 물질과는 반대로 스스로 목적을 세워 능동적으로 변화하며 스스로가 중심을 잡고 충족하는 힘을 가진다. 따라서 자유는 무작정 자기가 하고 싶은 대로 행하여 타인을 곤란하게 하는 것이 아니라 타인에게 의존하지 않으면서 자신의 참된 모습을 찾아내려고 애쓰는 것이다. 이러한 점에서 자유는 정신의 필연적인 조건이다. 왜냐하면 정신의 본성이 자유이기 때문에 외부에서 힘을 받아 발전하거나 성숙되는 것이 아니라 스스로의 능력으로 자신을 만들어 내기 때문이다.

따라서 자신의 본성인 자유가 이 세상에서 완전하게 펼쳐지며, 한두 사람이 아닌 모든 사람이 자유로운 세상이 실현되어야 한다는 것이다. 그러나 정신의 단계는 현실에서 국가와 민족 그리고 역사의 발전단계에 따라 다르다. 예를 들면 북한 · 한국 · 미국 · 북유럽의 자유는 각각 존재하지만 역사적 발전단계와 성숙도에 있어서는 다르게 존재할 수 있다는 것이다.

역사는 자유를 이루기 위해 최후의 길을 갈 것이고 완전한 자유가 달성된 세상을 바라는 것이다. 자유의 발전단계

정신의 목적인 자유를 실현하기 위해서는 긴 과정이 필요하다. 즉 자유는 우리 앞에 갑자기 나타나는 것이 아니라는 것이다. 역사는 진행형이며 미래에도 그와 같은 목적을 가지고 진행될 것이라는 것이다. 왜냐하면 우리의 역사는 자유의 의미를 깨닫기 시작한지 얼마 되지 않았고 그것을 누리기 위하여 많은 역사적 사실들이 존재하였기 때문이다.

동서양의 역사를 살펴보면 최초의 역사는 정신이 최초로 시작된 시기로 아직 성숙되지 못해 막 눈을 뜨는 시기라 볼 수 있다. 아직 정신이라는 개념과 중요성을 느끼지 못하였으며 국민들 모두가 자유를 누리는 것이 아니라 일부 계급만이 향유할 수 있었기 때문이다. 즉 한 사람만의 자유를 위하여 많은 사람들이 희생하였고 그리하여 자유를 가진 통치자에 의해 지배를 받았다는 것이다.

아쉽게도 그 당시의 사람들은 자기의 목숨까지도 자기 것으로 여기지 않았고, 이에 따라서 마땅히 권리를 주장하지 못했다. 이러한 사람은 한 사람만이 자유롭다고 해서 자유가 실현되었다고는 보지 않는다는 것이다. 반대로 통치자도 마찬가지다. 자기만 누리고 만인이 누리지 못하는 자유세계는 자유가 없는 것과 마찬가지이다. 왜냐하면 자유는 일종의 정신이라고 하였는데 자신이 누리는 자유가 어떤 것인지도 모르고 우연히 생긴 것 이라고 믿고 있다는 것이다.

이후에 서양에서는 그리스 로마시대로 접어드는데 민주주의와 여러 통치자들에 의해서 일부 자유는 주어졌지만 아직까지도 자유는 일부 계층의 향유품이자 사치품이었다. 심지어 노예는 자유를 누릴 수 있는 계급은 아니었지만 자유에 대한 생각이 훨씬 강하여 자유정신을 심어줄 필요성을 느끼는 이중성을 포함하고 있다. 그 후 중세시대에 들어와서 모든 사람이 자유를 누려야 한다는 생각은 생겨났으나 사회적 분위기에서가 아니라 종교적인 면에서 시작되었다. 즉 기독교 교리 측면에서 인간은 평등하며 신분에 상관없이 자유를 반드시 누려야 한다고 하였다. 이는 실생활에서는 적용하기가 매우 어려웠다.

그 이유는 개인의 주장만이 중요한 것이 아니라 국가는 자유의 하나의 원리로 적용하여 제도 및 법률적인 측면으로 보완하여 주어야 한다는 것이다. 따라서 자유를 사회적으로나 국가적으로 모두에게 누릴 수 있도록 하여 주고 확실하게 보장을 하여 주어야 된다는 것을 의미한다. 이는 자유가 특정 개인만을 위한 것이 아니라 만인이 고귀하게 누려야 할 덕목이며 그것들을 향해 나아가야 한다는 것이며 심지어는 목숨까지도 불사하여야 한다고 하였다. 이렇게 볼 때 자유라는 것은 세상을 바꿀 수 있는 능력을 가진 정신이다.

비록 우리 눈에 보이지는 않지만 우리가 보고 있는 물질세계를 지배하는 실질적인 힘을 가지고 있다. 그리하여 물질은 정신에 늘

의존하며 정신 없이는 쓸모없다는 것이다. 가령 여러분들이 요즘 가장 아끼는 것이 핸드폰이라고 생각을 하자! 그러나 어느 날 갑자기 나는 축구가 좋다고 하여 거기에 정신이 팔리면 핸드폰도 무용지물이라는 것이다.

그러나 자유가 가장 중요할지라도 현실에서는 통하지 않을 때도 있다. 현실에서 통하는 그날까지 우리는 자유 그 자체를 목적으로 삼고 이것이 정신의 목적이므로 아무리 갈 길이 멀다 할지라도 포기하지 말아야 한다. 왜냐하면 포기하는 순간 역사는 멈추기 때문이다.

우리는 자유를 이루기 위하여 문제를 해결할 수 있는 능력과 열정을 가진 국가, 개인의 가치를 추구하기 위해서 반드시 노력을 하여야 한다는 것이다.

근대·현대로
떠나는
서양철학사

제5장

공리주의

1. 공리주의의 배경과 개념

공리주의는 18세기 영국에서 일어난 철학의 한 사상이다. 이 시기는 과거의 비합리적인 전통이 지배하던 시기였다. 왜냐하면 시민혁명 이후에도 귀족계층이 여전히 득세했기 때문이다. 한편 당시의 영국은 산업혁명이 가장 먼저 시작되어 농업중심사회에서 산업중심사회로 변화하던 시기였다. 따라서 사람들은 공장이 있는 도시로 모여들어 도시를 중심으로 빠르게 발전하고 있었다. 이러한 환경에서 공리주의는 벤담(Bentham)의 '과연 진정으로 우리에게 유용한 것은 무엇인가'라는 물음에서 출발하였고 밀(Mill)에 의해서 완성되었다.

공리주의(功利主義, utilitarianism)는 공리성(utility)을 가치 판단의 기준으로 하는 사상이다. 곧 어떤 행위의 옳고 그름은 그 행위가 인간의 이익과 행복을 늘리는 데 얼마나 기여하는가 하는 유용성과 결과에 따라 결정된다고 본다. 넓은 의미에서 공리주의는 효용, 행복 등의 쾌락에 최대의 가치를 두는 철학의 사상적 경향을 통칭한다.

공리주의는 쾌락은 계량할 수 있다고 주장한 벤담(Bentham)의 '양적(量的) 공리주의'와 쾌락에는 질적인 차이가 있음을 인정한 J. S. 밀(Mill)의 '질적(質的) 공리주의'로 나뉜다. 벤담(Jeremy Bentham, 1748~1832)은 1789년 발표된 『도덕 및 입법 원리의 서론, Introduction to the principle of morals and legislation』에서 공리주의 사상의 핵심 원리들을 체계화하여 공리주의를 대표하는 사상가가 되었다. 그는 쾌락을 추구하고 고통을 피하려는 인간의 자연성에 따라 행동하는 것이 개인은 물론 개인의 집합체인 사회에도 최대의 행복을 가져다준다고 보았다. 그는 쾌락의 질적인 차이를 인정하지 않고 계량 가능한 것으로 파악했으며, 강도(强度) · 계속성(繼續性) · 확실성(確實性) · 원근성(遠近性) · 생산성(生産性) · 순수성(純粹性) · 연장성(延長性)이라는 7가지 척도로 그것을 계산하려 했다. 그리고 '최대 다수의 최대 행복'을 도덕과 입법의 원리로 제시하였다. 하지만 J. S. 밀은 쾌락의 질적인 차이를 주장하며 벤담의 사상을 수정하였다. 그는 인간이 동물적인 본성 이상의 능력을 가지고 있으므로 질적으로 높고 고상한 쾌락을 추구한다고 보았다. 그리고 법률에 의한 정치적 제재를 중시한 벤담과는 달리 양심의 내부적인 제재로서 인간이 가지는 인류애(人類愛)를 중시하였다.

1) 육체적 쾌락과 정신적 쾌락을 느끼는 데 있어서 어느 것이 더 유용하느냐는 문제가 되지 않는다. 양적 공리주의(功利主義), 벤담(Jeremy Bentham, 1748~1832)

영국의 도덕 철학자이자 법 개혁가인 벤담은 인생의 목적은 쾌락에 있다고 보는 공리주의를 주장했다. 다시 말하면 도덕의 최고 원칙은 행복을 극대화하는 것, 쾌락이 고통을 넘어서도록 하여 전반적으로 조화를 이루는 것이라고 하였다. 공리주의 또는 '최대 행복의 원리'로 알려진 이 이론은 가장 많은 행복을 산출하는 것이 올바른 행위라고 여긴다. 즉, 옳은 행위는 '공리(유용성)'을 극대화하는 모든 행위라는 것이다. 그가 말하는 '공리(功利)'란 쾌락이나 행복을 가져오고 고통을 막는 것, 그 일체를 가리킨다. 그는 좀 더 커다란 행복을 가져올 수 있도록 영국의 법률을 개혁하기를 바랐다.

벤담은 그의 저서인『도덕 및 입법 원리의 서론(Introduction to the principle of morals and legislation』에서 자연은 인간에게 쾌락과 고통이라는 두 주인의 지배하에 두었으며 그것으로 인하여 우리가 무엇을 해야 할지를 결정해 준다고 하였다.

그런데 행복이란 무엇인가? 그의 답은 단순하다. 행복이란 쾌락이며 고통의 결여이다. 고통보다 더 많거나 커다란 쾌락은 더 많은 행복을 의미한다. 따라서 고통과 쾌락은 자연이 우리에게 부여한 삶의 위대한 안내자이다. 우리는 쾌락을 가져다주는 경험을 추구하며 고통스러운 것들을 회피한다. 쾌락은 그 자체로 좋고 유일한 것이다. 우리가 무언가를 원하는 까닭은 그것이 우리에게 쾌락을 주고 고통을 피하게 해주리라고 믿기 때문이다. 따라서 만일 당신이 아이스크림을 원한다면 이는 오로지 그 자체로 좋은 것이 아니라 아이스크림을 먹을 때 쾌락을 느낀다는 점이 중요하다. 마찬가지로 우리는 자기를 불태우는 일이 고통스럽기에 회피하려 한다.

벤담은 쾌락을 측정할 수 있다고 하였다. 행복은 어떻게 측정할 수 있을까? 실제로 행복했던 때를 생각해보자. 그때는 어떻게 느꼈는가? 당신은 행복을 수로 표현할 수 있는가? 예를 들어 그것은 10 중에 7 또는 8의 수준에 있었는가? 필자는 어느 가을날 설악산을 등반하다가 아름다운 단풍을 보고 그때 8정도의 행복을 느꼈다. 심지어 아름다운 경치를 배경으로 해가 저물어 갈 즈음 운전자가 액셀레이터를 밟고 아내와 아이들이 흥분해 웃을 때는 10이라고 느꼈다. 이 같은 경험들에 점수를 매기는 것은 불합리해 보이지 않는다. 벤담은 쾌락이 수량화될 수 있으며 서로 다른 쾌락이 동일한 저울에서 동일한 단위로 비교될 수 있다고 믿었다.

벤담은 정확성에 따라 차이는 있지만 쾌락을 강도(intensity), 지속성(duration), 확실성(certainty), 근접성(propinquity), 생산성(fecundity), 순수성(purity), 범위(extend) 등의 일곱 가지를 기준으로 측정할 수 있다고 했다.

벤담의 행복 계산법은 첫째, 특수한 행동이 얼마나 많은 쾌락을 가져올지를 계산한다. 요컨대 그 쾌락이 얼마나 오랫동안 지속되며 얼마나 강렬한지, 다른 쾌락을 얼마나 발생시킬지 고려하는 것이다. 그러고 나서 우리의 행동이 유발할 수 있는 고통의 단위를 뺀다. 우리에게 남는 것은 그 행동의 쾌락을 느끼는 가치이다. 벤담은 이것을 유용성을 뜻하는 '효용(效用)'이라 일컬었는데, 하나의 행동이 더 많은 쾌락을 가져올수록 사회에 더 유용하기 때문이다. 이것이 벤담의 이론이 공리주의 내지 효용주의(效用主義)로 알려지게 된 까닭이다. 어떤 행동의 효용을 다른 가능한 행동의 점수와 비교하여 가장 많은 쾌락을 가져오는 것을 선택하는 것이 벤담의 공리주의이다.

쾌락의 원천과 관련해서는 어떠할까? 벤담은 육체적 쾌락과 정신적 쾌락을 느끼는 데 있어서 어느 것이 더 유용한가는 문제가 되지 않는다고 했다. 예를 들면 운동을 통한 쾌락의 양과 공부를 통한 쾌락의 양은 동일하며 계산되는 것은 오직 산출되는 쾌락의 양이다. 만일 쾌락이 똑같다면 활동 가치는 동일하다. 따라서 공리주의적 견해에서 운동이나 공부의 쾌락은 동일하다. 만약 운동을 하였을 때 쾌락의 양이 많이 나왔다면 운동의 효용가치가 높다는 것을 말하며 그것을 선택하여야 한다는 것이다.

민주사회에서도 마찬가지이다. 개인의 행복을 위하여서는 쾌락의 양이 많은 것이 좋지만, 즉 다시 말하면 민주 사회에서는 국민들이 주인이기 때문에 최대 다수의 최대 행복이라는 원리가 성립된다는 것이다. 전제국가나 귀족국가에서는 국민들이 행복하기보다는 자기들의 이익을 염려하기 때문에 최대 다수의 최대 행복을 원하지 않는다는 것이다.

인간은 쾌락을 좋아하고 고통을 싫어한다. 공리주의 철학은 이 사실을 인정할 뿐 아니라 도덕적, 정치적 삶의 기초로 삼는다. 공리를 극대화한다는 원칙은 개인만이 아니라 입법자에게도 해당한다. 정부는 법과 정책을 만들 때 공동체 전체의 행복을 극대화하는 일은 무엇이든 해야 한다. 그렇다면 공동체란 무엇인가? 벤담에 따르면, 공동체란 "허구의 집단"이며 그것을 구성하는 개인들의 총합으로 이루어진다. 따라서 시민과 입법자들은 이렇게 물어야 한다. "우리가 이 정책에서 얻는 이익을 모두 더한 뒤에 총비용을 빼면, 다른 정책을 펼 때보다 더 많은 행복을 얻을까?"

공리를 극대화해야 한다는 벤담의 주장은 워낙 단호해서 그것을 반박할 그럴듯한 근거가 보이지 않는다. 그는 모든 도덕적 주장은 반드시 행복 극대화를 전제해야 한다고 주장한다. 사람들은 절대적이고 확실한 의무나 권리가 있다고 말할지 모른다. 하지만 그런 의무나 권리를 존중하면, 장기적으로 인간의 행복이 극대화된다고 확신하지 않는 한 그것을 옹호하기 어려울 것이다.

벤담은 "공리 원칙과 한판 붙겠다는 사람은 자신도 모르는 사이에 바로 그 원칙에서 나온 근거를 가지고 싸우는 꼴이다."라고 말했다. 모든 도덕적 싸움은 알고 보면 쾌락을 극대화하고 고통을 극소화 하는 공리주의 원칙을 어떻게 적용하는가를 두고 이견을 보일 뿐이지, 원칙 자체를 문제 삼지는 않는다.

공리주의는 18세기 말에 전개된 급진적 이론이었다. 그것이 급진적라는 것은 모든 사람의 행복이 평등하다고 주장했기 때문이다. 벤담의 말을 빌리면, “모든 사람을 하나로 계산하고 어느 누구도 하나보다 더 많은 것으로 계산하지 않는다.” 이처럼 아무도 특별 대우를 받지 않는다. 가령 귀족의 쾌락이 가난한 노동자의 쾌락보다 더 많은 것으로 계산되지 않았다. 이는 당시의 사회 질서가 아니었다. 귀족들은 토지 사용에 매우 커다란 영향을 끼쳤으며, 심지어 많은 귀족은 상원에 자리를 차지하고 영국의 법률을 결정할 권한을 상속받았다. 놀랄 일도 아니지만, 어떤 이들은 벤담이 평등을 강조하는 것에 불편해했다. 동물의 행복이 유의미하다는 벤담의 믿음은 당대에는 매우 급진적이었다. 쾌락과 고통을 느낄 수 있기에 동물도 벤담의 행복 방정식의 일부였다. 동물이 이성적으로 추론하거나 말할 수 없다는 것은 문제가 되지 않았다. 이는 벤담이 보기에는 도덕에 포함되기에 적절한 특징이 아니었다. 중요한 것은 고통과 쾌락에 대한 그들의 능력이었다.

2) 배부른 바보보다는 배고픈 소크라테스가 낫다. 고급(질적) 쾌락, 밀(John Stuart Mill, 1806~1873)

공리주의는 벤담과 마찬가지로 모든 가치를 하나의 저울로 계량한다는 주장에 대한 밀의 반응 역시 공리와는 무관한 도덕적 이상에 기대고 있음을 알 수 있다. 그는 벤담의 공리주의에 가능한 충실하려고 하였다. 밀은 공리주의자들이 저급 쾌락과 고급 쾌락을 구분할 줄 안다는 것을 보여주려 애썼다. 이러한 노력은 밀이 그의 저서인 『공리주의, utilitarianism』를 벤담의 '공리의 원리'에 가해진 비판으로부터 옹호하기 위한 목적으로 저술한 것만 보아도 알 수 있다.

쾌락에서 고급 쾌락과 저급 쾌락을 구분하지 않는다는 것은 모든 가치를 하나의 저울에 올려 계량하고 비교할 수 있다는 벤담의 믿음과 관련이 있다. 모든 경험은 그로 인한 쾌락이나 고통의 질이 아닌 양에서만 차이가 날 뿐이라면, 그것들을 하나의 저울에 올려 무게를 재는 것도 말이 된다. 그러나 밀은 쾌락에도 분명 '고급' 쾌락이 있다고 믿었다. 만약 어떤 쾌락은 가치 있는 반면 어떤 쾌락은 천박하다면 사회는 모든 취향을 똑같이 계량해서는 안 되며, 그러한 취향의 합을 최대의 행복이라고 말할 수도 없다고 하였다.

그는 벤담과 달리 욕구의 양이나 강도만이 아니라 질을 평가해 고급 쾌락과 저급 쾌락을 구별할 수 있다고 믿었다. 그리고 다른 도덕적 이상이 아니라 공리만으로 그 구별이 가능하다고 생각하였다.

밀에 의하면 인간에게는 동물적인 욕구만이 있는 것이 아니라 질적으로 높은 도덕성 같은 욕구도 있다고 하였다. 따라서 쾌락을 양으로만 측정하는 것은 온전하지 않은 방법이라고 하였다. 위에서 말했듯이 "배부른 돼지가 되기보다는 배고픈 사람이 되는 것이

낫고, 배부른 바보가 되기보다는 배고픈 소크라테스가 되는 것이 낫다."를 주장했다는 것이다.

밀은 우선 공리주의가 주장한 "행복을 양산할수록 옳은 행동이며, 그 반대 상황을 초래할수록 나쁜 행동이다. 행복이란 쾌락이 있고 고통은 없는 것이며, 불행이란 고통이 있고 쾌락은 궁한 것이다."라는 것을 기본전제로 하고 있다. 그는 또한 "도덕 이론의 바탕이 되는 삶의 이론인 쾌락추구와 고통에서의 회피가 유일하게 바람직한 목표"라고 확신하며 "모든 바람직한 것은 쾌락이 내재한다는 점에서, 또는 쾌락을 추구하고 고통을 막는 수단이라는 점에서 바람직하다"라고 생각하였다.

밀은 쾌락과 고통이 전부라고 주장하면서도, "더 바람직하고 더 가치 있는 쾌락이 분명히 있다."고 덧붙였다. 그렇다면 어떤 쾌락이 질적으로 더 우수한지 어떻게 알 수 있을까? 밀은 간단한 시험을 제안하였다. "두 가지 쾌락이 있을 때, 그 둘을 모두 경험한 사람들 전부 또는 거의 전부가 어느 하나를 절대적으로 좋아한다면, 그것을 좋아해야 한다는 도덕적 의무감 따위와는 상관없이 그것이 더 바람직한 쾌락이다."라는 것이다.

이리하여 밀은 단순한 양적 쾌락주의를 버리고 질적이고 고급스러운 쾌락주의를 추구하였으며 결국은 사회적 공리주의로 발전하여 나갔다.

개인의 자유를 옹호한 『자유론』

밀의 저서를 살펴보면 그가 개인의 권리와 공리주의 철학의 화해를 위해 얼마나 노력했는지 알 수 있다. 밀은 공리주의를 영국의 철학자이자 그의 아버지인 제임스 밀(James Mill, 1773~1836)에게서 물려받아 벤담에게서 충실히 받아들였다. 그리고 자신의 저서 『자유론, On Liberty』에서 개인의 자유를 옹호하였다. 개인의 자유는 "인간은 남에게 해를 끼치지 않는 한, 원하는 것은 무엇이든 자유롭게 할 수 있어야 한다."라며 억압을 하여서는 안 된다고 하였다. 그것이 억압일 때는 악(惡)이 된다고 했다.

따라서 정부는 개인의 자유를 간섭하면서 개인을 보호하려 들거나 다수가 믿는 최선의 삶을 개인에게 강요하지 않아야 한다. 개인이 사회에 책임을 져야하는 유일한 행동은 타인에게 영향을 미치는 행동이라는 게 밀의 주장이다. 내가 어느 누구에게도 해를 끼치지 않는 한, "개인의 독립은 당연히 절대적이다. 개인은 자신, 그리고 자신의 몸과 마음에 대해 주권을 갖는다."라는 것이다.

그는 개인의 자유는 전적으로 공리주의 사고에 달렸다고 주장하였다. "내가 막연한 권리 덕에 남보다 유리한 입장에 선다고 판단된다면, 그런 이익은 공리와 무관한 것이어서 거부하겠노라고 말하겠다. 나는 공리가 궁극적으로 모든 윤리적 질문에 호소력을 갖는다고 본다. 그러나 여기서 공리는 넓은 의미의 공리이어야 하고, 진보하는 존재인 인간에게 영원히 이익을 줄 수 있는 공리이어야 한다."는 것을 의미한다.

밀은 공리를 극대화하되, 매 순간만이 아니라 장기적인 관점에서 그리해야 한다고 주장한다. 오랜 세월에 걸쳐 개인의 자유를 존중하다 보면 인간의 행복이 극대화되리라고 믿었던 것이다. 다수가 반대 의견을 막거나 자유사상가를 검열할 수 있다면 오늘 당장 공리가 극대화될지 몰라도 장기적으로는 사회의 불행이 늘고 행복은 줄 것이다.

반대 의견을 낼 개인의 자유와 권리를 옹호하면 장기적으로 사회가 행복해진다고 믿은 이유는 무엇일까? 밀은 몇 가지 이유를 제시한다. 반대 의견의 전부 또는 일부가 사실로 판명날 수 있는데, 그렇다면 대다수 의견을 수정할 수 있다. 사실이 아니라도, 다수 의견과 소수 의견이 치열하게 경쟁하다 보면, 다수 의견이 독단이나 편견에 빠지는 사태를 막을 수 있다. 마지막으로, 관습과 관례를 따르도록 강요하는 사회는 답답하고 순종적인 체제로 전락해 사회 발전을 촉진하는 힘과 활기를 잃기 쉽다는 것이다.

밀은 관습이나 관례 또는 다수 의견을 따르라고 강요하는 행위는 잘못이라고 말한다. 그럴 경우, 사람들은 능력을 한껏 발휘해 삶의 최고 목적을 달성할 수 없을 것이기 때문이다. 밀의 설명에 따르면 순응은 삶의 적이다. 밀은 행동과 결과만이 전부가 아니라 인격도 중요하다고 했다. 밀에게 개성이 중요한 이유는 쾌락을 주기 때문이라기보다 인격을 드러내기 때문이었다. "욕구와 충동이 온전히 자기만의 것이 아닌 사람은 인격이 없는 사람이며,

그것은 증기기관차에 기관사가 없는 것과 마찬가지다."라는 것이다.

최선의 정치형태는 민주주의이다. 정치이론

위에서 말하였듯이 밀은 공리주의적 근본사상에 있어서는 벤담의 주장을 지지했지만 몇 가지는 나름대로 수정을 가함으로써 공리의 개념을 확대시켰다. 밀은 오직 쾌락원칙에만 충실한 벤담과는 달리 공리의 개념 속에서 인격과 행복을 서로 조화시키려 하였다는 점에서 차이가 있다. 물론 밀도 한 사회는 사회 전체의 도덕적 목적을 가지고 있으며, 그것은 모든 개인이 자기의 쾌락, 행복을 추구하고 사회 전체도 행복을 추구함으로써 전체적인 행복의 양을 증가시킬 때 그 사회의 도덕적 목적이 달성된다고 보는 점에서는 벤담과 동일한 목표를 보여준다. 하지만 밀은 여기에서 벤담의 이기심 이외에 도덕의 사회적 성격을 인정하였다. 벤담이 말하는 최대 다수의 최대 행복이라는 것은 최대 쾌락에 불과하지만, 밀에게 최대의 행복은 그 구성원들의 인격적인 차원에서나 도덕적인 차원에서의 성장이나 완성을 의미한다.

따라서 밀은 이러한 점들을 추구하는 데 있어서 대의제 정부와 같은 체제는 소수에 대한 다수의 억압을 자행할 위험이 있다고 했다. 왜냐하면 민주주의의 최대의 적인 "여론의 전제(專制)"가 억압보다 더 무서울 수 있음에도 불구하고 민주정치를 최선의 정치 형태로 보았기 때문이다. 그 이유로는 첫째로, 직접 이해관계를 가지는 사람들이 어떠한 일이라도 최선을 다하는데 있고, 둘째로는 능동적 정치 생활은 이에 참여한 구성원들의 도덕적, 지적 능력을 발전시키는데 밀에 의하면 민주적 정치가 이것을 가능하게 한다는 것이다. 이에 따라 영국의 경우, 모든 권력은 의회에 부여되어야 함을 강조하였다. 따라서 국가조차도 개인의 자유 아래에 두는 급진적인 자유주의자라고 할 수 있다.

3) 사회가 진화하면 할수록 쾌락은 곧 도덕과 일치되는 방향으로 진화한다. 스펜서(Herbert Spencer, 1820~1903)

스펜서는 당시의 영국인에게는 상상도 못하였던 비국교도(非國敎徒) 출신이었다. 비국교도(Non conformists)는 영국의 명예혁명 이후 신앙의 자유가 확립된 뒤 국교회(國敎會)에 속하지 않은 자를 일컫는 말이다.

그는 부친은 사립학교 교사임에도 불구하고 자식들의 교육에는 무관심하였으며 스펜서 또한 40살까지는 공부에 관심이 전혀 없었다. 따라서 그가 영국 최고의 철학가가 되는 것은 누구도 상상하지 못하였다. 그 이유는 당시까지만 해도 그가 역사, 자연과학, 일반문학을 전혀 학습한 적이 없었기 때문이다. 그는 다음과 같이 회고하였는데 "소년시절에도 청년시절에도 영어 교육은 전혀 받지 않았으며 오늘날까지 문장론에 대한 지식은 전혀 갖지 못했다."는 것은 알아주는 사실이다. 왜냐하면 이는 일반에게 인식되고 있는 사실과 모순되기 때문이다. 그러나 그는 40세 때 "『일리아드』를 읽으려고 했으나 여섯 권정도 읽고 나자 더 이상 읽는 것은 신물이 났으며 끝까지 읽느니 차라리 큰돈을 버는 것이 낫다고 생각했다."라고 자랑스러워 할 정도였다.

이러함에도 불구하고 그의 저서가 『사회정학』, 『심리학』, 『생물학』, 『사회학』, 『윤리학』 등으로 다양한 것은 매우 아이러니(irony)하다. 왜냐하면 관련된 책을 공부한 적이 없었기 때문이다. 그러나 이는 독서를 통해 무수한 사실들을 익힌 것 보다 직접 관찰에 의한 것이었다.

스펜서는 약 40년간의 집필을 통해 저술한 『종합철학』을 통해 베이컨 이후 영국의 경험론을 집대성했다. 이 책에서 당시에 금기시되고 있던 진화론적인 입장에서 사회현상이나 자연현상을 설명하려고 하였다는 것이다. 이즈음에 다윈(Charles Darwin, 1809~1882)의 『종의 기원(種의 起源)』과 연관이 있었다. 이 당시만 하더라도 진화론자들은 사회에서 죄인으로 취급받거나 공공연히 모욕을 당하였다. 그들이 발간하는 책들마다 적자(賊子)였으며 스펜서 또한 자비를 들여 결손(缺損)을 감수하면서 발간을 계속하였다.

스펜서는 진화론적인 쾌락주의를 주장했다. 다시 말하면 벤담과 밀의 쾌락주의가 개인주의에 관심을 두었다는 점을 비판하면서 일반사회의 행복과 안녕(安寧)을 목적으로 하는 최대 다수의 최대 행복을 주장했다.

그는 자연도태와 생존경쟁의 시험에 통과할 수 없는 도덕률은 처음부터 입에 붙은 말일 뿐, 아무짝에도 쓸모없다고 생각했다. 행위는 다른 모든 것과 마찬가지로 생활의 목적에 잘 적응하는지에 따라서 선과 악이 판가름 난다는 뜻이다. 최선의 행동은 생물체와 마찬가지로 생존경쟁, 적자생존, 자연도태의 원리에 따라 진화하고 발전하여 나아가므로 사회가 진화하면 할수록 쾌락은 그 사회의 도덕과 일치하는 방향과 나아간다는 것이다. 이는 사회를 하나의 집합체로 보지 않고 유기체로 본 것이다.

예를 들면 어느 부족에게서는 일부다처제뿐만 아니라 동국인(同國人), 심지어 존속살인까지 도덕적으로 시인하고 있다. 또한 잠비지 강(Zambezi River)변에 사는 마코로로족의 여자들은 일부일처(一夫一妻)라는 말을 듣고 아내를 한 사람밖에 거느리지 않는 것을 '훌륭한' 일은 아니라고 말하며, 적도의 어느 부족에서는 남자가 결혼하여 여유가 생기면 아내는 또 결혼을 할 것을 강요하며, 남편이 거부를 하면 '노랭이!'라고 놀린다고 한다.

이는 어느 정도의 유전적인 것들이 개인에게 영향을 미치며 이것이 도덕개념에 많은 영향을 준다는 것이다. 그러나 타고난 도덕개념이 있다면 많은 혼란을 야기하고 있을지도 모른다. 왜냐하면 우리의 현실은 교회에서나 책에서 배우는 것과는 매우 모순되기 때문이다.

예를 들면 그 사회가 무엇을 추구하느냐에 따라 달라지며 국가마다 다르다는 것이다. 살인은 분명히 나쁜 행위이다. 그러나 제국주의나 전체주의 국가와 같이 평화가 상호부조(相互扶助)의 이익을 가져온다는 것을 확실하게 가르쳐 주는 곳에서는 침략, 약탈, 살인 등이 더욱 발달한다는 것이다.

스펜서는 사회주의제도가 자유방임주의 군주정치보다는 더욱 유용하다고 하였다. 왜냐하면 자유를 제한하기 때문이다. 그는 『사회정학』에서 경제적 기회를 균등하기 위해서 토지를 국유화하자고 처음에 주장하였다가 철회하였다. 왜냐하면 정당한 토지를 소유하기 위하여 노력을 한 결과로 획득한 토지는 자기의 자손들이 경영할 수 있는 경우는 국유화할 필요는 없다는 것이다. 어떤 사람이라도 자기의 노력에 의한 재산권의 취득은 평등하게 가질 필요성이 있다고 하였다.

인간의 행위는 정치적, 종교적, 사회적인 구속을 받기는 하지만 이를 아우르는 것은 무엇보다도 도덕적인 규제이다. 이는 각 개인들이 사회의 모든 분야에서 적응해야 하는 의무로서 다른 사람에게 적극적으로 배려하고 자기에게는 충족과 만족을 주는 것으로 자애(自愛)와 이타정신(利他精神)을 말한다. 이기주의와 이타주의는 항상 충돌한다. 개인과 가족, 사회지도층 혹은 종족이나 국가 간에는 항상 이 둘은 갈등을 빚고 있다는 것이다. 이 둘의 갈등에서 이기주의가 우세한 것은 당연한지도 모른다. 그러나 사회적인 한도 내에서 개인의 행복을 추구하는 것은 일반적인 조건이라 하지만 이를 통해 범위를 넓게 확대하여 이타적인 행위를 크게 발달시키는 일이다.

예를 들면 개인의 이익과 타인의 이익을 고려하는 행위를 갖추는 것이 중요하다는 것이다. 만일 자기에게 자녀가 없으면 양자를 얻는 경우와 입양을 하는 경우를 보게 된다. 이는 자신의 이기적인 마음을 충족하기도 하지만 다른 한편으로는 이타적인 배려가 필요한 일이다. 애국심이 강하다는 것이 자기 자신의 이해보다는 다수의 이해를 소중하게 생각하는 것처럼 끊임없는 사회적인 훈련은 인간의 본성을 단련시켜 마침내는 동정의 즐거움을 자발적으로 추구하여 사회에 이타적으로 전환시킨다는 것이다. 그렇게 되면 사회적인 의무를 강요하는 의무감은 소멸될 것이며 이타적인 행위는 사회적 유용이라는 자연도태에 의하여 본능으로 발전되고 유쾌한 감정으로 이어진다는 것이다. 따라서 인간의 자연적인 진화는 우리를 끊임없이 완전한 국가로 발달시킬 수 있다.

결론적으로 말하면 정의와 선을 바탕으로 사회를 이끌어가야 한다는 데는 동의를 하나 현실에서는 절대적인 정의나 선이라는 것이 존재하지 않으며 상대적으로 쾌락을 기준으로 하여 고통이 더 적은 것이 기준이 된다는 것이다. 이것이 보통 윤리학과는 다른 상대적 윤리학이다.

2. 공리주의의 장, 단점 및 영향

공리주의는 인간의 행복과 자유를 증진시키고 고통을 최소화시킨다는 면에서 여러 사람들의 이익이 대립되어 있을 경우에 선택할 수 있는 상식적이고 구체적인 지침을 제공할 수 있다. 쾌락과 고통의 합계를 고려해서 방향을 설정하라는 공리주의적 지침은 이것이냐?, 저것이냐? 의 갈림길에서 선택할 수 있는 길을 제공하여 준다는 것이다. 또한 정의의 원칙들과 이러한 원칙들로부터 도출되는 권리의 상대적 우선성이라는 중요한 문제점을 분명히 인식하고 있다.

많은 사람들이 지적하는 공리주의의 가장 두드러진 약점은 개인의 권리를 존중하지 않거나 제한을 둔다는 점이다. 오직 최대 다수의 만족도에만 관심을 두는 탓에 소수의 개인이 희생될 수 있다는 것이다. 공리주의자들에게 개인은 단지 사람들의 선호도를 더할 때 계산되는 한 항목에 지나지 않는다. 선·악을 판단하는 기준인 행위의 결과를 정확히 예측하기 어렵고, 인간의 내면적 동기에 소홀하며, 인간의 존엄성이나 정의의 문제를 다루지 못한다. 공리주의는 소수가 불편하더라도 타인이 큰 이익의 총량을 누린다면 정당하다고 말하면서 타인이 누릴 보다 큰 이익의 총량에 의해 소수의 불편이 정당화 될 수 있다는 점을 들고 있다. 문제는 소수에게 불편을 부과하는 일이 다른 사람들이 누릴 더 큰 이익의 총량에 의해 정당화될 수 있는지의 여부이며, 또한 정의의 중대성이 과연 모든 사람들의 평등한 자유를 요구하며 모든 사람들에게 이익이 되는 경제적, 사회적 불평등을 허용할 만큼 대단한 것인지의 여부이다. 따라서 개인의 행복과 최대 다수의 행복이 어떻게 조화를 이루는 것이 관건이다.

공리주의 원리는 서구사회제도의 근간이 되고 있는 민주주의와 자유시장의 경제 질서 형성에 크게 기여하였다. 민주주의와 시장 경제체제를 바탕으로 하고 우리에게는 공리주의 원리가 우리 사회 제도의 틀 속에 깊숙하게 자리 잡을 수 있도록 법과 제도 등을 바르게 잡을 필요성이 있으며 정치지도자들은 최대 다수의 행복을 위한 정책을 병행함과 동시에 소수의 권익도 보호할 수 있는 정치적 역량을 발휘하여야 한다는 것이다. 그 중 공리주의는 최대 다수의 최대 행복이기 때문에 이러한 원칙에서 나온 것이 다수결의 원칙이다. 이러한 다수결의 원칙은 위험이 존재하더라도 현재 민주주의의 가장 큰 보편적인 원칙 중에 하나가 되었다.

제2부

현대철학

19세기 후반에 들어와서 많은 변화가 일어났다. 전 유럽에 불어닥쳤던 여러 가지 사회변화들이 멈추고 자본주의 시대가 도래하기 시작하였다. 영국의 산업혁명을 계기로 새로운 중산 계급이 출현하고 이들이 중심이 되어 새로운 정치체제를 주장하는 세력이 생겨나기 시작했다. 또한 경제에 있어서도 수공업 중심에서 대량생산체계로 인하여 급속한 인구의 이동으로 도시화가 나타났으며 자본가 계급이 새로운 주축으로 변화를 일으키기 시작하였다.

산업혁명으로 인하여 대부분의 사람들이 기아와 빈곤으로부터 벗어날 수는 있었으나 그에 못지않은 사회적인 부작용들이 생겨나기 시작했다. 또한 제국주의의 경제적인 침탈로 인하여 새로운 전쟁이 발발하기 시작하였으며 선진국과 후진국의 경제구조는 더욱 구조화되었다. 이로 인하여 다양한 정치, 사회, 문화, 경제 등이 새로이 자리잡기 시작했다.

이를 계기로 19세기 후반에 들어와서 철학에서도 많은 변화가 일어났다. 마르크스를 비롯하여 니체, 사르트르, 하이데거, 프로이트 등이 인간의 근본 문제와 소외를 주제로 많은 영향을 미쳤다. 그리고 과학문명의 발달로 인해 실증주의나 실용주의, 분석철학 등이 생겨나기 시작했다. 여기에서는 현대에 들어와서 영향력을 발휘하였던 철학자들을 중심으로 그들의 사상을 살펴보기로 한다.

제1장

자기의 사상을 유지하고자 대학교수를 포기한

마르크스

(Karl Heinrich Marx, 1818~1883)

마르크스는 독일의 트리에(Trier)출신으로 변호사의 아들로 태어났으며 중세 이후 약 1,000년간 찬사와 비난을 동시에 받은 사람으로서 가장 영향력이 있는 철학가 중의 한 사람이다. 왜냐하면 그는 인간의 자유를 추구하고 확대하기 위하여 사회구조를 바꾸는 데 일생을 바쳤으며 현대의 정치구조를 바꾸었기 때문이다.

그는 부모님이 원했던 변호사 되기를 거부하고 베를린 대학에서 철학을 공부하기 시작했다. 이는 그의 생애를 바꾸는 계기가 되었다.

1841년 그는 데모크리토스(Democritus, BC 460?~BC 380?)와 에피쿠로스(Epikouros, BC 342~BC 271)의 철학을 비교함으로써 박사학위를 받았으나 청년시절에 가입하였던 '청년헤겔학파(The Young Hegelians)'와 관련하여 교수직을 맡지 못하고 그의 사상에 충실하기 위해 과감히 교수직을 버리면서까지 현실과 타협하지 않은 인물이었다. 이러한 이유로 인하여 파리와 벨기에를 거쳐 런던에서 타계할 때까지 반평생을 외국에서 생활을 하게 되었다.

그가 외국생활을 하게 된 이유는 대학을 졸업한 후 라인신문(Rheinische Zeitung)의 주필로 활동하는 동안 좌경적 민주주의 사상을 표현하는 바람에 언론의 검열을 받아 1년여 만에 프랑스 파리로 추방된 것이다. 이렇게 사람을 계도하고 사회를 비판을 하기 위해 시작한 기자생활 역시 오래하지 못하고 실패하였다.

또한 파리와 런던에서의 삶조차도 정치활동과 저술활동을 통하여 삶을 꾸려 나갔으나 넉넉하지는 못하였고 감시와 추방으로 인하여 가난과 병마와 싸우는 인고(忍苦)의 세월을 보냈다. 특히 영국에서의 생활은 엥겔스(Friedrich Engels, 1820~1895)의 도움을 많이 받았다.

마르크스는 국제공산주의자 연맹을 조직하고 그 강령의 초안인 『공산당 선언, The Communist Manifesto』을 1848년 2월 혁명 전에 발표하였다. 1867년에 『자본론, The Capital』 제1권이 출간하였으며 2, 3권은 사후(死後)에 엥겔스의 도움으로 출간되었다. 이 책은 특히 공산주의 이론의 기초를 제시하고 있는 대작(大作)이라 할 수 있다. 그의 사상은 그가 죽은 후에도 많은 영향을 미쳤고 오늘날에도 꺼지지 않는 불씨로 남아있어 언제든지 수면 위로 부상(浮上)할 수 있다고 해도 과언이 아니다.

1. 자본주의는 그 속에 내재된 모순 때문에 붕괴할 수밖에 없다. 변증법적 유물론

우리가 마르크스라는 인물을 생각할 때 반드시 공부해야 할 내용은 변증법적 유물론이다. 여러분의 기억 속에 항상 간직하고 있는 내용이어서 여기서는 간단하게 설명하고자 한다.

변증법이라는 개념은 고대 그리스철학자인 소크라테스에서 유래를 찾아볼 수 있다. 그는 교육방법으로서 대화법을 사용했는데 진리를 탐구하는 방식의 하나이다.

이러한 대화법은 물음을 통하여 자신의 무지를 자각시키는 방법으로서 결국은 새로운 진리를 이끌어 내는 방법이다. 예를 들어 "개는 무엇입니까?"라는 질문을 통하여 답변을 계속적으로 유도함으로써 상대방의 대답이 틀리다는 것을 입증하여 새로운 진리를 말하도록 유도한다는 것이다.

이것은 결국 각자의 생각에서 올바른 것을 구별하여 다른 대답은 버리고 바른 생각만을 찾아서 진리에 접근하는 방식이다. 이렇게 함으로써 생각이 진전되며 마음속에 있는 편견을 제거하여 새로운 진리를 이끌어낼 수 있다는 점에서 대화법은 고대 그리스인들의 변증론이라는 것이다.

이후 변증법은 헤겔에 의해서 발전되는데, 그는 3단계로 발전을 한다고 했다. 다시 말하면 정론(these), 반론(antithese), 그리고 합론(synthese)으로 전개된다는 것이다. 우리의 사고나 사유도 3단계로 전개되는데, 이는 직접적인 긍정으로서 정론의 단계를 거쳐 부정으로서의 반론을 거치고 마지막으로 종합의 단계를 거친다는 것이다. 두 가지 대립을 지양함으로써 더욱 높은 차원의 통일로 발전되며 이러한 과정은 정신이 새로운 전체를 구체적으로 인식할 때까지 계속된다는 것이다.

헤겔은 문화와 법, 정치, 경제, 제도, 사회나 역사까지도 정신의 산물이라고 했다. 다시 말하면 이를 외화(外化)라고 한다. 따라서 그는 사고의 법칙에 머무르지 않고 역사의 법칙으로 된다고 했다. 이 내용은 헤겔의 절대정신에서도 설명한 바 있다.

이와 같은 방법으로 마르크스는 물질적인 변증법의 논리를 통하여 역사는 발전하여 간다고 했다. 이것이 마르크스의 변증법적 유물론으로서 헤겔의 변증법은 관념적(정신)이라는 데 차이점이 있을 뿐 크게 다르지는 않다.

쉽게 말해서 마르크스철학은 현실세계의 현상을 타파하여 사회를 변화시키려면 어떻게 해야 하는지를 중점시하였다. 이는 마르크스가 자아와 이성, 정신이라는 관념을 중시하는 헤겔의 관념론적인 변증법을 재해석한 것이다. 즉 마르크스는 '관념'을 현실세계에서 생겨난 것으로 보았고, 생산력이나 생산형태와 같은 '물질'을 중시했기 때문에 변증법적 유물론을 주장하였다.

그는 변증법은 3단계로 발전한다고 했다. 첫째는 부정의 부정법칙이다. 가령 어떤 행위를 해서 새로운 행위가 형성되면 앞의 행위는 부정된다는 것이다. 이를 더 쉽게 설명을 하자면, 밭에 고추씨를 뿌렸다면 얼마 되지 않아 고추씨에서 싹이 돋을 것이다. 이러한 경우에는 고추씨는 부정이 되고 새로운 줄기가 나오고 열매를 맺고 새로운 고추씨가 생산될 것이다. 이와 같이 앞의 변화를 부정하는 대신에 새로운 변화가 온다는 것이다.

이러한 원리는 인간사회에서도 적용된다. 다시 말하면 과거 봉건사회에서의 수공업에 근거한 사유재산을 부정한 것이 산업혁명 후의 대규모 공장들에 의해서 생겨난 자본주의의 사유재산에 해당한다. 또한 자본주의의 각종 병폐로 인해서 사유재산을 공동으로 소유하고 새로운 변화를 가져오는데 이러한 사회가 공산주의라고 했다. 이것이 바로 부정의 부정을 통해 공산주의가 생길 수밖에 없으며 역사의 발전으로 진화한다는 것이다.

둘째로는 대립물의 투쟁과 통일의 법칙이다. 프랑스 혁명은 봉건사회를 붕괴시키는 성과를 가져왔으나 민주공화국의 중간계급의 사회를 새로이 만들어 냈다. 따라서 중간계급의 이상에 새로운 사회가 존재하는데 그 단계에 이르기 위해서는 사회적 혁명이라는 새로운 혁명이 요구되었다. 즉 사회에는 항상 대립되는 것이 존재하고 있다는 뜻이다. 자본가가 있으면 노동자가 반드시 있기 마련이다. 처음에는 두 계급은 어쩔 수 없이 서로 상호 협조적이지만 시간이 지나면 반드시 틈이 생기게 되며 결국은 어느 한쪽이 승리하게 되는데 그 주역인 프로레타리아(proletarian)계급에 의해 자본주의가 무너지게 되며 결국은 무산계급의 시대가 도래되는 사회적 혁명이 일어나게 된다고 하였다. 이는 자연세계나 인간세계에서는 긍정적인 면과 부정적인 면이 서로 대립되다가 서로 통일되면서 발전한다고 볼 수 있다.

세 번째는 양에서 질로의 변화이다. 물질은 어느 정도의 한계에 이르면 새로운 변화를 일으킨다는 것이다. 처음에는 변화의 모습을 보이지 않다가 어느 정도의 정점에 다다르면 질적으로 변화하여 낮은 질적 변화는 사라지게 된다는 의미이다. 가령 물을 끓이는 경우를 생각하면 된다. 이것이 양적 변화에서 질적 변화이다.

2. 종교는 "인민의 아편"이요, 그들의 운명을 개선하려는 노력을 방해하는 "최면제"이다.

마르크스는 인간사회에 있어서 마지막 종착점인 사회주의가 오더라도 모든 분야는 그대로일 것이라고 하면서도 종교만큼은 사라지게 된다고 예언했다. 변증법적 유물론은 종교를 극단적으로 거부하는 투쟁적 무신론에 해당한다. 마르크스는 종교는 진정한 만족을 추구하려는 사람의 합리적 노력을 오도하여 인간에게 '환상적' 만족을 준다고 설명했다. 다시 말하면 종교는 사람에게 단순한 환영에 불과하다는 것이 증명되기 때문에 자취도 없이 사라질 것이라고 했다.

서양의 기독교를 예로 든다면 초기의 기독교는 하나님의 깃발 아래 모든 인간은 평등하다는 미명(微明)하에 상대적 약자를 옹호하고 보호했다. 다시 말하면 억압받고 고통 받는 자들에게 희망을 주고 은혜를 베푸는 데 가치를 두었다.

그러나 중세에 들어와서 성직자나 교회는 부패를 거듭하여 기득권층을 대변하였으며 봉건적 사회질서를 그들의 천국인 것처럼 만들어 버렸으며 또한 자본주의 사회에서도 자본가의 계급에 서서 노동자를 억압한 것이다.

마르크스는 기독교가 인간의 삶을 영혼적인 삶과 육체적인 삶으로 분리시켜서 이 세상의 모든 고난을 참고 이겨내어 하느님의 나라로 귀의할 것을 종교라는 명목 하에 교묘하게 이용해 왔다고 했다. 다시 말하면 인간으로 하여금 고통과 고난을 참고 견뎌 낸다면 하나님의 은총 아래 천국으로 향하게 될 것이라는 메시지를 전하면서 불평이나 폭력을 조장해서는 안 된다는 것을 심어준 것이다. 즉 가상적인 하늘나라를 내세워 인간을 현혹시키거나 눈과 귀를 막아버리는 최면제와 같은 역할을 해 왔다는 것이다.

따라서 마르크스는 이를 비판하면서 종교는 “인민의 아편”이요, 피착취자들이 착취자들에게 저항이나 투쟁의식을 고취하는 것과 그들의 처지나 운명을 개선하려는 노력을 좌절시키는 최면제라고 했다.

3. 마르크스가 건설하려는 국가는 계급이 없는 평등한 국가이다. 국가론

마르크스는 인간의 생산 활동은 '생산관계'를 맺게 된다고 하였다. 이는 인간은 이성이나 인격이 아니라 노동을 통하여 살아가는 존재라는 의미이다. 그러나 원시사회와는 달리 자본주의 사회에서는 자본, 공장, 기계, 장비와 같은 것을 소유한 자본가와 노동을 소유한 노동자간의 관계를 말하며 이러한 관계는 갈등의 요인을 나타내고 결국은 강자와 약자라는 모순관계를 낳고 만다는 것이다.

왜냐하면 생산관계는 원시사회에서는 노동력을 공유하는 협동하는 관계였으나 이후 노예제, 봉건제와 자본제에서는 대립되고 갈등을 조장하여 양극화 현상이 일어날 수밖에 없기 때문이다. 더욱이 과학기술의 발달로 기계가 자동화되어 자본가의 생산력은 확대되는 반면에 노동자는 기계화나 자동화에 밀려 일자리를 잃고 설 자리가 없어지므로 계급 간의 갈등이 더욱 깊어지는 것이다.

마르크스에 의하면 양극화의 대립은 혁명적인 상황으로 치닫고 이러한 혁명적인 상황을 통하여 여건이 개선되기도 하고 역사는 발전한다고 한다. 왜냐하면 생산력이 확대되면 될수록 자본가들은 자본을 앞세워 더욱 부(富)를 축척하고 노동자는 일자리를 잃음으로써 더욱 가난에 빠지기 때문이다. 소위 말하는 빈익빈(貧益貧) 부익부(富益富)현상을 초래한다는 것이다.

이와 같이 자본주의 폐해를 해결하기 위해서는 생산력의 사유화를 없애고 이를 사회에 환원해야 한다는 것인데 이는 노동자에 의해서 가능하다고 했다. 그 이유는 인간의 삶의 조건과 존재방식이 인간의 행동과 실천을 낳으며 핍박받은 사람들만 이러한 감정을 느낄 수 있기 때문이다. 결국은 노동자 계급에 의해서 생산을 사회화하여 관리하는 계급이 된다는 것이다.

특히 자본주의 사회에서는 노동의 소외현상이 나타난다고 본다. 그는 그의 저서『자본론, The Capital』에서 자본가와 노동자들이 자본과 노동이라는 계약을 통해 생산 활동을 영위하는 사회를 구성하고 있다고 했다. 노동자들은 더 좋은 일자리를 구하려고 아우성치지만 노동시장은 한계가 있다. 따라서 노동력이라는 상품은 하락할 수밖에 없다. 여기에서 노동자들은 더 좋은 노동력을 팔기 위하여 자본가에게 충성을 다하고 개성이 없는 사물로 변화한다는 것이다.

우리는 노동을 통하여 일차적으로 생존의 욕구를 충족시키지만 노동은 자신의 목적에 따라 바뀌는 행위로서 애착을 가지게 되는 행위이다. 즉 자기의 가치를 실현하는 데 도움을 준다는 것이다. 그러나 이러한 노동이 산업화를 통하여 노동의 소외현상을 낳게 된다는 데서 문제점이 있다. 이것이 마르크스가 자본주의 사회를 비판하는 주된 이유라 할 수 있다.

마르크스는 이러한 소외현상을 네 가지로 설명하고 있는데 노동생산물로부터의 소외, 노동본질로부터의 소외, 노동행위로부터의 소외, 인간의 인간으로부터의 소외현상이라는 것이다.

첫째, 노동 생산물로부터의 소외는 자기가 만든 생산물을 자기가 소유하지 못하는 데서 오는 소외 현상이며, 둘째는 노동 본질로부터의 소외라고 하는데 이는 노동에 대한 생산계획에서 인간이 수동적으로 따라가는 데서 오는 소외이다. 셋째는 노동 행위로부터의 소외로서 빈익빈 부익부로부터 오는 소외이며, 마지막으로는 인간의 인간으로부터의 소외로서 잉여가치의 분배과정에서 생기는 대립과 투쟁이 심화된다는 것이다.

이러한 현상으로 인하여 결국 자본주의는 몰락할 수밖에 없다고 했다. 그는『자본론, The Capital』에서 유물론에 따라 반론(antithese)으로서 사회주의가 올 수 밖에 없다고 주장했다. 그 이유는 '잉여가치설(theory of surplus value)'로 설명하고 있는데 잉여가치라는 개념은 제품을 생산하여 판매한 금액에서 제품에 생산된 소요금액을 모두를 공제(控除)하고 남은 금액을 칭한다. 이는 '노동가치설(labor theory of value)'이라는 개념과 다르다. 이는 노동의 가치를 중시하는 것으로 제품의 값은 소요되는 노동력에 의해서 정(定)해진다는 개념이다.

그러나 '잉여가치설(theory of surplus value)'에서 제품의 값을 정하는 것은 그리 간단하지는 않다. 예를 들어 자동차를 만드는 비용이 100만원이 들어서 150만원에 팔았다면 잉여가치는 50만원이 된다. 그러나 여기에서 간과(看過)한 사실이 한 가지 있다. 회사를 유지하기 위한 감가삼각비(減價償却費)와 홍보비, 유지비 그리고 개발비 등이 고려되어야 한다는 것이다. 또한 이러한 잉여가치는 자본가들이 노동자들을 착취하면 할수록 그들의 부의 축적이 심화될 것이며 이러한 현상은 노동력을 더욱 착취하여 노동에 대한 대가를 적게 지불하면서 이중적인 착취를 한다는 것이다.

예를 들면 학생들이 하루 종일 서서 편의점이나 패스트푸드(fast food)점에서 자신의 노동력을 팔았지만 그 대가는 형편없이 적다는 것을 실감하였을 것이다. 역으로 말하면 사장은 노동력을 착취함으로써 그에 대한 잉여가치를 많이 생산하여 자기 뱃속을 채우는 데 급급할 것이다. 이처럼 잉여가치의 분배 때문에 두 계급은 한 치의 양보도 없이 서로의 이익을 추구하기 위하여 갈등을 일으키므로 자본주의는 사라질 수밖에 없다는 것이다.

여기에서 마르크스는 자본주의가 몰락하는 과정을 몇 가지 예언하였다. 첫째는 자본가들이 이익을 추구하기 위하여 생산자 계급의 노동력을 착취하게 되며 그들은 더욱 가난에 빠지게 된다는 것이며, 둘째는 이로 인해 경기가 저하되어 과잉생산을 초래하며 따라서 실업현상이 가중된다는 것이다. 셋째는 소자본으로 생활을 영위하는 소규모 사업장들은 임금소득의 실질적 저하로 인해 계층을 더욱 분화시킨다는 것이고 마지막으로는 이들의 투쟁으로 인하여 혁명적 상황을 가져오게 되어 자본가 계급이 몰락하면서 결국은 생산의 모든 수단이 공유화될 수밖에 없다는 것이다. 이로 인하여 자본주의는 쇠퇴하게 되어 지구상에서 사라질 수밖에 없다는 뜻이다. 따라서 계급이 없는 사회로 전환된다는 의미이다.

계급이 없는 사회는 마르크스가 꿈꾸는 세상이며 최종적으로 도달하려는 이상적인 국가를 말한다. 이를 과학적 사회주의라고 한다. 기존의 사상가들은 몽상적이고 현실과 괴리가 많은 이상적인 사회를 주장하였다. 왜냐하면 이상과 이념을 중심으로 인위적으로 만들어낸 사회이기 때문이다.

그러나 마르크스는 현실에서의 모순과 부당한 조건들을 극복해낸 국가를 지향해야 한다고 했다. 이는 바로 계급이 존재하지 않는 사회를 꿈꾸어 왔다는 데서 차별성을 두고 있다.

이러한 국가를 만들기 위해서는 '누가 주도해야 하는가?'가 중요하다. 이는 스스로 불평등을 체험하고 현실에서 소외감을 느끼는 자들이 중심이 되어야 하며, 그러한 사람은 바로 자본가들의 횡포와 착취를 통해 현실사회의 모순을 실제로 겪는 노동자일 수밖에 없다. 혁명은 모순으로 인한 분노가 집약되다가 결국 폭발하여 자연스럽게 일어난다고 했다.

위와 같이 혁명으로 생성된 국가는 노동자들의 직접적인 참여를 통한 프롤레타리아의 국가이며 불평등을 일으키는 모든 사유재산을 금지시키고 직접 관리 · 운영되어야 한다고 했다. 또한 다수의 민중들을 대변하는 사회주의에 의해서 운영되어야 한다는 것이다. 이렇게 운영되기 위해서는 대표소환제가 작동되는 프롤레타리아 독재국가를 세워야 한다고 하였다.

여기에서 '독재'라는 말에 유념할 필요가 있다. 우선 독재는 몰가치적인 용어로 오해를 받기 쉽다. 마르크스는 독재가 민주주의를 반대하는 용어로 사용되고 있다는 것이 나쁜 의미로 사용되는 것이라고 했다. 그러나 민주주의는 외형상으로는 다수의 의견을 대변한다지만 사실상 독재를 저지른다고 하였다.

민주주의에서 주권은 국민에게서 나오며 모든 사람은 자유와 평등 그리고 모든 가치를 지닌 것처럼 보이지만 그것은 사실상 선거를 실시할 때나 법에서 형식적인 허울에만 불과하다는 것이다. 그러나 사회주의 국가는 노동자나 민중 혹은 상대적으로 핍박받는 노동자 농민에 의해서 지배를 받기 때문에 자본가에게만 일시적으로 독재를 한다는 것이며 위장된 민주주의보다는 노동자에 의해 선출된 대표들로 운영되기 때문에 잘못 운영될 때에는 주민소환제를 통하여 바로 잡을 수 있다고 하였다. 독재라는 것은 자본주의에서 사회주의로 넘어가는 도중에 한시적으로만 작동될 수밖에 없기 때문에 오히려 실질적으로 민주적이라고 했다.

사회주의 국가는 능력에 따른 노동에 의해서 분배되기 때문에 사유재산과 불평등이 존재하지 않는다는 것이다. 따라서 사회나 국가의 발전이 노동에 의해서 이루어지기 때문에 자기실현이 가능하며 소유욕이 없기 때문에 전혀 분쟁이 일어나지 않는다고 했다.

이러한 완벽한 분배의 법칙에 의해 사회적 약자, 즉 능력이 부족한 자, 신체적 불구인 자, 남녀노소 등도 각자 능력에 따라 일을 배분받기 때문에 핍박받을 일이 없다는 것이다. 마르크스는 이러한 사회를 추구하였고 이루어야 할 사회라고 했다. 이는 계급이 없는 사회를 꿈꾸어 왔다는 것이다.

그러나 이러한 마르크스의 주장은 이론적으로는 완벽하게 보일지는 모르나 현실적으로는 불가능하다. 후에 사회주의 혁명가들이 이론적으로는 마르크스의 사상을 따르는 것처럼 보였으나 환상이었다는 것이다. 마르크스는 "나는 마르크스주의자가 아니다."가 아니라고 하였다. "~주의"라고 하는 것은 독일어로 이데올로기(Ideologie)를 뜻하나 이는 "세상에서 유일한 가치로서 주장하는 것은 아니다."라는 것이다. 이로서 마르크스사상은 1917년에 러시아혁명으로부터 시작하여 동유럽과 아시아를 비롯하여 전 세계로 확산하여 나갔으나 결국은 구소련의 붕괴로 인해 이제는 허울만 남긴 구시대의 유물이 되었다. 그러나 마르크스 사상의 의미를 되새길 필요가 있다. 왜냐하면 아직도 세계 각국에는 핍박받는 민중들이 많이 있기 때문이다. 이들이 자신의 가치만큼 대우를 받지 못할 경우 언제라도 마르크스의 이름아래에서 수면 위로 나올지도 모른다는 것이다.

제2장

어머니를 상대로 법정소송을 걸어 재산을 소유한
염세주의 철학자

쇼펜하우어

(Arthur Schopenhauer, 1788~1860)

쇼펜하우어는 헤겔과 동시대(同時代)를 산 인물로 자기가 키우는 개의 이름을 '헤겔'이라고 할 정도로 헤겔을 미워했던 염세주의(pessimism)의 대표적인 철학자였다. 염세주의라는 말은 라틴어인 pessimum에서 '최악' 혹은 '나쁘다'라는 말에서 유래하였으며 인생을 비관하는 철학의 한 경향으로 보면 된다. 그에 따르면 인간은 맹목적이며 충동에 의해 생명의 의지에 이끌려 불행하고 비참한 삶을 영위할 수밖에 없다고 한다. 자아의 속박에서 벗어나 생명에의 의지를 부정함으로써 우리는 이 고통으로부터 해탈해야 된다고 했다. 다시 말하면 우리는 이 세상이 너무나 아름답고 우리의 기대를 충족시켜 주기를 바라는데 현실은 그러지 않으므로 이에 실망한 나머지 염세주의가 찾아온다는 것이다. 라틴어 bonus의 최상급인 '좋다'라는 의미를 가진 optimum에서 유래한 낙관주의(optimism)를 지나 염세주의(pessimism)가 찾아온다는 말이다. 염세주의는 세상에서 환멸을 경험한 젊은이들, 불행한 삶을 체험한 개인, 역사적 불행 속에 성장한 세대에서 흔히 발견되는데 전쟁 후 세대라든가 경제적 불행을 겪은 I.M.F세대에서 발견되기도 한다.

쇼펜하우어의 철학은 어린 시절의 성장배경과 당시의 사회 · 문화적 배경에 많은 영향을 받았다. 그는 어린 시절 매우 소심하고 겁이 많은 아이였다. 그의 아버지는 상인으로서 쇼펜하우어가 사업가가 되기를 원했지만 어렸을 때부터 매우 영특했던 그는 부모님의 생활에 매우 갈등했다. 왜냐하면 그의 조부(祖父)는 미쳐서 죽은 것 같고 아버지는 자살을 하였으며 그가 살던 단치히(Danzig)가 1793년에 폴란드에 합병되어 자유가 없는 비참한 생활을 하였기 때문이다. 그는 자신의 어린 시절을 다음과 같이 서술했다. "성격 즉 의지는 아버지로부터 물려받았으나, 어머니는 지성이 있었지만 —어머니는 소설가였다—성격이 매우 신경질적이었다. 산문적인 남편과의 생활이 불행하였기에 남편이 죽자 자유연애를 통하여 재혼하려는 어머니와 많은 다툼이 있었다." 그녀는 매우 고약한 성격의 소유자인 아들과 함께 하기가 매우 어려워서 결국은 헤어져 살기로 합의를 보았다. 그 이유는 "네 좋은 성격은 너의 거만한 마음 때문에 모두 흐려지고 세상에서 쓸모없이 돼 버렸다. 그것은 네가 오직 남의 흉만 들추려는 버릇을 저버리지 못하기 때문이다."라고 아들과 주고받은 편지에 구체적으로 적혀있다. 결국 쇼펜하우어는 아버지가 죽자 어머니를 상대로 소송을 걸어 어느 정도의 재산을 소유할 수 있었으며 그것으로 생활을 유지하는 데 보탬이 되었다.

이러한 이유로 여자와 연애를 몹시 혐오하였고 소심하고 공포와 망상에 사로잡혀 있었으며 우울과 냉소적인 성격의 소유자로 굳어졌다. 따라서 후에는 성공과 명성이 자신을 시기하여 알아보지 못한다고 생각할 정도였다. 그는 "파이프 담배 상자에 자물쇠를 채우고, 이발할 때는 절대로 목 근처를 건들지 못하게 하였으며, 잠을 잘 때면 침대 옆에 권총을 놓아두었으며 여자는 돈을 낭비하는 버릇과 교활함으로 넘쳐나고 습관적으로 거짓말을 하는 존재였다."라고 할 정도로 성격이 괴팍했다.

이러한 영향으로 그는 죽을 때까지 어머니도, 가족도, 아내도, 자식도, 가정도, 조국도 없는 외로운 철학자였다. 그러나 죽기 직전인 일흔 살 이후의 몇 년 동안은 어느 정도의 명성을 떨쳤으나 이러한 시대적 배경과 가정생활이 그의 철학에 영향을 미쳤으며 결국은 그를 염세주의적 철학자로 만들었다는 것이다.

그는 1860년 9월 21일 혼자서 아침식사를 한 후에 얼마지 않아 하숙집 주인에 의해 테이블을 향한 채 시신으로 발견된 것으로 보아 심장마비에 의해 사망한 것으로 추정된다. 오늘날 그의 묘비명(墓碑銘)에는 이름뿐인 채로 아무 말도 적어 놓지 않은 상태로 보존되고 있다.

1. "세계란 나 자신의 표상(Vorsteliung)"이다. 『의지와 표상으로서의 세계』

쇼펜하우어는 1818년 『의지와 표상으로서의 세계』라는 책을 발간하였다. 그의 책은 독자를 사로잡는 문체와 명쾌한 해석으로 매우 유명하였으나 애석하게도 독자들에게는 알려지지 않았다. 그 이유는 당시의 지식인들이 이 책을 맹렬하게 공격했기 때문이다. 또한 쇼펜하우어 역시 "철학이 한편으로 국가의 수단으로, 다른 한편으로는 생계의 수단으로 한심스럽게도 남용되는 시대만큼 추악한 철학의 시대는 없다. (……) 돈으로 얻는 것은 평범할 뿐이다. 우리는 20년 동안 헤겔과 같은 인물들을 최대의 철학자라고 떠들었으나 그것을 직접 본 내가 그와 같은 동시대인의 갈채를 바라는 일은 있을 수 없다."라고 비판하면서도 자기를 옹호하였다.

그는 당시 철학자들의 국가와 생계를 위한 이중적인 삶에 대하여 비판을 하였으며 이는 고대의 소피스트와 같은 삶을 살아가고 있다는 것이다. 즉 생계를 위해서 철학을 이용하였고 자기 처자까지도 매달렸으며 자기에게 도움이 되는 사람들을 아낌없이 칭찬하였다는 것이다. 동시대에 살았던 헤겔도 마찬가지라고 했다. 그는 헤겔을 캘리밴(Caliban, William Shakespeare의 희곡 『템페스트, Tempest』에서 나오는 추악하고 반 짐승의 괴인을 말함)으로 표현하면서 하등동물에 견주어 비판하였다. 왜냐하면 "인생은 짧고 진리는 오래가는 것이다."라고 하면서 "비범한 사고방식으로 음

미할 소수의 사람이 나타나기를 침착하고 겸손하게 기다려야 한다."는 것이다.

그는 지금까지의 철학에서는 어떤 일이 나타난 지도 모른다는 것이며, 오로지 세계는 '의지'라는 철학의 사상으로 탐구하였다는 것이다. 여기에서 그의 주 사상인 '의지'에 관심을 가지고 있을 뿐이라는 것이다. 따라서 "세계란 나 자신의 표상(Vorsteliung)이다." 라고 주장한다.

쇼펜하우어에 따르면 세계는 넓은 의미에서 우주를 말한다. 또한 여기에서 말하는 '표상'은 자각에 의해 의식이 나타나는 외부의 세계를 뜻한다. 여기서 사물이라는 것은 우리 앞에 나타나는 현상에 불과하며 사물 자체는 알 수가 없다는 칸트의 말을 인용하고 있다. 세계의 사물들은 우리의 외부에서 나타나는 '상(象)'이라는 것이다. 다시 말하면 사람들이 인식하고 있는 사물은 사물 그자체가 아니라 보고, 만지고, 느끼는 것에서 나오는 일종의 껍데기라는 것이다. 이것이 표상(表象)이다.

인간이 사물을 인식하는데 있어서는 의식적, 무의식적인 의지, 부단한 욕구의 의지, 끊임없는 생명력 등이 있다고 했다. 우리의 행동을 좌우하는 것이 지성이 아니라는 의미로 주인을 안내하는 역할만 한다는 것이다. 이것이 의지(意志)이다. 예를 들어 자기 자식이 살인자에게 상처를 입었다고 가정하여 보자. 여러분은 살인자가 어떠한 이유와 변명으로 용서를 바란다고 당신을 설득하였을 때 당신이 용서하고자 하는 의지가 없을 때는 무용지물이라는 것이다. 논리적으로는 도저히 설득할 수 없으며 오히려 화를 자극할 것이다. 그 사람을 설득하려면 이해관계, 욕망, 의지에 호소를 해야 한다.

그는 "지성은 교활한 사람의 경우처럼 위험에 의해서 발달되고, 범죄인처럼 궁핍할 때 발달된다. 지성이 의지를 대신하려고 하면 혼란이 일어난다."라고 비판했다. 우리가 지성을 반성이라고 하였을 때 오직 행동에 있어서 반성에 의지하는 한, 그만큼 실수나 잘못을 저지르기 쉽다는 것이다. 따라서 지성은 도움을 주는 수단에 불과하다는 것이다.

예를 들어 우리가 살아가는 데 있어서 생존(生存)과 생식(生殖)과 결혼을 하려는 노력은 반성 혹은 지성이 시키는 것이 아니라 살려고 하는 반의식적인 의지이다. 즉 충동(衝動)에 의하여 일어나는 작용이라는 것이다.

여기에서 보듯이 그는 논리적 무용론(無用論)을 말한다. 즉 걷고 달리고 생각하는 것은 각각 발과 생각의 의지에서 나온다는 것이다. "의지는 마치 앞을 볼 수는 있으나 걷지 못하는 사람을 어깨에 짊어지고 가는 힘센 맹인과 같다." 그리고 "어깨 위에 앉은 사람이 지시하는 방향대로 그는 힘껏 달려간다."라고 주장한다. 이는 인간의 무의식은 우리도 모르게 정신의 작용과는 무관하게 의지에 따라 행동한다는 것이다.

성격도 마찬가지다. 성격은 의지에 있지 지성과는 관련이 없다는 의미이다. 성격은 목적에 부합되게 취해진 태도의 지속성이며 목적을 두고 태도를 취하는 것은 의지라는 것이다. 그는 이러한 표현을 "여론이 '머리'보다도 '가슴'을 더 좋아하는 것은 옳은 일이다."라고 말하면서 여론에는 '선한 의지'가 깔려있다고 할 수 없으며 논리적으로 말한 것이 아니라고 했다. 예를 들면 한 인간을 두고 "~이다."라고 하는 것은 그 속에는 '좋다'는 의미와 '나쁘다'는 의미를 동시에 가지고 있다는 것이다.

신체도 의지와 관련이 있다. 우리가 밥을 먹으려는 의지에 의해서 손을 사용하고, 달리려는 의지로 발을 사용하는 것처럼 사람의 육체는 의지와 매우 관련이 있다고 했다. 따라서 의지의 움직임은 신체의 움직임과는 인과의 결합, 즉 여기서는 끈으로 이루어져 있어서 원인과 결과라는 두 개의 작용으로 해석해서는 안 되며 동일한 것으로 보아야 한다.

생식의 본능도 마찬가지이다. 우주에 있는 모든 생명체들은 자신의 씨를 후손에 널리 퍼트리는 것이 주요 목적이라 할 수 있다. 인간에게도 이러한 종족을 보존하려는 본능과 자기 자신을 보존하려는 본능은 다른 무엇보다도 강하고 중요하다. 그래서 자기의 생활이 안정기에 접어들면 바로 결혼을 하려는 이유가 바로 생식의 본능 때문이다. 이러한 의지는 누구에 의해서 인식되는 것이 아니라 충동과 의지에 따르며 인식작용에 앞서 성적충동이 일어나는 시기인 생식기에 가장 강하다.

쇼펜하우어는 지성은 한계가 있다고 했다. 이는 쉽게 지친다는 것으로 휴식이 필요하다는 의미이다. 그러나 의지는 한계가 없으며 휴식 중에서도 자기의 할 일을 계속해서 진행한다. 그는 '의지는 모든 생명체에 내재하고 있으며 이 세계의 내면에 깊이 내재해 있다'고 했다. 다시 말하면 우리가 가지고 있는 욕구, 사랑, 미움, 도피, 괴로움, 자연현상의 모든 것은 우리의 삶이자 체험이며 의지에 의해서 작용한다는 것이다.

2. 수면은 낮에 써버린 생명을 새로 회복시켜 유지하기 위해 미리 빌려 쓴 적은 양의 죽음이다. 죽음에 대한 불안

우리는 위에서 지성은 한계가 있으며 의지는 무한하고 휴식 중에서도 자기의 할 일을 진행한다고 하였다. 어린아이들은 항상 먹는 것 이외에는 수면을 취하고 있으며 우리의 삶도 계산을 하여 보면 1/3정도가 수면을 취하고 있다. 이렇게 볼 때 우리의 인생은 수면으로부터 도피하려고 얼마나 고생을 하는가? 여러분들은 대입 시험을 앞두고 모두 경험하였을 것이다. 즉 인생은 "수면과의 싸움이며 낮에 써버린 생명을 새로 회복시켜 유지하기 위해 미리 빌려 쓴 적은 양의 죽음이다." 다시 말하면 이 적은 양의 수면도 우리는 간과해서는 안 되는 죽음이라는 것이다. 인간의 본질을 의지라고 보았을 때 의지라는 것은 살려는 의지이며 이 의지의 영원한 적은 죽음이라는 것이다.

그에 따르면 죽음은 인간만이 인식하며 동물이나 무생물은 죽음을 자각도 할 수 없을 뿐더러 의식하지 못한다고 한다. 따라서 인간은 죽음을 경험하지 않아도 죽음에 대한 공포와 불안을 느끼게 된다. 그러나 동물들은 자신의 죽음을 의식하지 않고 살아간다. 다시 말하면 동물들은 자신이 영원히 존재한다고 생각하면서 살아간다는 뜻이다. 반대로 인간은 생명의 유한함을 느끼는 것과 상반된 생활을 한다.

쇼펜하우어는 다음과 같이 설명했다. "동물은 파멸에 직면해서도 두려워하지 않고, 아무 걱정 없이 자신이 자연 자체이며 자연처럼 불멸한다는 인식을 지니고 살아간다." 반면에 인간은 '죽음에 대한 두려운 확실성' 속에서 항상 죽음에 대한 불안을 지니며 살아간다. 이는 인간과 동물은 죽음에 대한 자각이 서로 다른 것을 보여준다. 즉 동물은 죽어 보아야 죽음의 맛을 본다는 것이며 인간은 매 순간마다 죽음을 생각하며 두려워하고 공포를 느끼며 생명을 연장하려고 한다는 것이다.

그는 "동물은 죽음을 비로소 죽음 속에서 알게 될 뿐이다. 인간은 매 순간마다 자신의 죽음을 가까이 의식하는데, 이것은 삶 전체에 있어서 이러한 지속적인 소멸이라는 특성을 인식하지 못한 인간에게 삶을 때때로 불안하게 한다."라고 생생하게 표현을 하였다.

물론 인간은 어떤 계기로 해서 '죽음'을 자신의 죽음으로 떠올리면서 한편으로는 자신의 죽음을 염려한다. 다시 말하면 우리가 친척이 죽어서 장례식장에 문상을 갔다고 했을 때, 그 친척은 자신과는 일면식(一面識)도 없었는데도 눈물을 흘린다. 이는 무엇을 뜻하는가?

우리는 '인간은 누구나 죽는다'는 것을 확실한 사실로 인정하면서도 자신에게는 다가오지 않는다는 것을 은연중에 기대하면서 살아가고 있다. 다시 말하면 인간은 '태어났다'는 것은 반드시 죽음에 임박하고 있다는 사실은 인정하면서도 자신과는 무관하다면서 어떤 식으로도 회피하려고 한다는 것이다. 이는 죽음 자체보다 죽음에 대한 두려움에서 시작되며 이러한 두려움은 선험적으로 주어졌기 때문이다.

이는 '죽음에 대한 두려움은 어디에서 오는 것인가?'라는 문제를 만든다. 모든 사람들은 죽음과 화해할 수는 없다. 우리는 죽음과 만날 수밖에 없다. 이러한 연유에서 오는 것은 죽음에 대한 고통이다. 이는 단순하게 육체적인 고통을 말하는 것이 아니라 정신적인 면에서 오는 스트레스나 고통을 피하기 위해서 몸부림치는 것을 의미한다.

그러나 쇼펜하우어는 "우리가 죽음에서 두려워하는 것은 결코 고통이 아니다. 한편으로는 이러한 고통이 분명히 죽음의 이편에 있고, 다른 편으로는 우리는 종종 고통이 두려워서 죽음으로 도피하는 일이 있으며 또 이와는 반대로 죽음이 빠르고도 수월할지도 모르지만, 잠시나마 죽음을 피하기 위해 때로는 말할 수 없이 끔찍한 고통을 감수하는 일도 있기 때문이다. 그러므로 우리는 죽음과 고통을 두 개의 서로 다른 악으로 구별한다." 우리는 여기에서 죽음을 두려워하는 이유를 고찰함으로써 죽음의 의미를 밝혀낼 수 있을 것이다.

쇼펜하우어에 따르면 우리가 죽음을 두려워하는 이유는 '개체의 멸망' 때문이다. 우리의 삶의 의지는 죽음을 '나의 존재가 없어지는 것'으로 받아들이기 때문이다. 다른 말로 표현하자면 '비존재'인 것이다. 내가 죽는다는 것은 내가 존재하지 않는다는 것이며, 어디로 가는지 확실하게 알지 못하는 데서 오는 두려움일지도 모른다. 내가 살아있는 동안 죽음이라는 것을 생각하기도 싫다는 데서 오는 것이다. 비존재는 자연 속에 존재하는 모든 생명체에게는 당연한 귀결이다.

그 이유는 무엇인가? 쇼펜하우어에 따르면 존재는 그것이 표상, 즉 현상 속에 주어져 있는 한 생성하고 언젠가는 소멸하기 때문이다. 의지가 객관화된 표상의 세계가 철두철미하게 개체화의 원리에 의해서 지배되듯이, 이러한 현상의 형식이 시공간 및 인과성(因果性)이지만, 이러한 형식에 의해 개체화가 행해지고 필연적으로 개체가 소멸되지 않으면 안 된다. 그런데 삶의 의지의 현상인 개체는 말하자면 개별적인 실례나 견본에 지나지 않으며 자연 전체가 한 개체의 죽음에 상심하지 않는 것처럼 삶의 의지는 개체가 아니라 오로지 종(種)이다. 자연은 종(種)을 보호하기 위하여 무수히 많은 씨앗과 엄청난 번식 충동을 통해 온갖 열성을 기울인다.

반면에 무한한 시간과 공간, 그리고 이것들 속의 무한히 많은 수의 가능한 개체들이 자연의 나라이므로 개체는 자연에 아무런 가치도 없고 가치를 가질 수도 없다. 그 때문에 자연은 언제라도 개체를 저버릴 준비가 되어 있다. 따라서 개체는 수없이 많은 방식으로 하잘 것 없는 우연에 의해 파멸할 운명에 처해 있을 뿐만 아니라 이미 처음부터 파멸하도록 정해져 있으며 종족보존에 기여한 순간부터 자연에 의해 파멸로 이끌려가고 있는 것이다.

이러한 죽음이 가져다주는 비존재는 의지의 객관화에서 일어나는 당연한 귀결(歸結)일 뿐이다. 왜냐하면 존재의 생성과 소멸 그리고 개인의 탄생과 죽음은 의지가 객관화된 현상, 즉 표상의 세계에서 일어나는 필연적인 사건이기 때문이다. 여기에서 우리는 쇼펜하우어가 죽음이라는 현상을 개체의 탄생이라는 현상과 상호 연관적으로 해석한다는 것을 알 수 있다. 그에 따르면 개체의 "탄생과 죽음은 동일한 방식으로 삶에 속하고 서로 제약을 가함으로써 균형을 유지하고 있으며, 이러한 표현이 어떤지는 모르겠지만, 삶의 현상 전체의 양극으로 균형을 유지하고 있다." 만일 어떤 개체가 태어난다면 그것은 반드시 죽음을 맞이해야 한다. 죽음의 비존재는 우리에게 죽음 이후에 우리의 존재가 영원히 사라져 버릴 것이라는 생각을 갖게 한다. 그러나 우리는 여기에서 이러한 비존재는 우리로 하여금 다음과 같은 생각을 하게 한다는 것을 주목해야 한다.

우리가 출생 이전에 대한 의식이 없는 것처럼 죽음 이후에도 우리의 의식이 더 이상 존재하지 않을 것이라는 점이다. 그런데 중요한 것은 우리는 오히려 죽음을 두려워 할 필요가 없다는 것을 말해 준다. 고대 철학자인 데모크리토스(Democritos, BC 460?~BC 370)는 원자론에서 "죽음은 절대로 만나지 않는다."라고 말했다. 죽음과 만나더라도 그 이후는 아무도 경험하지 못하였기에 죽음은 살아 있는 우리로 하여금 불안을 느끼게 하지만, 정작 우리는 죽음 이후를 경험할 수 없다는 점이다. 이는 사후 세계는 없으므로 너무 염려할 필요가 없다는 것이다. 어차피 죽음과 만날 것이기 때문이다. 쇼펜하우어는 에피쿠로스학파의 철학자인 루크레티우스(Lucretius)의 주장에 의거해서 우리가 태어나기 전에 있었던 우리의 비존재에 대해서 아무런 불안을 느끼지 않았던 것처럼 죽음 이후에 다가오는 비존재에 대해서도 아무런 불안을 느낄 필요가 없다고 주장한다.

이러한 주장에 따른다면 우리는 죽음이 가져오는 비존재는 결코 죽음에 대한 불안을 야기하는 근거가 될 수 없을 것이라고 말할 수 있다. 왜냐하면 죽음 이후의 비존재는 출생 이전의 비존재와 다를 것이 없기 때문이다. 우리가 출생 이전의 비존재에 대해서 현재의 내가 그 어떤 두려움을 갖고 있지 않는 것처럼, 죽음 이후의 비존재에 대해서도 그 어떤 두려움을 가질 필요가 없다는 의미이다. 왜냐하면 내가 특정한 시점에 출생했다면 그 이전 시점에는 의식을 갖지 않았을 것이고 이러한 것은 특정한 시점에 죽음을 맞이한 경우에도 적용될 수 있기 때문이다.

3. 현실세계에 살고 있는 한 고통에서 벗어나자. 자살은 한 방편일 뿐 무의미하다는 것이다.

위에서 우리는 죽음과는 만날 수밖에 없는 존재이다. 인간은 태어나면서부터 육체와 뇌가 쇠퇴하기 시작한다고 했다. 다르게 말하면 인간은 태어나는 순간부터 죽음으로 가는 열차를 타고 달리는 것이다.

쇼펜하우어는 “모든 것은 다만 한순간 제자리걸음을 하고 갑자기 죽음으로 달음질한다.”고 했다. 이는 우리들이 달리고 넘어지듯이 죽음도 삶에서 저지당하는 것에 불과하며 그 전까지는 죽음을 향해 조금씩 앞으로 나아가는 것에 지나지 않는다는 것이다.

다시 말하면 위에서 죽음을 두려워하는 이유를 말했듯이 고통이 두려워서라는 것도 반대로 생각하여 보면 불행이 오면 고통이 생겨나듯이 우리가 삶의 의지가 있는 한 “인생은 고통이요, 이 세계는 최악의 세계”라는 것이다.

우리는 호화 사치품이라면 어떤 것을 상상하는가? 그 중에서도 ‘독약’이 그 품목의 한 가지라면 놀랄 것이다. 동양에서는 죽음에 매우 관대하고 개인의 삶과 죽음은 한순간이라고 인식한다. 이처럼 죽음에 대해 매우 평온하고 유연한 태도를 가지고 있다.

인생은 어쩔 수 없이 불행하며 고통스러운 것이며 인간은 아무런 의미가 없는 일에 노력을 하는 존재이다. 인간의 쾌락은 일시적인 것에 불과하므로 집착하지 말라고 한다. 인간은 끊임없는 욕망과 욕심으로 인하여 고통받는 존재이다. 이러한 고통, 즉 죽음이라든가 공포라는 것 때문에 신학과 철학이 연결된다. 이를 극복하는 방법은 다음과 같다.

첫째는 미학과 윤리학이라는 길을 통해서 극복해야 한다는 것이다. 우리는 어떤 일에서 위기에 봉착했을 때 명상을 통해 모든 것을 극복하려는 경향이 있다. 다시 말하면 예술의 탐구를 통하여 영원한 관념들을 명상함으로써 자기 자신을 되살리는 것이다. 그러나 그것은 일시적인 도피이며 항상 순간일 뿐이다.

두 번째는 해탈(解脫)의 방식으로 극복하라는 것이다. 예를 들면 "신학이 죽음으로부터 피난처인 것처럼, 정신병은 고통으로부터의 피난처이다. 광기(狂氣)는 기억을 피하는 수단으로 일어난다."는 것이다. 이들은 의식을 잊어버리는 행위에서 나온다는 것이다. 따라서 우리는 망각을 통해서 극복해야 한다는 의견이다. 망각(妄覺)이라는 용어를 역으로 생각한다면 해탈(解脫)이라고 할 수 있다.

해탈은 불교의 용어인데 고난을 당해본 사람이 다른 사람의 처지를 알듯이 그들과 자신을 동일시하면서 성스러운 도덕적 실천을 할 수 있다는 의미이다. 따라서 우리는 스스로가 의지에 지배를 당하는 것이 아니라 해탈로써 의지를 극복해야 이러한 현실세계에서 빠져나갈 수 있다는 것이다.

셋째는 자살로 도피를 하는 경우이다. 그러나 "자살이라는 것은 개별적인 한 현상의 자의적인 파괴로, 실로 헛되고 어리석은 행위"이다. 자살은 개인의 충동을 일시적으로 없애는 데는 일조(一助)할지 몰라도 의지 그 자체는 없애지 못한다. 왜냐하면 물자체(物自體, 맹목적인 세계)는 아무런 영향을 받지 않고 의연하게 존재하기 때문이다. 그는 "현재 무지개를 지탱하고 있는 하나하나의 물방울을 아무리 재빠르게 바꾼다하여도 무지개 자체는 여전히 있다."라고 하듯이 인간의 세계는 죽음 뒤에도 의지가 인간을 지배하는 한 계속된다는 것이다. 불교에서 말하는 환생(還生)이라든가 윤회(輪廻)를 통해서 계속 존재한다는 의미이다. 따라서 고통이라는 의지의 발동을 멈추게 하는 것이 최선이며 이는 금욕을 통해 열반의 경지에서 어떠한 욕망을 가지는 것을 멀리할 때만이 가능하다는 것이다. 쇼펜하우어는 디오게네스(Diogenes, BC 412?~ BC 320?, 견유학파)가 호흡하기를 거부함으로써 목숨을 끊었던 것처럼 어리석은 짓을 하지 말 것을 권고하고 있다. "생은 자살을 비웃고, 죽음에 미소 짓는다"라고 하면서.......

이 부분에 대한 자세한 내용은 인생의 지혜에서 자세하게 다룰 것이다.

4. 사람은 누구나 자기의 결함이 자손에게 유전되지 않도록 그것을 보완하여 줄 배우자를 고른다. 사랑의 형이상학

우리는 사랑이라는 말에 흥분을 감출 수 없을 것이다. 누구나 사랑이라는 말을 환희어(歡喜語) 혹은 가치어(價値語)로 받아들이기 때문이다. 소크라테스, 플라톤, 아리스토텔레스의 사랑에 대해서는 모두 잘 알고 있을 것이다.

쇼펜하우어는 사랑을 '종족보존'을 위한 하나의 수단으로 보았다. 사랑은 혼자만이 아니라 상대방 혹은 배우자가 항상 존재하며 인간의 사랑은 성적(性的)인 것과는 불가분의 관계이다. 이를 "성적(性的) 인력(引力)의 법칙(法則)"이라고 하는데 인간은 배우자를 선택할 때 무의식적이기는 하지만 자녀를 생산하는 데 적합한지 염두하고 결정한다는 것이다.

따라서 사람은 누구나 자기의 결함이 자손에게 유전되지 않도록 그것을 보완하여 줄 배우자를 고른다. 예를 들면 자신이 못생겼으면 상대방이 잘생겨야 하며, 자신이 키가 작으면 키가 큰 사람을 선택하는 것이 무의식적으로 정해져 있다는 것이다. 이것을 사랑의 형이상학이라고 한다. 이는 두 개의 개체가 잘 맞추어져 한쪽이 부족한 부분을 다른 한쪽이 보충하도록 되어 있다는 것이다. 이는 고상한 인격이 아니라 우리가 가지고 있는 충동적이고 본능적인 인격이라는 삶의 의지이며 정신이 지배하는 것이 아니라는 것이다.

자연은 남성다움과 여성다움이 서로 조화를 이룰 때 목적을 이룬다. 남성다움이라는 것은 남자로서의 특징인 결단력, 포용력, 강인함 그리고 능동적인 면을 가지는 것이며 여성다움이라는 것은 아름다움, 섬세함, 모성애, 연약함 등을 말한다. 이것이 조화를 이룰 때 잘 어울린다는 뜻이다.

그러나 모든 개체는 남녀 모두가 아이를 낳기에 가장 적합한 시기에서 멀어지면 멀어질수록 이성을 끌어당기는 힘이 사라진다. 이는 나이가 너무 어려서도 많아서도 안 되며 아이를 낳기에 적합한 생식기에 이성이 끌어당기는 힘이 가장 강하다는 것을 말한다. 따라서 아름다움이 없는 젊음에는 힘이 있으나 젊음이 없는 아름다움에는 힘이 없다고 한다. 우리가 친구에게 "너 사랑에 빠졌구나!"라고 할 때 이 말은 이성에 대한 힘이 있으며 종족보존이 유일한 목표가 되어 있다는 말이다. 즉 개체를 생산하는 것이 유일한 목표로 되어 있다는 것이다.

쇼펜하우어는 연애결혼은 불행하다면서 권하지 않았다. 결혼의 목적은 종족의 번식에 있지 개인의 욕구나 욕망, 쾌락에 있지 않다고 했다. 그는 스페인의 속담을 인용하면서 "연애로 결혼하는 자는 비애(悲哀) 속에 살지 않으면 안 된다."라고 하면서 연애결혼은 인간을 슬프고 불행하게 할 것이라고 했다. 따라서 다른 배우자들이 짝을 지어주는 결혼이 최상의 결혼이라고 했다.

그는 이렇게 주장하면서 여자의 연애결혼에 대하여 비꼬듯이 칭찬했다. "그녀는 가장 소중한 것을 스스로 선택한 것이며 정신에 맞게 선택을 하였지만 어버이 쪽은 개인적 이기주의의 정신에서 권했기 때문이다. 따라서 연애는 종의 보존을 위한 최상의 우생학(優生學)"이라는 것이다. 자기가 모자라는 것을 생산하는 것은 여자이기 때문일 것이다.

이러한 종족보존의 목적이 사라지면 정열, 사랑 등은 사라진다고 했다. 인간은 세월이 흐르면 종의 의지에 속았다는 것을 깨닫게 된다는 것이다.

그러면 '종족을 보존하기 위해서는 어떻게 하는가?'라는 질문에 그는 '정열을 다하라'고 답한다. 즉 개체는 생식세포에서 생겨나므로 성적 충동은 개체를 낳을 수 있도록 온 힘을 다하라는 것이다. 이에 대하여 그는 성적충동은 나무에서 양분을 얻는 동시에 나무의 양분이 되기도 하는 잎처럼 개체의 생명이 싹트는 나무의 내적 생명이라 볼 수 있다. 이 충동이 이렇게 강하게 우리들 본성의 저 뿌리 깊은 곳에서 나오고 있는 이유이다. 개체를 거세(去勢)하는 것이란 개체라는 싹을 종(種)이라는 나무에서 잘라내어서 그것을 말라죽게 내버려두는 일이다. 그러므로 거세된 개체는 심신 모두가 그 힘을 잃어버린다. 종의 임무, 즉 동물의 개체에 있어서 수정은 반드시 온 힘을 다해 순간적으로 써서 없애고 쇠약해지며 대개의 곤충은 그대로 죽는다.

이는 동물의 경우도 자연에서와 마찬가지로 종족보존을 위하여 최선을 다해 모든 것을 소비하라는 것이다. 이것이 나무와 곤충의 예로 보듯이 자연의 섭리라는 것이다. 그러므로 로마의 저술가이면서 의학자인 켈수수(Aulus Comelius Celsus, BC 30~AD 45)는 "정자의 방출은 생명 일부의 방출이다"라고 말하였다.

인간의 경우는 좀 더 다르다. 종족보존을 위해 모든 것을 쏟아버리는 것은 매우 위험하다는 의미이다. 왜냐하면 생식력이 없어진다는 것은 죽음과 관련이 있기 때문이다. 다시 말하면 죽음이 가까워지고 있다는 것을 말한다. 따라서 연령층에 따라 적절하게 사용할 것을 권고하였다. 이는 지나친 생식력의 사용은 심신을 망가뜨리고 수명을 단축시키므로 절제하여 사용하면 심신을 증대시킬 수 있다는 것이다.

쇼펜하우어는 개체화의 원리로 설명하였는데 생명은 종의 생명에서 빌려온 것에 불과하며 생식과정을 통해 쇠퇴와 생명을 유지하며 죽음과 생식과의 교체를 통하여 공간과 시간상의 차이만 있을 뿐 영생을 하고 있다고 했다. 즉 개체화의 원리는 모든 생물은 시간과 공간사이에서만 존재하는 단독자인 것처럼 보이지만 실제로는 서로 다른 유기체를 다른 시간과 공간에 출현시키는 것을 의미한다. 이에 대하여 쇼펜하우어는 "그것은 마야의 베일(The veil of Maya)"―즉 우리가 사물과 세상이 실재하는 것으로 인식하는 한은 여전히 꿈꾸고 있는 망각상태 속에 있는 것이다. 개체는 단순히 현상이고 물자체는 아니라는 것을 명심하여야 하며 질료의 부단한 변화 속에 형상의 확고불변함을 보는 일이 철학의 진수라고 했다. 역사의 표어는 "Eadem, sed aliter", 즉 본질은 같으나 양식이 다르다는 것을 의미한다. 여전히 꿈꾸고 있는 망각상태에서 벗어나서 무한한 변화와 복잡함에도 불구하고 동일한 인간성으로 보아야 한다고 하면서, 자연과 인생은 원(圓)이며 회귀(回歸)의 도식(圖式)이라는 의미이다.

이런 연유로 사랑은 종족보존을 위해 있는 것이며 마치 개인들이 추구하는 최고의 욕망이라는 것에 도취되어 즐거움을 갖고자 하는 것은 망상이라고 했다. 남자의 욕구도 자식을 생산하면 사라질 것이며 여성도 출산이 가능한 시기인 가임기(可姙期)에만 아름다움을 유지하며 결국은 시들해지는 것이 자연의 섭리라는 것이다. 시간이 지나면 자기가 종의 의지에 속았다는 것과 인간은 결국 종의 도구였다는 사실을 깨닫고 역사 속으로 사라지게 된다는 뜻이다. 다음 세대에 자기와 같은 임무를 맡기고, 즉 남녀의 사랑이 아무리 고귀하고 열정적이더라도 막상 결혼이 성립하여 부부생활을 하다 보면 사랑이 식는 것처럼 자신의 임무가 완성되고 목적이 실현되면 생명력을 잃게 된다는 것이다.

5. 인생은 여자가 없으면 더욱 안전하고 순조롭게 된다. 인생의 지혜

우리는 살아가면서 부단히 생과 죽음에 관하여 고민한다. 인간이 죽은 뒤에는 어떻게 되는가? 그는 인생의 지혜를 통하여 이를 해결하고자 하였다. 철학적인 측면에서 본다면 우리는 욕망에 사로잡힌 인간이다. 인간은 물질에 대한 욕망이 끝이 없어 만약 물질을 소유만 한다면 의지까지도 충분히 소유할 수 있다는 것이다. 다시 말하면 물질은 우리에게서 가장 중요한 가치이며 이를 가지면 가질수록 우리의 욕망을 모두 소유할 수 있다고 말한다.

우리는 물질을 소유하면 할수록 좋다고 믿는다. 오직 금전만이 좋은 것이며 돈 이외에는 하나의 욕구를 가지는 데 불과하다는 것이다. 그러나 이러한 좋은 점에도 불구하고 인생의 전부를 재물,

즉 돈을 사랑하고 소유하는 데 바치는 것은 문제라고 지적했다. 이러한 인생의 목적으로 살아가기 때문에 삶에 적지 않은 파장을 가지고 온다고 했다. 우리는 부를 충족하는 인생에서 이러한 부를 신속하게 기쁨으로 삶을 전환해야 한다. 그러기 위해서는 교양과 지혜가 필요하며 충실히 살아야 한다는 것이다. 다시 말하면 정신적인 수양을 터득하는 기술과 지혜를 터득해야 한다는 뜻이다. 이러한 삶을 살지 않으면 '속물'이다. '속물'은 여가를 즐길 줄 모르는 것으로 시간을 사용하는 방법과 기술을 모른다는 것과 같다. 이러한 상태를 그는 "한가하면서 마음이 고요하기는 어렵다(difficiilis in otio quies)는 것"이라고 했다. 따라서 부를 좇는 것이 행복이 아니라 지혜를 추구하여야 한다고 했다.

인식은 의지에서 태어났음에도 불구하고 의지를 지배할 수 있다. 인식의 독립가능성은 지성이 욕망의 명령에 가끔 응하는 냉담한 응대에 우선 나타나기도 한다. 이는 때로는 지성은 의지에 복종하기를 거부하는데 예를 들면 어떤 일을 하려고 해도 집중이 되지 않거나 어떤 일을 일깨우려 하여도 그것이 기억되지 않을 경우이다. 또한 의지의 굴복된 지성은 요구받은 것을 몇 시간 뒤 혹은 더 긴 시간 뒤에 엉뚱하게 풀어놓거나 해결하곤 한다는 것이다.

이러한 일로부터 지성은 지배로 옮겨지게 되는데, 예를 들면 미리 생각한 뒤에 사람은 자기에게 중대한 일, 흔히 몹시 두려운 일을 태연히 일어나게 내버려 두거나 스스로 해결을 하는데, 즉 자살, 사형, 결투 등 생명과 관련되는 행위들이다. 이러한 것은 이성의 힘은 발전되고 욕망은 인식에 의하여 선행 상태의 필연적 결과로서 인식하는 결정론의 철학에 의하여 완화 또는 진정되어진다는 것이다. 다시 말하면 "우리를 괴롭히는 일들의 대부분은 만일 우리가 정말 철저히 그 원인을 이해하고 거기에서 필연성과 참다운 성질을 인식하였다면 우리를 괴롭힐 수 없다"라는 것이다.

우리는 자기의 격정에 대하여 아는 것이 많으면 많을수록 격정이 우리를 지배하는 일은 적어지고 '자제'만큼 우리를 외적 강제로부터 지켜주는 것은 없다. 다시 말하면 자기 자신을 정복하는 것이 중요하며 이를 위해서는 철학의 지혜가 필요하다는 것이다. 이는 단순하게 암기하거나 독서를 통하는 수동적 행위가 아니라 경험과 사고를 통해야 한다는 의미이다.

다른 사람의 사상을 끊임없이 탐구하는 것은 자기의 사상을 제한하고 억압하는 것이다. 이는 남의 사상을 여과 없이 받아들이는 것은 자신의 머리가 비어있다는 뜻이며 매일 독서를 하면 서서히 자신의 생각을 오히려 버리게 된다고 했다. 이를 위해서는 자신의 경험과 성찰이 먼저 되어야 한다고 했다.

그는 천재에 대해서도 비판을 하였다. 한마디로 천재라는 사람들은 "의지가 없는 최고의 존재"라는 것이다. 다시 말하면 보통의 사람들은 생에 있어서는 의지가 대부분이지만 그들에게는 인식은 많으나 의지가 없다는 것이다. 따라서 그들의 활동은 주로 지적 활동과 연관되어 있어서 생식력에 대한 지적 감수성이 우수하여 여자와는 천적의 관계라는 것이다. 왜냐하면 여자들은 생식(生殖)과 생명의 잉태에 관심을 두어 지성을 의지에 복속시키기 때문이다. 따라서 여자는 재능은 우수하나 천재가 될 수는 없다고 했다. 그들은 삶을 매우 주관적으로 살며 개인적인 목적을 위해 쏟아 붓는 반면에 천재는 자기의 삶에는 관심이 없는 채 인식 활동과 청명한 세계에만 몰두하기 때문이다.

따라서 천재들은 개인적인 삶을 살아가는 데 있어서 세계에 적응하기가 매우 힘들다. 그들의 안목은 넓은 곳을 향하고 가까운 곳을 보지 못하므로 가끔씩 엉뚱한 짓을 하여 주위 사람들로부터 조롱을 당하기 쉽다는 것이다. 어떨 때는 비사교적이여서 고립을 당하기도 한다. 또한 그들은 광기를 강요당하기도 하는데 이는 극단적인 예민한 감수성을 가지고 있다는 것이며 이러한 극단적인 감수성은 고통이나 고독 그리고 생활의 적응성의 결여로 인하여 정신이 현실과 결별하는 것을 볼 수 있다. 이러한 예들은 천재들의 위인전을 읽어보면 모두 우울한 증세를 보였다는 것으로 알 수 있다.

우리 주위에 천재들을 흔치 않지만 가끔씩 볼 수는 있다. 그들을 볼 때마다 나의 아이들과 비교를 하며 그들의 행동을 부러워한 적이 있다. 그러나 그들을 부러워하는 것은 인류에 있어서 지성의 귀족으로서 부러워할 필요성을 가지지만 그들의 기질을 닮거나 모방할 필요는 없다. 왜냐하면 우리들과의 정상적인 삶을 추구하는 데 있어서 모자라거나 방해가 되기 때문에 부러워 할 이유가 전혀 없다는 것이다.

또한 쇼펜하우어는 인생에서 예술을 통해 의지의 예속에서 벗어날 수 있다고 주장하고 있다. 우리가 아름다움을 느끼려면 대상(對象)을 관조(觀照)해야 한다. 따라서 자연의 아름다움을 즐기는 데 있어서는 시나 그림을 통하지 말고 개인적인 이해관계를 벗어나서 하는 행위가 예술가로서의 임무라는 것이다. 예를 들면 우리가 어떤 사물을 감상함에 있어서 개인의 이해관계를 벗어나 사물 그 자체를 보는 것, 즉 밤하늘의 별을 보고 감상한 것은 집안에서 보는 것이나 낚시터에서 보는 것이나 마찬가지라는 것이다. 사물을 보는 데 있어서 더하거나 빼거나 할 필요가 없다. 왜냐하면 그것은 의지를 떠난 관조의 숭고함이기 때문이다.

우리가 적대하는 대상마저도 관조할 때만이 숭고하게 된다. 스피노자는 '정신은 만물을 그 영원한 상(相)아래에서 보는 한에서만 영원을 분류(分有)한다'고 하였다.

쇼펜하우어는 종교에 대하여 적어 놓았는데 그는 처음에 종교에 관심을 보이지 않았을 뿐더러 '신학자들의 최후 수단(ultima ratio)으로 우리는 수많은 국민 사이에서 화형을 본다.'고 하였으며 종교를 '민간 형이상학'이라고 하면서 성직자와 종교를 비판하였다.

그러나 후에는 기독교의 교리 및 실천을 인정하기 시작하였으며 염세철학이라고 하였다. 다시 말하면 원죄는 인간의 상태가 가장 처참한 동시에 죄로 가득차 있으며 이러한 교리는 기독교의 위대한 진리라고 극찬하였다. 단식은 행복이 아니라 환멸을 초래하는 모든 인간의 욕망을 없애주는 최고의 실천 방법이라고 하였다.

또한 불교는 의지를 끊어버리는 것 자체가 종교라 하고 열반(涅槃)이야 말로 현실을 설파하는 목적을 가진다는 점에서 다른 종교보다도 더욱 심원(深遠)하다고 했다.

따라서 궁극의 지혜는 열반을 뜻하며 이러한 열반은 자신의 욕망과 의지를 없애는 것이며 그곳을 향해 가야한다는 의미이다. 세계의 의지는 우리의 의지보다 강하고 '의지의 흥분이 적으면 적을수록 고통은 적다.'라고 했다.

인생에서 또 하나의 지혜는 '죽음에 대하여 어떻게 대처하는가?' 이다. 열반은 개인에게 무의지의 평화에 도달하게 하지만 죽음은 어찌하겠는가? 앞에서 우리는 "생은 자살을 비웃고, 죽음에 미소 짓는다."라고 이야기 하였다. 우리가 죽음을 생각해 봤자 세대는 무수히 흘러가고 죽음은 우리를 비웃고 있다는 것이다.

우리는 이러한 생각을 종종하였을 것이다. "이 세상에 태어난 아이들은 무슨 죄를 지었기에 태어나지 않으면 안 되었을까?"라고 (...). 이러한 생각은 우리들의 심신이 고달프거나 배고프거나 또는 혼잡할 때 많이 한다. 또한 우리는 한없는 욕망을 채우거나 여러 가지의 고통을 피하기 위하여 사력을 다한다. 즉 생존의 욕구가 가장 강하며 이러한 것 외에는 아무것도 기대하지 않는다는 것이다. 이러한 가운데 우리는 연인을 그리워하며 사귀게 되며 결혼을 하게 된다는 것은 무엇일까?

이러한 고통을 알면서도 왜 이러한 행위를 하는 것인가? 또한 이러한 고통을 수반하는 줄 알면서도 남, 녀 중 누구에게 죄를 물을 수 있느냐? 하고 할 때 그는 아이가 태어나는 것은 남녀 중에 '여자의 죄'라고 답했다. 여자는 자기의 매력으로 남자를 유혹하여 생식에 열중하기 때문이다. 즉 남녀는 분별력을 가질 수는 없는 것이 같으나 특히 여성의 매력이 더욱 분별력을 흩트려 버린다는 것이다.

이러한 이유는 충격효과라고 부르는데 자연은 처녀들에게 남은 생과 교환하기 위해 그들에게 아름다움과 매력 그리고 풍만함을 짧은 기간 동안, 즉 2~3년 동안에 그들에게 주었다는 뜻이다. 다시 말하면 2~3년 동안 투자를 해서 남자에게 자기를 맡기는 것이다. 따라서 자연은 절약을 통해 자연을 이어간다. 예를 들면 연어나 살모사가 새끼를 낳은 후에 자기 자신을 모두 내어주는 것과 마찬가지로 여자들은 아이를 셋만 낳으면 일생에서 최고의 아름다움을 잃어버리는 것과 같다.

그는 남녀의 아름다움 중 남자의 육체가 더욱 강하고 미를 소유하고 있다고 생각했다. 즉 성적 충동은 남자가 훨씬 강하다는 것이다. 그런데 남자는 "작고 어깨가 좁으며, 엉덩이가 넓고 다리가 짧은 인종을 아름다운 성(fair sex)"이라고 부르며 이 아름다운 성에 매료를 느낀다고 했다. 오늘날의 미적 감각에는 어울리지 않는 매력에 젖어 있다는 것이다.

이러한 아름답지 않은 여성을 숭배하게 된 것은 독일인과 종교가 만들어 놓은 것에 불과하며 감정, 의지, 본능을 지성 위로 높여 놓은 낭만주의의 결과라고 보고 있다. 따라서 일부 아시아의 여성에게 허용되는 이야기지만 여성에게 남성과의 법률적인 동등권과 재산권을 인정하지 말아야 하며 일부다처제(一夫多妻制)를 정상적이라고 생각하였다.

쇼펜하우어는 여성에게 특히 좋지 않은 감정을 가지고 있었다. 예를 들면 일부는 예외이지만 여자들은 미래가 없으며 현재를 위해 살아가는 존재라는 것이다. 몰두하는 일이라고는 물건을 사는 일 이외는 관심이 없으며, 특히 그녀들이 사고하는 방식은 남자들은 경제력에 봉사를 하고 여성들은 소비만 하는 데 몰두하면 된다는 것이다. 따라서 여성들에게 중요한 대소사(大小事)들을 맡겨서는 안 되고 남자의 지도, 감독을 받아야 하며, 여기서 남자는 아버지나 아들, 남편을 포함하여 누구라도 상관이 없다. 또한 여성들은 낭비벽이 심해서 재산을 관리할 능력이 없으므로 재산을 가져서도 안 되고 소유해서도 안 된다고 했다.

이는 당시 프랑스혁명의 원인으로 프랑스 왕인 루이 13세를 비롯한 귀족계급의 여성들이 사치와 향락으로 프랑스를 부패로 몰아갔다는 데서 기인하였을 것이다. 따라서 쇼펜하우어는 여자들을 남자들에게서 중요하지도 않은 '필요악(必要惡)'과 같은 존재로 여기며 남자들은 여자와의 관계가 없으면 없을수록 좋으며 평화로운 존재로 살아갈 수 있게 되며 더욱 순응적이며 안전하게 살아갈 수 있게 된다고 했다.

남자들은 위와 같은 여자들의 속성을 알게 되면, 즉 아름다움 뒤에 숨어 있는 실체나 능력을 알게 된다면 빨리 그들의 환상에서 벗어나야 하며 생식이라는 그들의 목적에 휘말리지 말아야 한다고 했다. 따라서 지력과 지성을 발달시켜 인생은 아름답고 환희로 가득 차 있다는 현실에서 과감하게 벗어나기를 바라며 죽음이야 말로 가장 기쁘게 받아들일 수 있도록 해야 한다고 했다.

쇼펜하우어의 염세적인 사상은 낭만적인 태도를 갖는 데서 비롯하였다. 행복이라는 것은 "소유와 만족감이 아니라 성취에 있다." 라고 선인들의 지혜를 말하면서 "만일 이러한 자유와 힘 때문에 고통이라는 벌금을 물어야만 된다면 그는 기꺼이 벌금을 낼 것이고 그러한 벌금은 조금도 큰 비용이 아니다."라고 했다.

근대 · 현대로
떠나는
서양철학사

제3장

철학자라기보다는 정신분석학자인

프로이트

(Sigmund Freud, 1856~1939)

프로이트는 오스트리아의 프라이베르크에서 태어났다. 그의 아버지는 결혼을 세 번이나 하였는데 프로이트는 세 번째 부인의 아들로 태어났다. 어렸을 때부터 어머니의 관심과 배려는 다른 부모들에 못지않아 17세에 빈 의과대학(Vienna Medical University)에 입학하여 의학을 연구하였다. 1876년 의과시절부터 뱀장어를 관찰하면서부터 신경계통의 연구를 계속하였고 경제적인 이유로 신경성 질병을 전문으로 하는 병원을 개업하였다.

그는 1985년 환자와의 접촉을 통해 질병의 치료는 심리학적인 측면이 있다는 것을 찾아내었으며 당시에 유행하였던 최면술을 보고 인간에게는 자신도 알아차리지 못하는 무의식의 세계가 있다는 사실을 깨달았다. 그는 당시 대중화된 최면요법을 버리고 대화를 통한 치료법을 생각하였는데 브로이어(Josef Breuer, 1842~1925)

의 정화법을 바탕으로 자유연상법을 발전시켰다. 그는 환자에게 과거 불행했던 경험을 회상하도록 유도하면 환자의 증상이 완화된다는 사실을 발견했다. 따라서 무의식에 숨겨둔 상처를 되짚으면서 히스테리를 치료하기 시작하였다. 이것이 정신분석법이며 오늘날의 정신분석학이라는 학문을 구축하였다.

특히 철학에서의 영향은 매우 충격적이었다. 왜냐하면 그의 연구는 오랫동안 고민거리였던 인간의 문제를 해결하여 주었기 때문이다. 그동안 인간과 동물을 구분하는 잣대를 흔히 이성에 두었는데 이를 뒤엎은 것이다. 당시에는 인간만이 이성을 사용하여 감정을 조절하고 통제하며 그것을 통하여 인간이 발전할 수 있다는 것이 지배적인 견해였다. 그러나 프로이트는 이성으로 인간과 동물을 특징짓는 것이 아니라 마음속에 있는 욕망에 의해서 좌우된다고 했다. 물론 자신조차도 알 수 없는 욕망이라는 것이다.

다시 말하면 인간은 이성을 통해 합리적으로 움직이는 것이 아니라 무의식에 의해서 행동과 정서를 규정한다는 의미이다. 이는 거대한 빙산이 수면 위로 드러난 일각을 제외하고는 바다 깊숙한 곳에 잠겨 있어서 보이지 않는 것처럼 인간도 자신의 무의식을 알아차리지 못한다는 뜻이다. 따라서 내면적인 문제를 찾아내어 치료함으로써 인간의 행동과 정서를 움직일 수 있다고 했다. 그 예로 프로이트는 신경증을 연구를 하다가 도리어 자기 자신에게도 신경증이 오자 자기분석을 통하여 신경증에 대한 비밀을 풀어 낼 수 있었다.

그는 갓난 아기시절에 자기의 어머니의 몸을 보고 매력을 느꼈으며 자기 조카를 성적 대상으로 느꼈다. 또한 어머니의 사랑을 받고자 노력하던 중에 남동생이 죽자 오히려 기쁨을 느꼈다. 이러한 무의식이 후에 자신의 성격이나 욕망으로 자리 잡고 있다는 것을 깨달았다는 것이다.

그를 유명하게 한 저서로는 1900년에 출간된 『꿈의 해석』을 비롯하여 『히스테리연구』, 『정신분석입문』, 『자아와 이드』, 『일상생활에서의 정신 병리학』, 『불안의 문제』 등이 있다.

1. 인간의 행동은 빙산 아래에 있는 무의식이 존재하여 꿈이나 실수, 강박행위 등에 의해서 나타난다. 무의식

인간은 자기도 모르는 무의식에 의하여 행동을 지배받는다. 무의식은 의식에 영향을 미치기는 하나 꿈이나 정신분석의 방법을 통하지 않고는 의식화되지 않는 의식을 말한다.

프로이트는 자신의 무의식에 관한 이론을 체계화하기 위하여 꿈을 해석하는 것이 유용하다고 했다. 인간은 평소 자기 자신의 내면 깊은 곳에 숨어있는 무의식을 꿈을 통하여 배출하기 때문이다. 이와 같은 내용은 『꿈의 해석』을 통하여 무의식이 존재한다고 하였으며 히스테리는 환자의 무의식에 있는 마음의 상처(트라우마, trauma)를 발견하여 치료할 수 있다는 것이다. 트라우마는 원래 사고나 폭력 등 주로 외상(外傷)의 뜻으로 쓰이나 여기서는 신체적 외상보다는 심리학과 정신의학에서 말하는 심적 · 정신적 외상(Psychological Trauma)을 의미하는 말로 쓰인다.

프로이트는 이러한 무의식을 '의식(意識)'과 '전의식(前意識)', '무의식(無意識)'의 개념으로 설명하였다. 프로이트는 '의식(意識)'을 남극 대륙에 있는 빙산에 비유했다. 빙산은 수면 위에 작게 드러나 있어도 수면 아래에는 엄청난 크기의 밑바닥이 존재하듯이 우리가 의식적으로 행동하는 것은 극히 작은 일부분이라는 것이다.

'전의식(前意識)'은 빙산과 수면이 맞닿아 있는 부분의 약간 아래를 말하며 가끔은 드러났다가 사라지는 부분을 말한다. 이는 꿈이나 실수 그리고 강박에 의해 표출된다.

'무의식(無意識)'은 빙산의 아랫부분으로 좀처럼 드러나지 않는다. 행위의 당사자도 자신의 행위 동기를 전혀 알지 못한다. 이것은 성충동과 밀접하여서 어떠한 감각을 동원하여도 파악할 수 없다. 이러한 영역을 독일어로 '그것(das Es)'이라고 부른다.

인간은 어떤 행위를 할 때 항상 의식에 의해서 하는 것이 아니라 무의식인 심리상태로 실수를 하기도 한다. 다시 말하면 어떤 행위를 하면서 과거의 불쾌한 행위를 잊어버리는 경우를 종종 발견할 수 있다. 예를 들면 친한 친구에게 자기의 소중한 것을 빼앗겨 버렸을 때 우리는 그를 가끔씩 그의 이름을 잊어버리기도 한다는 것이다. 이것은 단순한 실수가 아니라 무의식적으로 그를 원망하고 있다는 표시이며 망각을 통하여 다시는 그를 떠올리고 싶지 않다는 심리를 반영한다. 반대인 경우도 마찬가지다. 그랬던 친구가 자기에게 고마운 행위를 하였다면 그때까지 무의식적인 동기가 사라지면서 그의 이름이 다시 기억나기도 한다. 이는 망각에서 벗어났다는 것을 의미한다.

그는 어느 회의에서 개회를 선언해야 하는 사회자가 빨리 끝내고 싶다는 무의식적 욕구가 작용하여 자신도 모르게 '폐회를 선언하겠습니다.'라고 말해버린 사례를 들었다. 또한 기록의 오류도 무의식의 표현으로 간주하였다. 프로이트는 맹독성 세균을 훔친 살인자가 이전에 적었던 편지에서 '쥐를 대상으로 한 실험에서'라고 써야 하는데 자신도 모르게 '인간을 대상으로 한 실험에서'라고 기록하고 말았던 사례를 들었다. 깜박 잊어버리는 것도 생각하고 싶지 않다는 자신의 본심을 표출한 것이라고 보았다.

꿈은 인간에게서 중요한 부분을 차지하고 있다. 꿈을 꾼다는 것은 생명이 존재한다는 것을 의미한다. 그런데 이러한 꿈은 여러 형태로 나타나곤 한다. 꿈의 종류를 살펴보면 다음과 같다.

첫째는 전생몽(前生夢)으로서 태어나기 전의 자기 모습을 꾸는 것으로 전생 중 가장 인상적인 장면을 꿈을 꾸는 것이다 그 사람은 전생에 수행자(修行者)였던 경우가 많다.

둘째는 천상몽(天上夢)으로서 하늘나라의 모습을 꿈으로 보는 것이다. 온갖 꽃들이 만발한 꽃동산을 거닐기도 한다. 컬러 꿈으로 나타나는 경우가 높으며 길몽(吉夢)이라 할 수 있다.

셋째는 선몽(先夢)으로서 다른 말로는 예지몽(豫智夢)이라 하며 앞으로 일어날 일을 미리 상징적으로 꿈을 통하여 미리 알려주는 것이다. 선몽은 남자보다는 여자들이 많이 꾼다는 것이 특징이다.

넷째는 주사야몽(晝事夜夢)으로서 낮에 일어난 일들이 밤에 꿈으로 나타나는 것으로 대개 잠재의식의 발로라고 할 수 있다.

다섯째는 상사몽(相思夢)으로서 어떤 행위를 간절하게 생각하면 그 일이 꿈에 나타나는 경우로 예쁜 여자 친구를 그리워하거나 사귀고 싶다고 생각하면 그 꿈에 나타나는 경우이다. 이는 데이트하는 남녀가 헤어지면서 '내 꿈만 꿔!'라고 말하면 실제로 꿈에 나타나는 경우에 해당된다고 볼 수 있다.

마지막으로는 사대불화몽(四大不和夢)으로서, 사대(四大)란 지(地), 수(水), 화(火), 풍(風)을 말한다. 이는 체내에 있는 사대(四大)가 조화를 이루지 못해 심신이 불안한 상태에서 일어나는 꿈으로 평상시에 불안을 느끼는 경우에 많이 꾼다. 이러한 예의 꿈은 자신이 날아다니거나, 갑자기 산이 무너지거나, 뒤에서 무서운 동물들이 쫓아오는 꿈으로서 일종의 불안 심리에 의해 영향을 많이 받는 일종의 개꿈이다. 즉 정신과 육체가 따로 논다는 의미를 가지고 있어서 일어나는 꿈의 한 종류라는 것이다.

프로이트는 이러한 꿈을 통하여 인간의 무의식이 행동에 많은 변화를 일으키는 작용을 한다고 했다. 꿈은 두 가지로 나눌 수 있는데 하나는 명시적 내용으로 꿈을 의식하여 환자가 해석할 수 있는 것을 말하며 나머지 하나는 잠재적 내용으로 정신분석학에서 매우 중요하다. 이 꿈의 내용은 숨겨져 있거나 무의식적인 의미를 가지고 있다. 프로이트에 의하면 꿈은 무의식을 표현하며 의식 수준에 있는 꿈은 과장되었거나 상징적인 것이 된다.

꿈은 다양한 방법으로 가공되고 변형되어 드러나므로 꿈을 분석할 경우에는 잠재적인 내용을 드러내기 위하여 명시적인 내용을 규명하고 분석해야 한다. 그러기 위해서는 각각의 사실에 대하여 자유연상을 시키고 이를 통해서 가공하기 이전의 내용을 해석해야 한다. 꿈을 분석하는 데 있어서 꿈속의 내용을 그대로 해석해서는 안 된다는 것이다.

정신 분석적 치료과정에서의 중요한 단계는 무의식적인 내용을 현재의 상태에서 다룰 수 있도록 개방하는 것이다. 즉 억압된 충동, 원망과 갈등을 의식의 수준으로 끌어올려야 한다는 것이다. 이러한 과정을 통해 환자들은 자신의 깊은 정서적 본질에 대해 교육적 경험을 하게 된다. 자기인식, 정직, 충동에 대한 올바른 통제, 효율적인 대안관계, 자신의 가능성에 대한 현실적인 평가, 변화될 수 없는 것을 수용할 수 있는 능력을 키운다는 것이다.

2. 'id(본능)'에서 'super ego(초자아)'로 전환하자. 정신의 구조

프로이트가 무의식적 정신세계를 처음으로 알게 된 계기는 히스테리 환자를 대상으로 최면상태에서 치료한 경험에서 비롯되었다. 최면상태의 환자는 종종 히스테리 증상의 원인으로 보이는 불쾌나 고통이 수반되는 과거의 경험을 생각해 내면서 그 체험에 따른 분노나 공포감을 폭발시켰다. 사실 이러한 감정은 그 환자의 각성상태에서는 발견할 수 없었던 모습이었다. 왜 이런 감정이 환자의 의식세계로부터 멀리 있었던 것일까? 이에 대해 프로이트는 무의식적 정신의 어느 부분은 의식과는 상충되는 내용, 즉 의식이 인정하고 싶지 않는 심적 내용이며, 이것이 무의식의 세계에 머물게 된다고 보았다. 그래서 '무의식'이란 그 사람이 생각하거나 욕구를 느끼는 가운데 본인이 인정하고 싶지 않은 성질이 의식으로부터 방출되어 버린 것, 즉 억압되어 버린 것이라고 간주하였다.

프로이트는 사람의 정신 세계를 '이드(id)', '자아(ego)', '초자아(super ego)'라고 하는 3개의 부분으로 나누면서 이것들의 상호 역학관계를 통해 심리현상을 설명하였다. 먼저 이드(id)라는 용어는 영어의 'it'에 해당하는 라틴어이며 원자아, 혹은 원초아라고도 번역한다. 'it'은 욕망과 충동의 덩어리를 뜻한다. 성격 가운데 무의식적·충동적 측면이며, 모든 에너지의 공급원으로 보았다. 이드를 구성하는 내용에는 생득적인 것과 후천적이 것이 있다. 생득적인 것에는 주로 다양한 본능적 충동이 있으며, 후천적인 것에는 어릴 때 억압된 여러 가지 관념 등이 있다. 이드는 가치나 도덕의 판단이나 선악의 구분을 하지 않고 쾌감이나 본능의 원칙에 따른다는 속성을 갖고 있다. 이를 '리비도(libido)'라고 부른다. 이것은 의식으로 들어와 어떤 욕망으로 표현되지만 억압으로 조절된다.

자아(ego)는 성격의 의식적인 부분이며 행위와 사고의 주체자 역할을 하기 때문에 현실원칙에 따라서 이드의 쾌락원칙을 억제하여 현실 조건에 부합하는 행동을 하도록 하는 기능을 갖고 있다. 즉 욕망을 조절하는 것이 자아라는 의미이다.

프로이트는 이들의 관계를 말(馬)과 기수(騎手)로 표현하였는데, 이드를 천방지축으로 날뛰는 말로, 그러한 말의 무절제한 행동을 적절하게 조절·통제하는 기수를 자아로 각각 비유하였다. 이런 자아에는 내적 욕구와 외적 조건을 검토하는 인식기능, 인식기능을 통해 전달된 정보를 토대로 행동의 의사를 결정하는 집행기능, 개개인의 판단과 행동이 통일성을 갖도록 하는 통합기능, 끝으로 자신의 내적 욕구로 인해 현실적인 해결책을 얻지 못할 경우 자아의 통합성을 유지하기 위해 지원하는 자아방어 기능이 있다.

초자아(super ego)는 성격 가운데 도덕심이나 양심에 해당한다. 쾌감의 원칙만을 추구하는 이드에 대해서는 성충동(리비도)이나 공격충동이 함부로 표출되지 않도록 공포나 불안을 생성하여 통제한다. 그리고 현실적 계산으로 인해 타산적으로 기울기 쉬운 자아에게는 도덕적 죄악감을 각성하여 그 행동을 통제한다. 그런데 이런 엄격한 윤리적 기준을 가진 초자아라고 할지라도 그 정도가 너무 강하면 끊임없이 자기 자신의 행동을 점검하지 않으면 안정이 안 되는 강박신경증적 상태에 빠지거나 비현실적인 자기비판의 수렁에서 헤어 나오지 못해 우울상태가 되어버리기도 한다. 그러므로 자아를 강화시키면서 유연성을 갖도록 하는 것이 중요하다.

따라서 우리의 행동은 본능, 욕구 등의 충동으로부터 벗어나 도덕적이고 윤리적인 행위로 옮겨갈 필요가 있으며 반드시 지향하여야 할 것을 요구할 수 있다.

심리성적 발달단계(psychosexual stage), 성격형성은 5세 이전에 가졌던 경험이 중요하다.

프로이트는 인간이 강한 생물학적인 충동, 즉 본능을 선천적으로 타고난다고 보았으며 또한 인간의 성격을 구성하는 '원자아(id)', '자아(ego)', '초자아(superego)'를 제시하였다.

프로이트는 초기의 발달경험이 후에 영향을 주는데 어렸을 때의 성적만족의 정도에 따라 성격형성에 많은 영향을 미친다고 했다. 쉽게 말하면 연령이 변화함에 따라 성적 본능인 '리비도(libido)'가 집중되는 신체부위가 달라지며 이러한 발달단계에 따라 성적 욕구나 욕망이 달리 나타난다는 것이다.

이러한 발달의 특징을 종합하여 보면 첫째는 성적 쾌락추구의 장소와 쾌락추구의 결과들에 기초하여 발달이론을 구성했다. 그의 이론은 심리성적 단계(psychosexual stage)이론이라 불리기도 한다. 둘째는 5~6세 이전의 경험을 중시하였으며 이때의 부적절한 경험이 성격을 그 단계에 고착(fixation)시킨다고 하였다. 고착이란 연령이 증가함에도 불구하고 적절한 만족을 얻지 못한 단계의 성격특징이 지속된다는 의미이다.

구순기(口脣期, oral stage), 입을 통한 만족의 유무에 따라 성격발달에 영향을 준다.

구순기 혹은 구강기라고 하는 단계는 출생부터 1세까지로 한자(漢字)에서 나타났듯이 입으로 쾌락을 얻는 시기이다. 생후 1년 동안은 입이 성적, 공격적 욕구 충족을 하는 신체 부위가 된다는 것이다. 이 시기에는 입, 입술, 혀, 잇몸 등을 자극하는 데서 만족을 느끼기 때문에 빨고 삼키고 깨물면서 만족을 얻는다. 출생 후 6개월 동안은 음식을 빨고 삼키는 데서 쾌감을 느끼지만 6개월 후 이가 나면서부터는 이유(離乳)의 좌절감을 깨무는 것으로 해소하며 쾌감을 얻는다. 구순기에는 수동적으로 어머니의 보살핌을 받으며 생활하기 때문에 유아는 의존적이고 다른 사람으로부터 분화되지 않은 상태이다. 특히나 구순기 전반기에는 유일한 접촉대상이 어머니이므로 어머니에게 합일(合一)하고 접근하려는 경향이 있다. 그러나 구순기 후반에는 이유로 인한 욕구불만 때문에 어머니에게 애정과 우호적 태도를 갖는 동시에 적대적이며 파괴적인 태도를 갖게 된다. 이때 유아는 최초의 양가감정(ambivalence)을 경험하게 된다. 구순기 동안 신체적으로나 정서적으로 무시당하거나 박탈당한 아이는 성인이 된 후 충족되지 못한 사랑과 보살핌에 대한 강한 갈망을 경험하기 쉬우며 타인에 대한 강한 불신으로 대인관계가 어려울 수 있다. 프로이트에 의하면 구순기 전반기에 좌절 혹은 방임(放任)을 경험하면 구순 수동적(口脣受動的) 성격이 된다. 이 성격은 낙천적이고 타인에게 의존적이며 모든 걸 희생해서라도 인정을 받고 싶어 한다. 이 유형의 사람이 심리적으로 적응하는 양식은 수동적이고, 미성숙하며, 과도한 의타심을 보이고, 잘 속는다. 반면 구순기 후반기에 고착되는 구순(口脣) 공격적(攻擊的) 혹은 구순 가학적 성격의 특징은 논쟁적이고 비꼬기를 잘하며 타인을 이용하거나 지배하려 한다.

항문기(肛門期, anal stage), 배변훈련이 성격발달에 영향을 미친다.

항문기는 입술을 통한 만족으로 긴장감을 해소했던 리비도의 방향이 항문으로 이동하는 발달단계로 대소변을 가리는 훈련이 시작되는 1~3세까지를 말한다. 이 시기에는 배변훈련을 통해 성격이 형성되며 괄약근의 발달로 아동은 자기가 원하는 대로 배설하거나 보유할 수 있다. 배변훈련이 시작되면서 아이의 본능적 충동은 양육자에 의해 통제된다. 즉 아이가 부모에 의해 배설하기에 적당한 시기와 장소를 통제받는다는 것이다. 이때 리비도(libido)가 항문 영역으로 향한 아이와 대소변을 가려 청결습관을 기르려고 하는 부모 간에 일종의 싸움이 전개되고 아이가 부모의 현실적 요구에 대응하면서 자아가 발달한다.

따라서 부모는 배변훈련을 통하여 옳고 그름을 분명하게 말하면서 아이가 부모의 말에 동조하면서 행동하도록 기대하여야 한다는 것이다. 배변훈련이 성공하면 아이는 사회적 승인을 얻는 쾌감을 경험하며 창조적이고 생산적인 성격 특성이 발달한다.

어떤 아이는 본능적 충동의 만족을 방해하는 외적 통제에 반항하기 위해 부적절한 때나 장소에 배설하거나 몇 시간씩 변기에 앉아 애를 태우게 하는 식으로 부모를 조종하는 행동을 한다. 항문기는 아이가 처음으로 사회의 기대에 순응하라는 요구에 직면하는 단계이다. 항문기에 이르러서는 타인에게 의존하는 것이 줄어들고 스스로 활동하며 환경을 조절할 수 있으며 운동력과 판단력도 발달하게 된다. 언어발달로 인해 예측할 수도 있고 생각도 하게 되어 타인과 의사소통이 가능해진다. 이 시기에 유아는 외부세계만 잘 다루게 되는 것이 아니라 자기 자신에 대해서도 통제할 수 있게 된다. 항문기의 경험을 통해 아이는 의존에서 벗어나 자기조절(自己調節, Self-control), 자립(自立, self-support), 자부(自負, self-confidence), 자존(自存, self-existence) 등을 배우게 된다. 한편 항문기와 관련해 문제가 발생하기 쉬운 경우는 지나치게 엄격하고 전적으로 통제하려 하며 감정적으로 억압되어 있는 가정환경이다. 이런 가정에서는 아이가 자신의 주장이나 공격성을 표현하면 제재가 가해진다.

이와 같이 자신의 감정을 마음대로 표현할 수 없는 좌절감과 분노를 반복 경험하면서 성인이 되면 감정적으로 완고하고 냉정해 보이는 특성을 갖기 쉽다. 부모가 너무 일찍 혹은 너무 심한 배변훈련을 시켜 항문기에 고착되면 고집이 세고 인색하며, 복종적이고 시간을 엄수하며, 지나치게 청결한 특징을 가진다. 또는 정반대로 잔인하고 파괴적이며, 난폭하고 적개심이 강하며, 불결한 특징을 보이기도 한다.

남근기(男根期, phallic stage), Oedipus complex와 Electra complex

남근기는 리비도(libido)가 자신의 성기를 통해 성적 만족을 얻는 시기이다(3~6세). 여러분의 조카나 어린 동생들을 보면 이 시기에 자신의 성기를 만지는 것을 볼 수 있는데 이러한 경우는 모두 이유가 있는 행동이다. 이 시기부터 원초아, 자아, 초자아는 역동적으로 작용하기 시작한다. 남근기의 아동은 이성의 부모에게 성적 관심을 갖게 되면서 동성의 부모에게 성적 동일시를 하므로 남자 아이는 남자답게 굴고 여자 아이는 여자답게 행동하려고 애쓴다. 즉 남녀의 성 역할(sex role)이 자리를 잡는 시기이다.

이 시기는 사랑이라는 감정이 생겨나는데 주요대상은 부모이다. 남자 아이는 어머니에게 사랑을 느끼게 되며 아버지를 견제하려는 경향이 있다는 것이다. 프로이트는 이것을 오이디푸스 콤플렉스(Oedipus complex)라고 하였다. 남자 아이는 어머니에 대한 근친상간(近親相姦)적 욕구가 아버지에게 발각되어 성적 활동기관인 남근을 거세당할까봐 두려워하는 거세불안(castration anxiety)을 경험하게 된다. 전단계인 항문기에는 외적인 금지에 대항하여 자신을 방어했지만 남근기에는 내적인 금지에 대항하여 자신을 방어한다. 한편 여자 아이가 아버지를 좋아하고 어머니를 싫어하는 경향은 엘렉트라 콤플렉스(Electra complex)라고 일컬어졌다. 여자 아이는 이 시기에 남근을 부러워하는 남근 선망증(penis envy)의 심리 상태를 보인다. 오이디푸스 콤플렉스와 엘렉트라 콤플렉스는 양가 감정을 초래한다. 즉, 아동은 이성의 부모로부터 독점적인 관심을 받고 싶어 다른 쪽 부모가 떠나거나 죽기를 바라는 동시에 이성의 부모에 대한 연모가 동성의 부모로부터 적대감이나 보복을 초래하지 않을까 두려워하거나 혹은 사랑하는 부모가 그 사랑을 철회하지 않을까 걱정한다. 프로이트는 남근기에 초자아가 확립되는 것이 오이디푸스 콤플렉스의 결과라고 했다. 남아의 경우 오이디푸스 콤플렉스를 거세불안으로 극복하고, 결과적으로 근친상간(近親相姦)의 본능을 억압하면서 초자아가 발달한다는 것이다. 위험한 성적 충동을 통제하기 위하여 아동은 부모의 가치관을 그의 성격에 합치시키는 것이다. 한편 남근기 동안 일어날 수 있는 다양한 외상(trauma)경험, 예컨대 정서적, 신체적, 성적 학대나 부모의 상실 등은 신경증의 원인이 되기 쉽다. 또한 남근기에 고착된 남자는 경솔하고, 과장이 심하며, 야심이 강하고 여자는 난잡하고, 유혹적이며, 경박하다.

잠복기(潛伏期, latency stage), 모든 만족 활동이 수면 밑으로 숨어버리는 시기

잠복기는 6~12세까지의 시기이다. 리비도(libido)의 신체적 부위는 특별히 한정된 데가 없고 따라서 성(性)적인 힘도 잠재(潛在)된다. 즉 모든 만족 활동이 수면 밑으로 숨어버리는 시기라고 할 수 있다. 이 시기에는 오이디푸스적 근심(謹審)으로부터 비교적 자유롭지만 그 감정은 무의식 속에 계속 존재한다. 다시 말해 이 시기에 원초아(id, 본능)는 약해지고 자아와 초자아는 강력해진다. 성격에서 이루어지는 주요 발달은 초자아의 기능이다. 리비도의 지향대상은 친구, 특히 동성의 친구에게로 향하고 동일시의 대상도 주로 친구가 된다.

이 시기에는 부모로부터 일시적으로 떠나 가까운 동료들과의 활동에 집중되므로 주로 지적인 활동, 운동, 친구와의 우정 등에 집중된다. 특히 잠복기에는 신체의 발육과 성장에 에너지가 집중되므로 리비도의 본능적 욕구형태인 성적 관심이 약하다. 그런데 이 시기에 성적 억압을 과도하게 하면 수치심, 도덕적 반동 형성, 혐오감에 빠질 수 있다.

잠복기에 고착되면 성인이 되어서도 이성에게 정상적인 친밀감을 갖지 못한다. 예를 들어, 동성 간의 우정에 고착되어 버리면 생식기에 가서도 큰 난관에 부딪쳐 급기야 동성애로 발전할 수 있다. 또는 이성과의 성적 관계를 회피하고 정서적인 감정 없이 단지 공격적인 방식으로 성적 행동을 하기도 한다.

생식기(生殖期, 性器期, genital stage), 질풍노도(疾風怒濤)의 시기(始期)

생식기(生殖期)는 성기기(性器期)로도 번역하는데 연령은 12세 이후인 사춘기(思春期)에서 성인기 이전까지를 말한다. 이 시기는 신체적 · 생리적 변화가 가장 심한 시기로 질풍노도(疾風怒濤)의 시기(始期)라고도 한다.

이 시기는 그동안 억제되었던 성적(性的), 공격적인 충동이 크게 일어나고 그로 인하여 혼란(混亂)과 혼돈(混沌)을 겪는 격동의 기간이라 볼 수 있다. 따라서 이전의 방어 방식들이 부적절해지면서 광범위한 재적응이 요구된다.

생식기는 사춘기 전기와 사춘기로 나뉜다. 사춘기 전기는 12~13세부터 시작되며 성적(性的) 성숙을 준비하는 시기이다. 이 때의 리비도(libido)는 다시 유아기의 애정 대상을 지향한다. 프로이트는 남녀가 부모를 대상으로 하는 데서 떨어져 중년 남성이나 여성에게 끌리는 심리를 제2의 오이디푸스 콤플렉스 현상이라 보았다. 사춘기 전기 청소년은 동물적인 쾌락추구에 몰두하거나 자아를 지나치게 표면에 내세우는 경향을 보인다. 즉 원초아(id, 본능)가 우세할 때는 과도하게 쾌락추구에 몰두해 사춘기 특유의 공격성, 야수성, 범죄행동이 왕성해지고 반대로 자아가 너무 표면화되면 불안이 심해지고 금욕주의, 지성화의 경향이 강해져서 원초아를 억제하고 자아를 방어하려고 애쓰게 된다.

사춘기는 성적 성숙이 이루어졌기 때문에 사춘기 전기의 불안정성이 사라진다. 성적 대상으로서 부모에 대한 관심이 사라져 사춘기 전기까지 있었던 오이디푸스 콤플렉스적인 공상에서 벗어난다. 관심이 가족으로부터 멀어지고 가족 밖에서 연장자와 친교를 갖게 되며, 이성을 향한 성욕 충족을 추구하게 된다. 이성에 대한 성적 욕구는 다른 활동을 통해서 승화되기도 한다. 독서, 운동, 자원봉사 등은 흔히 도덕적 규범이 강한 사회의 청소년들이 성욕을 승화시키는 대체활동이 된다. 이상적인 생식기의 성격발달을 위해서는 근면을 배워야 하고 즉각적인 만족을 지연시켜야 하며, 책임감이 있어야 한다. 아동기 초기에 경험한 심각한 외상(trauma)으로 인해 성적 에너지의 고착이 있으면 생식기에 적응하기 어렵다.

프로이트는 각 발달단계에서 성적 고착행위가 생기면 부적절한 행동이 나타나며 결국은 좋지 않은 성격으로 바뀔 염려가 있다고 했다. 부모들은 이 시기의 특징들을 잘 이해하여 아이들이 바람직한 방향으로 성적 욕구를 해소함으로써 건전하고 성숙한 성격으로 전환시킬 필요성이 있다는 것이다. 이러한 변화의 발달 단계는 생물학적으로 이미 예정된 일이며 모든 인간에게는 누구나 일정하게 일어난다고 보았다.

제4장

20세기가 열리면서 정신착란과
매독에 의해서 쓰러진

니체

(Friedrich Wilheim Nietzsche, 1844~1900)

현대 독일이 자랑스러워하는 철학자 중 한 명인 니체는 20세기가 열리는 해에 사라진 위대한 인물이다. 그는 당시를 지배하였던 기독교를 매우 비판하였고 다가올 20세기는 어떠한 세계가 도래할 것인가를 냉철하게 예언하였다. 그를 예언적 사상가 혹은 단편적 사상가로도 부른다. 그 이유는 그의 저서의 대부분은 어떠한 현상들이 떠오를 때마다 미리 적어놓았다가 후에 책으로 엮어낸 경구(警句, aphorisms)들로 구성되어 있기 때문이다. 경구는 어떤 사상이나 진리 따위를 예리하고 간결하게 표현한 어구를 말한다.

니체는 인간이 이제까지 이루어낸 가치 체계는 20세기 이후에는 사라질 것이며 세계는 전쟁과 권력투쟁으로 얼룩진 역사로 바뀌어 갈 것이라고 했다. 이러한 내용들은 그의 사상에서 현대문명에 대한 비평, 삶의 철학, 실존주의적인 요소들이 나타나고 있기 때문이다.

니체는 독일의 작센(Sachsen)지방의 뢰콘(Rockon)에서 목사의 아들로 태어났다. 그의 성장과정은 매우 독특한데 아버지와 할아버지 모두 목사를 지낸 가정에서 태어나서 누구보다도 기독교 문화의 영향을 받고 자라났으며 그의 부모가 돌아가시자 여자들에게 둘러싸여 어린 시절을 보냈다.

그는 본 대학과 라이프치히대학에서 쇼펜하우어의 철학을 통하여 이성주의를 비판하고 무신론을 주장하였다. 24세에 비록 박사학위는 없었으나 바젤대학의 철학교수로 10여 년 동안 재직하였고 건강을 이유로 사직하였다. 그의 건강악화는 젊은 시절 방탕한 생활이 그 원인이 되었으며 1870년 보불전쟁—프로이센과 프랑스와의 전쟁으로 1870년에 프로이센의 승리로 독일제국을 선포한 전쟁—에 참전하였다가 이질(痢疾, dysentery)에 걸려 병마와 싸우다가 결국 1900년 8월 25일에 세상을 떠났다. 항간에는 그가 젊은 시절 술과 담배와 문란한 여자관계에 의한 매독으로 인하여 사망했다는 주장도 제기되고 있다.

특히 그의 사상에 영향을 준 철학자는 쇼펜하우어(Arthur Schopenhauer, 1788~1860)였으며 그의 사상과 서로 다른 입장을 보인 것이 특이하다. 쇼펜하우어에게 '의지'라는 것은 맹목적이므로 우리의 삶은 비극일 수밖에 없었던 것에 반하여 니체에게 '의지'는 권력에의 의지이기 때문에 우리의 삶은 충만하게 된다는 입장의 차이를 나타내었다. 한편 니체는 당시의 유명한 음악가와도 친분이 있었으나 그리스도를 숭배하고 권력과 결탁했다는 이유로 결별하게 되었다.

그의 주 저서로는 『비극의 탄생』, 『인간적인 너무나 인간적인』, 『자라투스트라는 이렇게 말했다』, 『선악의 피안』, 『이 사람을 보라』, 『권력에의 의지』 등이 있다.

1. "신은 죽었다. 초인(超人)은 땅의 의미이니 땅에 충실하라."

니체는 2000년 동안 서구를 지배한 그리스도 사상을 전면 부인하면서 "신은 죽었다. 초인은 땅의 의미이니 땅에 충실히 하라."라고 선언하였다. 이 말은 『자라투스트라는 이렇게 말했다』의 서설에서 나오는 말로 니체 철학의 출발점이 된다. 그렇다면 여기에서 나오는 초인(超人)은 어떤 인물을 말하는 것일까?

초인이라는 용어는 니체는 말하기를 "인간 동물과 초인 사이에 맺어진 밧줄이다. 심연 위의 밧줄이다. 건너기도 위험하고 서있기도 위험하다. 신은 죽었다. 이제 우리는 초인이 태어나기를 기대한다."라는 의미로 본다면 인간은 신을 찾고 신을 향하는 존재가 아니라 인간에게 출발하여 인간으로 돌아오는 존재라는 것이다.

이를 쉽게 말하면 초인이라는 것은 삶의 목표라는 것이다. 초인에 대하여 설명을 하자면 다음과 같다.

첫째로 초인(超人)이라는 것은 대지(大地)를 말하며 천국을 동경하는 자들에 귀 기울이지 않는 자이며 이곳 혹은 이 땅에 충실한 자를 의미한다. 초인(超人)이란 인간이 지향해야 할 새로운 목표로 삼으며 성품이 좋고 힘이 넘치는 사람이다. 그리고 이곳에 초인이 가득 차게 하도록 이 땅에 충실한 사람을 말한다.

둘째로 초인(超人)이란 신의 죽음을 확신하는 사람이다. 따라서 신의 죽음을 선언하면서 신 없이도 살아갈 수 있는 자주적이고 독립적인 존재이다. 이는 신은 죽었고 신에 대한 믿음이 사라졌으므로 인간에게 새로운 길인 창조적 힘을 발휘할 길이 열렸다는 것을 의미한다. 이제는 신의 명령과 금지는 더 이상 힘을 발휘할 수 없다는 것이다.

이처럼 니체가 신을 거부한 이유는 기독교는 더이상 인간을 이롭게 하지 않고 오히려 자유로운 발전을 방해한다는 것이다. 왜냐하면 기독교는 인간을 연약하고 순종하며 비겁하게 만든다고 생각했기 때문이다.

이제까지 기독교 위에서 정립되었던 사랑, 용서, 겸양과 같은 가치들은 약자를 위한 노예도덕으로 군림하게 만들었으며 따라서 국민성까지도 무력하고 나약하게 만들었다는 것이다. 따라서 니체는 당시의 나약한 유럽인들이 권력의지를 통하여 '초인'을 지향하도록 하여 강자를 위한 주인의식을 가질 수 있는 주인의 도덕으로 세워야 한다고 했다.

셋째로 니힐리즘(nihilism)을 벗어나기 위해 신의 죽음을 선언한 사람이 초인이라고 했다. 니힐리즘은 무(無) 또는 '아무도 없다'는 뜻의 니힐(nihil)에서 유래된 말로서 절대적인 진리나 도덕, 가치 등은 존재하지 않는다고 보아 기존의 가치와 권위를 부정하는 허무주의(虛無主義)를 말한다. 이러한 사상은 인생에는 어떠한 가치와 의미가 없어서 쾌락을 탐닉하거나 무관심에 빠지는 것과, 반대로 무(無)를 무로서 인정함으로써 자유를 탐구하고 갈구하는 것이 있다. 전자는 수동적 니힐리즘이라 말하며 후자는 능동적 니힐리즘이라고 한다.

니체는 이전까지의 기독교를 근간으로 하는 삶의 방향과 목적의 상실로 유럽의 오랜 전통사회가 붕괴되어 사람들이 삶이 헛된 것을 깨닫고 "모든 것은 의미가 없다.", "모든 것이 허위다."라고 느끼게 되었다는 것이다. 따라서 니힐리즘을 극복하기 위해 초인을 내세워서 삶을 긍정적으로 강인하게 살아갈 수 있어야 한다고 했다.

니체는 니힐리즘의 도래는 기독교의 몰락을 의미는 동시에 새로운 시대가 왔다는 것을 의미하므로 새로운 유형의 인간인 초인이라는 자유로운 인간을 기다렸다.

2. "야수는 결코 살해된 것이 아니다. 그것은 살아서 번성하고 있다. 다만 가축으로 변형되어 있을 뿐이다." 주인의 도덕과 노예의 도덕

니체는 그의 저서『선과 악을 넘어서』에서 모든 사람들이 보편적, 도덕적 법칙인 절대적인 도덕적 가치를 주장하는 서구사회를 지배하는 기독교적인 윤리의식과 도덕체계를 신랄하게 비판하면서 주인의 도덕(master morality)과 노예의 도덕(slave morality)으로 구분하였다.

그는 "철학의 명예를 회복하기 위해서는 우선 도덕가들을 교수형에 처하는 수밖에 없다"라고 했다. 이는 이제까지의 철학자들은 보편적이고 도덕적인 규칙으로 인간을 옭아매는 방식으로 학문을 진행하여 왔으며 이로 하여금 인간의 생명을 말살시켜 왔다는 것이다. 이러한 일들을 철학자들과 기독교가 앞장을 섰다는 것이다. 특히 기독교의 윤리관들이 인간의 본질을 왜곡하여 인간은 약한 동물이며 삶은 고난의 연속이라고 주장하였다고 했다. 따라서 니체는 도덕에 반대하는 투쟁을 벌였는데 도덕이 삶을 죽이기 때문이라는 것이다. 현재 유럽의 사회는 기독교의 중심 아래 도덕이라는 괴물을 내세워 철학자들에게 미래에 나은 세계가 있음을 믿게끔 주도하였다는 것이다.

니체는 도덕을 주인의 도덕과 노예의 도덕으로 구분하였다.

첫째로 노예의 도덕(slave morality)은『도덕의 계보, 1887』에서

이 세계는 비도덕적이며, 도덕이라는 것은 허구이며, 우리가 원하고 꿈꾸는 유토피아라는 곳은 없다고 했다. 인간들은 절대적이고 보편적인 가치 아래 인간을 노예로 만들었다는 것이다. 노예들은 귀족적인 삶과 도덕적인 것들, 즉 행복, 고상함, 강인함, 미와 같은 선을 무가치하다면서 포기하였다는 것이다.

그는 노예의 특징을 알아내기 위해 원한(怨恨, resentment)이라는 개념을『도덕의 계보, 1887』에서 도입하여 설명하고 있는데 "도덕에서 노예의 반동은 원한과 더불어 시작되었다."라고 밝혔다. 이는 약한 사람들은 강한 사람들을 견제하기 위하여 박애, 사랑, 동정, 친절, 인내, 소박함, 절제, 비천함, 괴로움 등과 같은 덕들을 보편적인 덕으로 인정하고 자기들의 생존을 위하여 유익하도록 만들어서 강한 자들을 억제하고 죄악시하게 되었다는 것이다. 다시 말하면 노예는 힘없고 약하기 때문에 상대적으로 온화하고 여린 덕들을 앞에 내세워 강한 자들과의 생존을 위해서 선(善)으로 규정하고 인정해 왔다는 것이다. 이러한 것은 스스로에 대한 자신감이 없는 고대의 어리석은 노예들의 정신이며 자신과 같이 고통을 받는 사람들을 위로할 수 있는 덕목(德目)들이 선(善)이라는 것이다.

특히 유대인들은 착한 사람이라는 것은 가난한 자나 힘없는 자를 칭하며 기독교에서는 가난하고 비참하고 병든 자만이 하나님의 축복을 받을 수 있으며 힘센 자들은 하나님을 섬기지 않으므로 하나님의 축복을 받지 못하며 저주를 받는다고 교묘하게 설교를 하면서 스스로 노예도덕을 은연중에 심어주고 있다는 것이다.

둘째로 주인의 도덕(master morality)이라는 것은 월등한 사람의 도덕이요, 상승하는 사람들의 도덕이다. 이는 노예의 도덕과는 다르게 넓은 아량, 영혼, 고상함, 아름다움, 행복 등과 같은 것들을 선(善)으로 규정하고 따름으로써 삶을 긍정적으로 추구하는 영혼의 힘을 갖게 하는 강자들의 도덕이다.

이러한 도덕의식은 모두 허위이며 열등한 사람들의 생존을 위한 수단에 지니지 않으며 강한 자들은 이러한 노예의 도덕을 그대로 믿었다는 것이다. 이에 따라 니체는 약한 자들의 노예의 도덕에서 빨리 벗어나 강하고 충만한 주인의 도덕으로 회복해야 한다고 했다.

니체는 이러한 갈등, 즉 노예의 도덕과 주인의 도덕의 갈등은 노예의 도덕으로 승리하였으며 그 결과 자연의 본성인 권력에의 의지를 가진 사람들이 힘없고 저속한 사람들의 노예도덕에 무릎을 꿇어왔다는 것이다. 이는 "생명을 부정하는 쇠망의 도덕"이라는 것이고 유럽사회에서 통용되는 선과 악은 비겁한 자들이 만들어낸 허구일 뿐이라는 것이며 주인의 도덕으로 변환하여 오히려 악(惡)과의 대항으로 용기를 내어 싸워 이겨야 진정한 삶이라는 것이다.

또한 강한 자들의 원한(resentment)에서 본다면 인간은 "감상적 유약함에 저항해야" 한다는 것이다. 진정한 삶을 추구하기 위해서는 침해하고 착취해야 한다고 했다. 착취라는 것은 인간이 가지고 있는 본성이라는 것을 인정해야 한다는 것을 말한다. 인정하지 않는다는 것은 인간의 본성을 부정하는 것이며 이는 인간은 선하게 살아야 한다는 기독교 사상에 의해서 은연중에 인식되었다는 것이다.

따라서 기독교는 이제까지 어떠한 것보다 사악하며 어떤 거짓말보다도 고상한 거짓말이라고 했다. 기독교는 인류가 생긴 이래로 가장 퇴보된 문명이며 세치의 혀로서 일반 사람들을 현혹하기 때문이다. 그가 기독교 윤리를 비판하는 것을 요약하여 보면 첫째는 "원수를 사랑하라"라고 하는데 자연은 오히려 미움이나 경쟁을 통해서 살아간다. 둘째로는 모든 것에 앞서 신을 사랑하라는 말도 잘못되었다. 도덕은 인간을 위해 존재하기 때문이다. 셋째는 기독교는 인간으로 하여금 언제나 신을 사랑하고 스스로를 죄인임을 자처하게 함으로서 인간의 강인한 생명력을 약화시켰으며, 넷째는 기독교는 힘센 자들의 도덕성을 폄하시켰다는 것이며 다섯째는 지상에 대한 사랑을 증오하게끔 하였다는 것이다. 즉 지상이나 천국을 신성시하였다는 것이다.

결론적으로 인간의 도덕은 노예도덕에서 벗어나 하나의 새로운 시대를 맞이하여야 한다는 것을 예언했는데 이것은 주인의 도덕을 갖춘 새로운 초인을 말하며 부정적인 도덕을 가진 노예도덕에서 벗어나 새로운 시대의 인간을 갈망하는 시대가 올 것이라는 것이다.

3. 쾌락과 고통도 권력의지의 공변현상(共變現象)이다. 권력에의 의지(the will to power)

니체는 이제까지의 도덕을 부정만 하려는 것이 아니라 새로운 도덕을 세우고자 노력한 사상가였다. 그는 쇼펜하우어의 사상에서 벗어나 인간은 자신의 환경에서 벗어나 개선하려는 의지를 갖고 있다는 존재라고 했다. 즉 이것이 권력의지(the will to power)라는 것이다. 따라서 망치를 든 철학자 니체는 모든 전통적인 철학을 허물고 관념론적이며 기독교적 윤리관을 부수어 버렸다. 부서진 것은 다시 만들어야 하기 때문에 기존의 윤리관을 버리고 새로운 도덕을 수립해야 한다고 했다.

니체는 인간이 공통적으로 가지는 특징 중의 하나가 권력의지를 가지고 있다는 것이다. 이러한 권력의지는 "이 세계는 권력의지이며 그 밖에 아무것도 없다. (……) 나는 생명이 있는 것에서 권력의지를 발견한다. 생존의지가 아닌 권력의지를"이라고 설명했다. 생명체는 이러한 권력의지를 통하여 삶을 개선하고자 한다는 것이다. 행복, 복지, 동정과 같은 용어는 천한 사람들이 자기를 옹호하려는 용어에 불과하다는 것이다.

권력의지의 일반적인 성격은 이 세계는 환상이 아니며 언제나 드러내어 있어서 초월적인 것도 아니라는 것이다. 그는『선과 악을 넘어서, 1886』에서 "생명 그 자체가 권력의지"라고 밝혔다. 생명체를 가진 모든 사물들은 자기보존을 하려는 경향이 있다는 것이다.

이러한 활동적 힘의 원천인 권력의지는 살아있다는 것을 증명하게 된다.

니체는 자연에서도 권력의지가 나타난다고 했다. 자연의 유기체의 내부에서 나오는 강력한 힘이라는 것이다. 이러한 관점에서 다윈의 진화론을 비판하고 있는데 진화론은 환경을 너무 중시하였기 때문이다. 그는 생물체의 진화는 환경이 아니라 권력의지에서 나오는 강력한 힘에서 온다고 했다. 또한 자연선택(natural selection)은 강한 종(species, 種)이 유리하다는 자연도태설(自然淘汰說)은 아니며 오히려 우수한 종(種)은 사라지고 열등한 종(種)이 살아남는다고 했다. 즉 열등한 종(種)들은 각각은 약할지는 모르나 이들이 모여서 강한 힘을 발휘하면 오히려 살아남을 수 있다는 것이다. 예를 들면 바다에 사는 정어리들이 군집생활을 통해 상어로부터 자기를 더욱 강력하게 보존을 하기 때문에 오히려 살아남을 수 있다는 것이다.

니체는 쾌락과 고통도 마찬가지로 이전의 공리주의자들의 쾌락과 고통에 대한 설명과는 전혀 다르게 접근하고 있다. 이 또한 권력의지로서 설명하고 있는데 쾌락은 권력의지가 왕성하게 일어날 때를 말하며 고통은 권력의지가 사라질 때 나타난다고 한다. 즉 권력의지의 유무에 따라 생기고 사라진다는 것이다.

그러나 공리주의에서 말하는 쾌락은 선이고 고통은 악이라는 것과는 엄연히 다르다고 했다. 니체는 오히려 고통이 주는 유용함이 반드시 존재한다고 했다. 이는 고통이 권력의지에 자극이 될 수 있다는 것을 말하며, 즉 사람이 살아가는 데 있어서 장애와 방해물은 항상 생기게 마련인데 그것을 극복하기 위해서는 고통이 반드시 수반되며 이것을 극복하였을 때 쾌락을 가져올 수 있다는 것이다.

그는 과학도 권력의지의 작용으로 보았다. 이에 대하여 앞에서 설명하였듯이 절대적인 진리는 존재하지 않는다고 했다. 이것은 철학자들의 발명품에 불과하며 진리란 일종의 오류라는 것이다. 따라서 과학적인 진리들은 변화하는 현상에 부여하는 하나의 도식일 뿐이라고 했다.

이와 같이 니체는 이 지구상에 있는 모든 사물들은 권력의지로 설명을 하고 있다. 기존에 가지고 있는 모든 것들은 허구라는 것이다. 따라서 새로운 시대가 도래할 수밖에 없다는 것이며 이러한 시대에 소명(召命)하는 새로운 인간이 출현하여야 한다는 것이다. 이와 같은 인간이 바로 '초인'이며 초인의 시대를 열어갈 것을 주장하고 있다. 이러한 연유로 니체를 예언자적 철학자라고 명명했던 것이다.

제5장

실존주의

실존주의(實存主義)는 19세기 중반에 키에르케고르(S. Kierkegaard, 1813~1855)가 창시하였으며 헤겔철학의 반향으로 일어난 사상이라 볼 수 있다. 실존주의는 이름에서 보듯이 삶의 문제를 중심에 둔 철학이다. 다시 말하면 관념적이며 추상적인 철학에 반기를 들었다고 볼 수 있다. 여기에서 실존주의를 주목하는 것은 이성적인 철학에서 현실적인 철학으로 넘어가는 위치에 있기 때문이다.

이러한 실존주의에 관심을 가지게 된 것은 제1, 2차 세계대전 이후에 유럽인들이 인류에게 희망을 주었던 진보나 과학에 등을 돌리고 인간의 내면에 관심을 두었기 때문이다. 이로 인하여 실존주의 철학을 '소외의 철학', '불안의 철학', '위기의 철학'이라고 부르기도 한다. 즉 불안(不安)이라는 것은 전쟁에 의해서 생겨난 개념이며, 소외(疏外)라는 개념은 기계문명에 의해 생겨난 개념이라고 볼 수 있다.

실존(Existenz)이라는 개념은 그리스어인 'Exsistere'에서 유래되었는데 'ex'는 '외부', '바깥'을 의미하며 'sistere'는 '존재'를 뜻한다. 이 두 가지의 뜻을 연결하면 '외부에 드러나는 존재'를 말한다. 따라서 인간의 본질을 밝히려는 철학의 한 분야가 아니라 현실에 주어진 상황을 극복하여 본래적인 삶을 살아가도록 하는 실존적 철학이라는 것이다.

대표적인 철학가로는 키에르케고르(S. Kierkegaard, 1813~1855), 야스퍼스(Karl Jaspers, 1883~1969), 마르셀(Marcel, Gabriel, 1889~1973)과 같은 유신론적 실학주의와 하이데거(Martin Heidegger, 1889~1976), 사르트르(Jean-Paul Sartre, 1905~1980)의 무신론적인 철학자들이 있다. 여기에서는 하이데거를 중심으로 실존주의 철학에 대하여 알아보고자 한다.

1. 위대한 실존주의 철학자의 한 사람이었지만 후반에 나치당에 가입한 경력으로 인해 오명을 남긴 하이데거 (Martin Heidegger, 1889~1976)

하이데거는 야스퍼스와 더불어 현대 실존주의 철학의 대표적인 인물로 독일에서 태어났다. 그는 독일의 슈바르츠발트지방에서 태어나 프라이부르크대학에서 신학을 전공하였으나, 후설(Edmund Husserl, 1859~1938, 현상학자)의 영향으로 대학교수가 되기 전까지 연구조교를 하였다. 따라서 그의 사상은 후설의 영향을 많이 받았으나 사상적 입장의 차이로 결별을 하고 자신만의 독특한 철학인 존재론을 내놓았다. 후설은 인간의 의식에 드러나는 그대로의 "현상"을 기술하는 방법을 찾고자 하였다. 때문에 그의 철학적 방법은 현상학이라 불렸는데 이것과는 차이가 있었기 때문이다.

하이데거는 1927년 『존재와 시간』이라는 책을 출간하면서 유명해진 인물이다. 그리하여 후설의 후임으로 프라이부르크대학에 철학교수와 대학의 학장에까지 올랐으나 제2차 세계대전이 발발하고 나치당에 가입했던 전력으로 인해 교수직에 복귀하지 못했다. 그 이후 그는 프라이부르크의 집이나 토트나우베르크의 오두막에서 철학과 예술을 연구하고 서적을 집필하면서 대부분의 시간을 보냈다. 하이데거는 1976년 5월 26일 심장마비로 사망하였고 자신의 희망대로 고향인 메스키르히의 숲속에 묻혔다. 그는 학문적인 연구와 저술활동을 통해 철학자로서의 확고한 위치를 자리를 잡았지만 그가 나치에 가담했다는 이유로 인하여 많은 논란거리를 낳은 것이 그의 오점으로 기록되고 있다. 전직 총장이 나치에 협조하지 않았다는 이유로 파면당하자 총장이 되기로 결심한 하이데거는 '당직을 맡지 않고, 당을 위해 활동하지도 않는다'는 조건 하에, 즉 어디까지나 명목상으로만 입당하기로 한다. 1933년 5월 1일자로, 20세기 최고의 철학자 가운데 한 명인 하이데거가 나치 당원이 되었던 것이다.

『존재와 시간』은 어떤 내용일까? 형이상학에서 다루는 존재론이 존재는 관심을 두지 않고 존재자에만 관심

독일이 낳은 유명한 실존주의 철학자인 하이데거는 1927년에 출간한 『존재와 시간』을 통해 유명해졌다. 이 책은 철학자들로부터 찬사를 받았지만 너무나 난해하여 좀처럼 읽히지 않아서 인기가 없었다. 예를 들면 인간이라는 말 대신에 현존재(Dasein)로 표현하는 등 번역의 어려움이 많았기 때문이다.

그는 이 책에서 그동안 서구 유럽의 형이상학이 존재의 문제에 있어서 잘못된 길로 안내했다고 했다. 존재론에서 다루는 존재와 존재자는 엄연히 다른 것인데 같은 것으로 착각했다는 것이다. 그는 이제까지 형이상학에서 다루는 존재론이 존재에는 관심을 두지 않고 존재자에만 관심을 두었다면서 잘못된 전통이 꾸준히 이어왔다고 지적했다.

여러분들은 존재(sein)라는 말을 많이 사용하지만 정확히는 구별하지 못할 것이다. sein이라는 말은 '~이다.', 혹은 '~있다.'라는 뜻이다. 따라서 전자는 '무엇이 어떻다.' 혹은 '그 사람이 이렇다.'라고 하는 존재를 의미하고 후자는 '무엇이 존재한다.'라고 사용할 때는 존재자를 의미한다는 것이다. 예를 들면 '철수는 양심적이다.'라는 말과 '저기에 사과가 있다.'는 것은 존재와 존재자의 차이라는 것이다.

따라서 이 세계는 존재자들에 의해 싸여있다는 것이다. 그러나 만날 수 없을 수도 있다는 것이다. 즉 어디에 있느냐? 이는 어떤 사람을 만나 이야기를 나누느냐에 따라 만나는 존재자들이 달라질 수도 있다고 설명한다.

그렇다면 존재와 존재자는 어떻게 다른 것인가? 예를 들어 '저기에 사과(존재자)가 있다(존재).'라고 말할 때 분명히 다르다는 것을 알 수가 있지만 둘 사이는 불가분의 관계라는 것이다. 다시 예를 들면 '저기에 사과(존재자)가 있다(존재).'라고 이야기 하지 '있다.'라고만 하지 않는다는 것이다.

따라서 우리는 존재하기 때문에, 즉 저기에 나에게 드러내기 때문에 만날 수 있다는 것이다. 그런데 이전의 철학자들, 즉 플라톤, 아리스토텔레스 때부터 존재와 존재자들은 동일시하였고 '존재'한다는 것은 당연한 것으로 믿었다. 하이데거는 그들이 독단론에 빠져버렸다며 더 이상 물을 수 없는 자명한 개념으로 치부해 버렸다고 비판했다. 이러한 사상을 주도한 인물이 플라톤이라는 것이다. 하이데거는 이데아(IDEA)를 만물의 근원으로 보는 데서 문제가 비롯되었다고 주장한다. 예를 들어 플라톤 이전의 철학자들은 꽃이 주는 그 자체로 감탄하였지만 플라톤 이후의 철학자들은 꽃이라는 존재자가 들려주는 소리에 귀 기울이고 드러나는 존재의 의미만을 해석하였다는 것이다.

따라서 하이데거는 존재라는 것은 스스로 드러내기도 하고 때로는 자신의 모습을 감추기도 하는 신비로운 것이라 규정하면서 플라톤의 이데아를 비판하였다. 따라서 존재는 이성의 눈으로는 인식할 수 없다는 것이 하이데거의 주장이다.

플라톤의 이러한 사상은 신이 완전한 존재자라고 믿었던 중세에까지 영향을 주었고 따라서 중세철학자들은 신이 내린 최고의 능력인 이성을 통해 신의 존재 사실을 알 수 있다고 생각하며 증명하려고 했다.

이러한 사상은 근대에 들어와 데카르트를 비롯한 철학자들이 인간의 이성을 최고로 끌어올려 놓았고 마침내 신으로부터 독립을 하였다는 것이다. 사람들은 신으로부터 독립을 하였지만 세상을 어떻게 살아가야 하는지를 설명할 수 없었다. 데카르트는 진리를 탐구하기 위해 모든 것을 의심해야 한다면서 모든 것을 부정하면서 찾아낸 결론이 모든 것을 부정하고 의심을 하여도 나 자신은 부정할 수 없다는 것이다.

여기에서 나오는 유명한 말이 '나는 생각한다. 고로 나는 존재한다.'이다. 하이데거는 '생각하니까 내가 존재한다는 것'에 비판했다. 즉 그는 존재하니까 생각한다는 것이다. 데카르트는 '나는 생각한다.'에만 관심을 가졌을 뿐 존재에 대해서 의미를 부여하지 않았다. 여기에서 인간을 정신과 육체로 구분하여 물질은 정신에 의해 파악된다고 하였다. 따라서 데카르트는 수학공식처럼 이성의 능력으로만 파악될 수 있는 것만 참된 지식이라고 했다.

이후 많은 철학자들은 과학이나 수학처럼 객관적으로 증명할 수 있는 규칙이나 법칙을 만드는 데 시간과 노력을 할애하였으며 이는 곧 실증주의를 탄생하게 만들었다는 것이다. 다시 말하면 신이나 인간이 어떤 존재인지, 인간은 어떻게 살아가야 하는지 등의 철학적인 질문도 객관적으로 증명할 수 없기에 쓸데없다는 것이다.

그러나 데카르트는 이성의 힘을 신봉하여 무엇이든 할 수 있다는 것을 보임으로써 과학기술의 발전에 큰 영향을 미쳤다는 데는 인정을 해야 한다고 했다. 과학기술의 발달은 의(衣), 식(食), 주(住) 생활에 영향을 주었지만 인간을 행복하고 풍요롭게 인도할 것이라는 예상은 빗나가게 되었다.

현대의 과학기술의 발달로 우리의 심신은 더욱 괴로워졌다. 예를 들어 공장폐수, 대기오염으로 인한 자연파괴, 전쟁, 핵무기 위협, 무역전쟁, 미세먼지 등으로 인간의 삶은 더욱 피폐해지고 있다는 것이다.

산업혁명 이후 수공업이 거의 사라지고 공장에서 대량생산을 통한 생산품이 몰려나와 인간의 삶은 풍족해졌으나 역으로 기계적인 인간으로 변모하였다는 것이다. 즉 하루 종일 일만하는 인간으로 변모하였으며 일한 만큼의 돈을 벌지 못하는 부익부(富益富) 빈익빈(貧益貧) 현상이 오히려 가중되었다.

또한 세계전쟁에서 인간에게 편리함을 주려고 발명한 가술들은 오히려 인간을 학살하는 데 사용되었다. 당시에 유럽에서는 공산주의와 극우 간의 대립, 전쟁 이후에 살아남은 인간들은 앞으로 어떻게 살아가야 하는 지에 대하여 생각에 극단적인 사상에 빠져 버렸다는 것이다.

이러한 것은 이성과 인간을 중심으로 써온 존재론의 역사가 이러한 상황을 초래하였다는 것이다. 즉 이성의 신봉이 오늘날의 위기를 가져왔다는 뜻이다. 하이데거는 이 위기를 벗어나기 위해서는 존재의 물음부터 다시 시작하여야 하며 어떤 삶이 참된 삶인지, 자신의 의지대로 결정하면서 사는 것이 왜 중요한지를 고민하고, 온몸으로 열심히 살아야 한다는 희망적인 메시지를 주기 위해서 『존재와 시간』을 집필하였다.

존재의 물음은 어떻게 시작할까? 존재의 의미가 무엇인지를 정확하게 밝혀야만 존재론을 알 수 있다는 것이다.

존재를 정의하려면 존재라는 것을 어떻게 물어야 정확한 답을 얻어낼 수 있는가? 하이데거는 물음의 핵심은 첫째는 묻고 있는 것(대상), 둘째는 물어서 밝히려는 것(목적), 셋째는 물음이 걸리는 것이며 이를 통하여 존재에 대하여 쉽게 알 수 있다고 했다. 우리는 무엇인가를 알고 싶을 때 누구에게 질문을 할 것이다. 예를 들어 장미가 무엇입니까? 라고 질문을 하였을 때를 가정하여 보자. 이때 첫째는 장미, 둘째는 장미란 가시가 있고 빨간 꽃을 말한다. 셋째는 존재를 말한다는 것이다. 그렇다면 존재라는 것은 무엇이냐? 라고 묻는다면, 최종적으로 얻고자하는 것은 존재의 의미가 무엇이냐? 라는 식으로 존재를 밝혀가야 한다는 것이다.

여기에서 중요한 것은 존재자를 이해하기 위해서는 존재가 미리 있어야 한다는 것이다. ~이 있기 때문에 만지거나, 보거나, 존재자를 연구할 수 있는 것이다. 따라서 모든 학문은 존재론을 통해서 가능하다고 했다. 즉 그 기본 개념들(존재자)의 근거를 묻고 따지고 기초를 제공하는 것이 존재론을 통해서 가능하다는 것이며 그것을 기초로 각각의 학문이 성립된다는 것이다.

수학, 과학, 생물학 등의 개별 학문들의 뒷받침을 제공하는 것이 '영역존재론'이라고 한다. 이러한 영역의 존재론은 각각의 물음에는 충실하게 대답을 하였지만 공통적으로 다루는 존재가 무엇인지를 묻지 않았다는 것이다. 이러한 연유로 유추를 하여보면 존재물음 ⇛ 영역존재론 ⇛ 개별학문으로 이루어진다는 것을 알 수 있다. 따라서 존재의 물음은 아주 기본이 된다.

존재론을 물을 때도 마찬가지이다. 존재의 의미가 무엇인지를 정확하게 밝혀야만 존재론을 알 수 있다는 것이다. 존재에 대한 물음을 '기초존재론'이라고 한다. 위의 도식에 대입(代入)하여 보면 존재 물음(기초존재론) ⇛ 영역존재론 ⇛ 개별학문으로 성립된다.

마지막으로 누구에게 물어보는가? 이다. 존재자의 존재에 대하여 물어보려고 하면 세계 안에는 수많은 존재가 존재하기 때문에 곤란하다. 하이데거는 이러한 질문은 매우 간단하다고 했다. 수많은 존재자의 의미를 이해할 수 있는 유일한 존재자는 인간이기 때문이다. 물론 존재의 의미를 모두 알지는 못하지만 조금이라도 알고 있다는 말이다. 결국 존재에 대하여 묻고 답하는 것은 결국 인간이라는 것이다.

인간은 존재에 대하여 묻고 답할 수 있는 탁월한 위치에 있으므로 인간은 자신의 존재에 대해서 질문하는 데서 시작해야 한다는 것이다. 하이데거는 이것을 '현존재 분석론'이라고 한다. 현존재(Dasein)는 독일어인 Da+Sein의 합성어로서 '거기에 있음'을 뜻한다. Da라는 말은 장소를 뜻하는 세계를 말한다. 세계라는 것은 다음 chapter에서 자세히 설명할 것이다.

현존재(인간)는 세계 안에서 수많은 존재자들과 관계를 맺으며 살아가고 있다. 따라서 세계는 이렇게 현존재자가 다양한 존재자들과 다양한 공간을 이루면서 살아가는 존재라고 하여 인간을 '현존재(거기에 있음)'라고 부른다. 인간과 세계는 밀접한 관계를 가지고 있다는 것이다.

하이데거는 인간과 현존재를 왜 구별하여 사용했을까? 라는 의문을 가진다. 그 이유는 이성과 구별하기 위해서였다. 인간은 '이성적인 동물'이라는 말은 형이상학적인 말로서 '차이'를 '차별'로 둔갑시켰다는 것이다. 즉 인간만을 이성의 중심으로 생각하여 다른 존재자들을 '열등'으로 낙인찍어 버렸다는 것이다. 따라서 사람과 동물, 흑인과 백인 등의 많은 문제점을 낳았고 굳이 이성에 따라서 존재를 나눌 필요가 없었다는 것이다. 이러한 것과 차별하기 위해서 '현존재'라는 새로운 용어를 사용했다는 것이다.

따라서 현존재는 다른 존재자들과 독특한 존재방식이 있는데 그것을 '실존'이라고 한다. '실존'이라는 말은 '있다는 현 사실'을 의미하며 인간에게만 사용하고 사물들의 존재나 일어나고 있는 어떤 사건을 이야기 하는 것이다. '운동장에 나무가 있다.' 혹은 '어제 교실에서 돈이 없어졌어!'라는 것은 사실과 사건을 의미하지만 '인간은 존재한다.'라는 말과는 다르다. 왜냐하면 사물들은 자기 자신의 존재에 대해서 고민을 하지 않기 때문이다. 그저 '서있을 뿐'이다. 이러한 사물들을 하이데거는 '전재성(前在性)'이라는 용어를 사용했다. 그저 '눈앞에 있다.'라는 의미이다.

인간(현존재)은 '전재성(前在性)'과는 다르다. 이 세상에 존재하는 모든 것들과 연관을 맺으며 살아가고 존재자들의 존재에 물음을 던질 수 있고 스스로의 의문을 품고 문제를 삼으면서 살아가고 있는 존재라는 것이다. 이러한 것을 '실존'이라 한다. 따라서 다른 존재자들보다가 우위에 있는 것이다. 인간은 고민을 하고 선택을 하고 그에 맞는 태도를 취하기 때문이다.

우리는 왜 고민을 하고 선택을 하여야 하는가? 이것은 아직 결정되지 않은 우리의 모습 때문이다. 이것을 하이데거는 '존재가능성'이라고 부른다. 따라서 존재하는 한, 현존재는 자신의 존재 문제를 해결해야 한다는 뜻이다. 이것은 누구든지 받아들여야 한다는 것이다.

이러한 존재의 주체는 '나'라는 것이다. 모든 인간은 생활환경이나 습관 그리고 생각이 천차만별이기 때문에 언제나 '나'가 중심이 되어 '너'라는 것이 문제가 된다. 이를 하이데거는 '각자성(各自性, Jemeinigkeit)'이라는 개념을 사용했다. 예를 들면 각자 자기의 존재함을 말하는 것으로 "나는 누구인가?"라는 물음은 이러한 존재가능과 각자성에 대한 물음에 해당된다.

우리는 인간의 존재에 대해 조금은 이해를 하면서 자신의 존재를 문제 삼으며 살아가고 있다는 것이다. 이를 '실존적 이해'라고 한다. 따라서 인간이 존재론적인 우위에 있다는 것은 다른 사물과의 관계에서 우월하다는 것이 아니라 인간의 현존재가 자신의 존재뿐만 아니라 다른 존재를 이해하고 있다는 의미이다. 이것이 바로 '실존적 이해'라고 하는 것이다. 따라서 인간은 다른 존재자들에 비해서 존재적 우위, 존재론적인 우위에 있다는 것이다. 여기에서 유추를 하여보면 존재론이라는 학문이 가능한 것도 인간이 실존하기 때문에 가능하다는 것이다.

수많은 존재자들과 관계를 맺고 세계 안에 함께 있는 존재이다. 세계(세계-내-존재)

일상생활에서 세계라는 개념은 무엇인가? 인간은 세계 속에 살아가지만 세계를 정의하기는 쉽지는 않다. 현존재와 세계는 본질적으로 불가분의 관계이다. 이러한 관계 때문에 하이데거는 현존재를 세계-내-존재라고 표현했다. 우리가 가지고 놀고 하는 수많은 존재자들과 관계를 맺는 것은 모두 세계 안에 함께 어울려 있다는 것이다. 따라서 하이데거는 세계라는 개념을 "세계-내-존재"라고 불렀다.

하이데거는 "세계-내-존재"라는 것은 인간만이 가지는 독특한 방식이며 다른 존재자들은 '세계 내부적 존재자'라고 불렀다. 이 둘을 구분하는 것은 실존의 방식이 다르기 때문이다.

하이데거 이전의 철학자들은 공간 안에 있는 모든 것들을 세계라고 착각하였다는 것이다. 인간과 세계의 관계는 이성을 소유한 인간이 세계 안에서 공간을 차지하고 있는 존재자들을 인식하는 관계가 아니라는 것이다.

하이데거는 현존재가 어떻게 생겼는지 알아볼 필요가 있다고 했다. 사람들은 세계 안에서 많은 존재자들과 만나면서 생활하고 있으며 많은 존재자들에 의해 둘러싸여 있고 만나는 존재자들을 도구로 사용하고 있다. 따라서 세계 안에서 만나는 존재자들은 '도구적 존재자'라는 것이다. 위에서 말했듯이 이 도구들은 '세계 내부적 존재자'이다.

이러한 도구적 존재자들은 독특한 존재방식을 가지고 있다. 사용에 따라 변화를 거듭한다는 것이다. 어떤 사물이 존재하는 방식을 '눈앞에 있음'이라고 할 때, '눈앞에 있음'의 용도를 바르게 사용한다면 그것은 '손안에 있음'이라고 한다는 것이다. 이러한 '손안에 있음'을 가지고 어디에 사용하는 것을 '사용사태'라고 하며 이러한 연결 관계를 '사용사태의 전체성'이라고 부른다. 즉 도구의 사용을 상황에 맞게 사용하려면 '사용사태의 전체성'을 잘 알고 있어야 한다는 것이다. 그러나 사람들이 여러 도구를 사용할 때 하나의 목적을 가지고 사용하는 것이 아니라 저마다 다른 목적을 가지고 그 목적에 따라 의미를 부여하여 사용한다. 이러한 의미부여와 관련된 연관전체를 '유의미성'이라고 하는데 이것이 "세계"라는 것이다.

따라서 세계라는 것은 그 자리를 차지하고 있는 존재자들의 모임이 아니라 각자의 용도에 맞는 의미를 가지면서 다른 존재자들과 관련을 맺어가는 것이다.

세계는 현존재에게 열려있다. "일상성에서 벗어나 자신의 삶으로 들어가라."

이 세계 내에는 수많은 사람들이 각자의 생활에 바쁜 나날을 보내며 살아가고 있다. 각각의 존재자들은 독특한 방식으로 목적을 찾게 되고 존재자들을 사용할 것을 찾게 된다. 마찬가지로 세계 내에 존재하는 인간들은 저마다 다른 목적을 가지고 살아가고 있다. 따라서 인간들은 자신의 목적을 이루기 위해서 사용할 존재자들이 무엇인가를 찾게 된다. 그리고 관련된 도구들의 전체적인 지시연관을 이해하기 때문에 존재자들과 만날 수 있는 것이다.

예를 들어 옷감을 가지고 디자인해서 가위와 자를 가지고 재단하며 바느질과 실을 통해 옷을 만들었다고 가정하였을 때, 다시 말하자면 우리는 지시연관을 이해했을 때 존재자들을 만날 수 있으며 지시연관을 이해하지 못하면 존재자들을 발견할 수는 없다는 것이다. 하이데거는 '세계는 현존재에게 열려있다.'라고 했다.

즉 세계 속에 살아가려고 한다면 세계 내의 존재자 사이에 성립되는 목적과 도구의 전체적인 지시연관 체계를 이해하여 내가 아닌 타인과 어울려 있다는 것이다. 이때 타인들이란 의미는 나를 제외한 모든 사람들을 의미하는 것이 아니라 내가 포함되는 것이다. 다른 사람의 입장으로 보면 나도 타인에 속한다. 결국은 서로가 타인으로서 거기에, 즉 세계 안에 함께 있게 되는 것이다. 이는 '함께 거기에 있음'이라는 것이며 타인의 존재방식이라는 것이 하이데거의 주장이다.

우리가 타인들과 함께 있다는 것은 다른 도구적 존재자들과 있는 것과는 다르다는 것이다. 왜냐하면 인간은 현존재자여서 현존재자들과는 도구로 사용하지는 않기 때문이다.

우리는 타인들과의 생활에서 매우 다양하게 나타나 관계를 맺고 살아간다. 하이데거는 여기에서 심려(Fürsorge, 피어조르게)라는 용어를 사용했는데 이는 타인이 자신의 삶과 다르게 살고 있는지를 염려하고 있다는 것이다. 남보다 뒤처지지 않게 살려고 그들의 생활과 비교하면서 그들을 따라 잡으려고 노력한다는 것으로 그렇지 않으면 불안을 느끼게 된다는 것이다. 이러한 삶이 세계 속에 살고 있는 인간의 모습이라고 했다.

이를 위해서 기를 쓰며 살아가고 심지어는 정당하지 못한 방법으로 타인을 앞지르며 살아가고자 한다는 것이다. 남보다 뒤쳐진다면 왠지 모를 불안감을 가지게 되므로 이러한 삶은 타인과 같은 방식으로 살려고 한다. 결국 인간은 자신이 결정하는 대로 살아가는 것이 아니라 타인의 지배를 받고 살아간다고 했다.

우리는 살아가면서 수많은 선택을 한다고 하지만 무엇을 하고 어떻게 살아야 하는지에 대한 기준과 생각을 이미 가진 상태에서 살아가고 있다는 이야기다. 그 기준의 선택은 나라와 시대에 따라 다르다.

많은 사람들은 사회에서 요구하는 대로 남들을 의식하면서 산다. 예를 들면 대학을 왜 가는가?를 질문하면 답이 될 것이다. 이것을 하이데거는 일상생활에서 자기 자신을 찾지 못하고 스스로를 '평준화'시켜 버린다고 해서 '현존재의 평균적 일상성'이라고 하였다. 이는 자기 자신을 찾지 못하고 타인의 삶과 맞추어 살려고 한다는 의미이다. 이러한 사람들을 우리는 '그들'이라고 하면서 실존적 인간과 구별한다. 즉 '불특정 다수들'이라고 한다.

일상생활에서의 인간들은 독립적이고 자주적인 삶을 사는 것이 아니라 모든 판단들은 '그들'의 결정에 따라 움직이고 있어서 혹시 결정이 잘못되면 죄의식을 느끼지 못하고 살아간다는 것이다. 왜냐하면 동조한 사람들이 많이 존재하므로 나의 잘못을 느끼지 못하기 때문이다. 그러나 자기에게 피해가 온다면 분노하고 신경질적으로 대응할 것이다. 이처럼 사람들은 '그들'과 똑같이 생활하면서 '그들' 속으로 숨어버린다. 즉 자기가 책임질 일이 생기면 슬그머니 모습을 드러내지 않는다는 것이다.

하이데거는 평균적인 삶을 살아가는 사람들에게 '본래적인 자기의 삶'을 살아가지 않는다고 하면서 '본래적인 삶'을 살아가도록 하였다. 즉 '본래적인 삶'이라는 내용은 다음 chapter에서 설명하겠지만 '비본래적인 삶'은 남들이 하는 대로 따라하는 줏대 없는 삶을 의미한다. 이러한 삶을 살아가는 인간은 '본래의 자기'로 살아가는 것이 아니다. 즉 자기의 모습으로 존재하는 것이 아니라는 의미이다. 따라서 본래적인 자기로 돌아가야 하며 우리는 '그들'이 만들어 놓은 구조 속에서 나올 것을 주장했다.

즉 "일상성에서 벗어나 자신의 삶으로 들어가라."라는 것이다.

'그들'의 세계에서 자신의 세계로 향하자. '안에-있음(In-Sein).'

우리는 앞에서 존재의 물음과 방식, 세계의 개념 그리고 세계 속에서 사는 사람들은 어떤 모습으로 사는지에 대하여 살펴보았다. 인간의 생활은 세계와 불가분의 관계로 하이데거는 세계를 세계-내-존재라고 불렀다는 것이다. 앞에서 세계라는 개념과 존재의 의미를 살펴보았다. 따라서 여기에서는 '세계-내-존재'에서 '내-존재'라는 '안에-있음'에 대하여 설명을 하고자 한다.

데카르트의 '세계'는 모든 존재자들이 모이는 것을 말한다. 즉 어떤 공간적인 위치를 차지하여 모여 있는 모습을 칭하는 것이다. 그러나 하이데거는 이와 반대로 서로 어울려져 있는 전체를 뜻하는 것이 아니라 서로 관계를 맺으면서 존재하는 것으로 인간도 역시 그들과의 관계를 맺으면서 함께 있다고 했다. 다시 말하면 우리가 목적에 따라 수많은 존재자들이 지시하는 연관관계를 이해하고 사용하여 세계와 친숙한 관계를 가지고 있다는 것이다.

즉 세계 안에 사는 것은 세계와 친숙하다는 뜻이며 이것이 세계 '안에-있음'이라는 것이다. 위에서 말하듯이 세계는 현존재에 열려 있다는 의미이다. 따라서 그 안에서 도구를 사용하고 타인과 함께 있다는 것이다.

교육학에서 자주 인용되는 늑대소년이라는 예가 있는데 이 늑대소년은 사회와 격리되어서 살아왔다. 이 소년에게 세계는 닫혀 있었으므로 소년에게는 세계가 없었다. 늑대소년에게서 보듯이 소년이 버려진 것은 자기가 원한 것이 아니다. 인간도 마찬가지이다. 누구나 자기가 원한 세계에서 태어난 사람은 아무도 없다. 즉 자신의 의지에서 태어난 사람은 아무도 없다. 여러분과 나도 마찬가지이다. 이를 하이데거는 선택의 여지없이 '내던져 졌다.'라고 표현했다. 자신의 의지와 상관없이 세상에 존재하게 되고 자신의 존재를 책임져야 한다는 것이다.

우리는 살아가면서 세상에 내던져졌다는 것을 잘 알고 있다는 의미이다. 이러한 사실은 무엇으로 안다는 것인가? 다름이 아닌 이성을 사용하거나 분석을 통하는 것이 아니라 그 상황에 처해 있을 때 기분으로 알고 있다는 것이다. 사람들은 힘이 들거나 지치더라도 어쩔 수 없이 살아가야 한다. 그렇지 않으면 약물을 사용하거나 심지어 자신의 목숨까지도 버린다. 이와 같이 기분에 따라 세상을 마주하는 태도가 달라진다는 의미이다.

하이데거는 우리가 세상에 내던져졌다는 것은 단순하지는 않다고 했다. 비록 나의 의지와는 상관없이 이 세상에 태어났지만 주어진 상황 안에서 열심히 최선을 다하는 존재라는 것이다. 왜냐하면 동물과 달리 꿈이 있기 때문이다. 이것은 미래에 대한 꿈을 말한다. 이는 우리가 주어진 환경이나 세계 안에서 가능성이 있기 때문에 꿈을 실현할 수 있다는 것을 의미한다.

이런 것들은 역사 속에서 위인들이나 주위의 훌륭한 사람들을 통해서 알 수 있다. 이들은 남들보다 좋지 않은 환경 속에서도 자신이 내던져진 세계 속에서 포기하지 않고 자신이 원하는 삶을 살아갔다. 이는 우리의 삶이 결정되었다는 것이 아니라 후천적이며 자신의 노력으로 살 수 있다는 의미이다.

따라서 세계를 자신의 것으로 만들고 자신의 세계를 밝힐 가능성을 놓치지 않았다는 것이다. 이러한 사람들은 '그들 자신' 속에서 존재하는 것이 아니라 '자기 자신'으로 실존했다는 것을 의미한다. 누구나 본래적인 삶을 살아갈 수 있는 존재이다.

이러한 삶은 남의 말을 무조건 믿거나 남의 시선을 의식하거나 그리고 쓸데없는 잡담으로 이루어진 세계에 지배받지 않고 본래적인 삶을 살아간다는 의미이다. 상식에 의해서 살아가는 사람도 자기 자신이 이해한 것이 아니라 누군가 적어놓은 글을 통해서 남의 의견이 자기 의견인 것처럼 행동할 수 있다. 그래서 우리는 일상적으로 잡담과 호기심, 애매함이 지배하는 세계 속에서 벗어나야 한다고 했다. 그래야만 자신의 세계로 나아갈 수 있다. 그들의 세계에서 자신의 세계로 향하는 것이 세계의 '안에-있음'이라는 의미이다.

그리스 신화에 나오는 쿠라(Cura, 염려의 신), 주피터((Jupiter, 혼), 텔루스(Tellus, 대지의 신), 사투르누스(Saturnus, 시간의 신), 후무스(흙, Home), 염려로 존재하는 인간

이 부분은 『존재와 시간』에서 가장 중요하고 우리들에게 어떻게 살아야 하는지를 설명하여 주는 부분이다. 위에서 인간의 생활은 세계와 불가분의 관계를 가지고 살아가고 있는 것으로 하이데거는 세계를 "세계-내-존재"라고 불렀다고 했다.

또한 우리는 자기의 의지에 상관없이 세계에 내던져 졌다고 하였으며 세계 내에서 우리는 그저 공간만을 차지하고 있는 것이 아니라 본래적인 삶을 살아갈 것을 요구하고 있다고 했다.

인간은 내던져진 상태에서 삶을 살아가고 있는데 미성숙(未成熟)한 상태로 시작하고 자신의 존재를 세계에 맡겨야 한다는 것이다. 이러한 상태에서의 삶은 자라면서 주변의 존재자들을 자신의 목적에 맞게끔 사용하고 만들어 자신과 세계와 조화를 이루면서 산다는 것이다.

그러나 인간의 삶은 많은 갈등과 충돌을 야기하면서 스스로 결정하고 선택할 수밖에 없는 상황이나 문제들을 만나게 된다. 즉 자신의 존재가능성을 스스로 결정해야 한다는 의미이다. 우리가 살아가면서 세계내부자 존재들을 '배려'하고 타인들을 '심려'하는 것은 결국은 자신의 존재가능성 때문이다. 즉 자신의 존재 자체에 힘을 쓴다는 것이다. 이것을 하이데거는 '염려'라고 했다.

'염려'는 타인들과 다른 존재자들, 그리고 자신에 대해서 마음을 쓰는 것은 인간만이 가지고 있는 운명이라는 것이다. 나의 의지와 상관없이 세계에 나왔지만, 즉 하이데거에 의하면 '내던져졌지만' 세계에서 어떠한 존재이며 어떻게 살아갈지를 스스로 결정하고 선택한다는 것이다.

'염려'라는 용어는 그리스 신화에 나오는 '쿠라'라는 염려의 신에 의해서 만들어졌기 때문에 인간은 살아있는 동안 염려에 의해서 지배를 받는 운명을 가졌다고 했다. 하이데거는 인간은 염려로서 존재하면서 결국에는 인간의 존재는 시간에 의해서 결정이 된다는 것이다. 즉 인간의 존재는 시간과 매우 밀접한 관계를 맺고 있다는 의미이다.

"나는 어떻게 존재해야할까?"라는 것도 인간은 염려에 의해서 지배를 받기 때문에 "세계 내부자적 존재"들과 타인들에게 관계를 맺고 살아가지만 오히려 보통 사람들은 사회, 문화, 지위 등 세상 사람들의 요구와 기준에 의해서 혹은 그들의 행동이나 말만을 믿고 자신의 존재가능성을 발견한다는 것이다. 심지어는 자신의 염려 때문에 내부자적 존재자들을 목적에 맞게 도구를 사용하지만 그 목적에 사용하지 못하고 도구적 존재자들에게 오히려 예속당하고 있다고 개탄했다. 이러한 예를 살펴보면 중년의 인간이 자신의 건강을 위하여 골프를 쳤지만 오히려 건강을 해치는 경우를 볼 수 있다. 이는 건강의 수단이었던 골프가 애초의 목적과는 달라졌다는 것이다. "우리가 살아가면서 선택하고 결정한 것이 자기의 뜻대로 되었다고 생각하는가?"라는 질문에 대해서 답을 한다면 과연 어떤 답을 줄 수 있는가? 물론 대답은 yes, no로 갈리지만 실제로는 내가 왜 존재하는지, 내가 왜 이러한 일을 해야 하는지를 곰곰이 생각해 보고 살아오지는 않았다는 것이다. 그저 남들이 하던 방식으로 생활해 왔으며 결국은 자신이 결정한 것처럼 착각 속에서 일상적인 삶을 살아왔다는 것이다. 하이데거는 이러한 삶을 '비본래적' 삶이며 '퇴락', 혹은 '무너져 내림'이라고 표현했다.

인간은 익숙하고 편안한 삶을 갈구하는 존재이다. 왜냐하면 남들과의 생활에 함께 하지 못하면 불편하고 무엇인가 불안하기 때문이다. 이러한 불안은 공포와 달리 언제 나에게 다가올지 예측할 수도 없고 정체도 알 수 없다. 이를 통해서 인간은 자신을 염려하고 불안을 피하려고 적당한 삶을 추구한다. 스스로의 위로를 통해 삶을 살아가는 존재라는 것이다.

그러나 하이데거는 우리가 만들어 놓은 공공적인 해석에서의 '몰입'에서 헤쳐서 나와 자신만의 고유한 선택적인 삶을 살아가도록 용기가 필요하다고 했다. 이것이 '본래적인 삶'이라는 것이다.

◎ 인간은 한계가 있는 삶을 살아가기 때문에 중요한 것은 어떻게 사느냐? 하이데거에 있어서 죽음은 항상 '죽음에 대한 불안이 존재한다'는 것이다.

현존재자들은 무한한 가능성을 가지고 살아간다. 그러나 미래의 불확실성 때문에 늘 불안하게 살아갈 수밖에 없다. 그러나 인간에게 존재하는 가장 확실한 것은 바로 죽음이다. 이것은 누구나 피해갈 수 없는 운명 같은 것이다. 이에 하이데거는 "인간은 태어나자마자 죽기에 충분할 만큼 늙어 있다."라고 했다.

그러나 인간은 동물과는 달리 생명이 끊어지는 생물학적인 죽음이 아니라 죽음을 이해하고 죽을 수 있는 유일한 존재이다. 그래서 인간의 죽음을 '사망(死亡)'이라고 한다. 이러한 사망은 죽은 자들은 모르지만 남아있는 자들은 그들을 기억하고 그의 곁에 머물러 있다는 의미이다. 이것을 하이데거는 '공동존재'라고 한다.

인간에게 죽음이라는 것은 아무리 공동존재라 하지만 결국은 나의 죽음과는 별개이다. 여전히 타인의 죽음이며 나에게는 경험적으로 와 닿지는 않는다. 죽음은 대신이라는 것이 없다. 아무리 사랑하는 연인이라도 너를 위해 죽는다는 것은 새빨간 거짓말이다. 물론 자기 몸을 희생하는 경우는 있지만 결국은 '나'의 죽음과는 별개라는 것이다.

하이데거는 항상 '죽음에 대한 불안'이 존재한다고 했다. 불안은 현존재를 이해하는 데 중요하다. 기분은 우리의 세계를 가장 진실

된 모습으로 드러낸다. 그동안 우리가 생각하지 못했던 사실들을 돌아보게 된다는 것이다.

기분의 일종인 불안 역시 마찬가지이다. 불안으로 인해 자신이 그동안 의식하지 못하였던 것을 인식하게 되어 일반적인 사람들의 삶과는 별개로 살려고 한다는 것이다. 세상 사람들의 삶의 방식에서 벗어나고자 한다는 것이다.

죽음이라는 것은 우리의 삶 속에 항상 존재한다. 정상적으로 삶을 마감할 때 나는 몇 년, 몇 월, 며칠에 죽는다고 이야기 하는 사람은 거의 없다. 이는 죽음에 대해 누구도 모른다는 점에서 죽음에 대한 불안은 고통스럽다는 것이다.

사람들은 죽음에 대한 불안으로 고통을 느끼고 이로부터 탈출하려는 경향이 있다. 죽음은 "언젠간 나에게 올 것이지만 아직은 아니다."라는 생각을 가지게 된다는 것이다. 즉 죽음에 대한 공포를 억누르려고 하면 할수록 공포는 더욱 커지고 어떻게든 죽음으로부터 벗어나려고 애를 쓴다는 것이다. 죽음에 대한 공포를 이겨내려는 노력은 동서고금을 통하여 계속되고 있으며 이로 인하여 사회적인 문제와 개인적인 문제들을 양산(量産)하고 있다. 예를 들면 진시황이 불로초를 구하려고 하는 노력, 보양식을 먹는 것, 늙어 보이지 않기 위해서 성형수술을 하는 것 등은 오히려 사회적, 개인적으로 부작용을 일으킨다는 것이다.

인간이 죽음을 어떻게든 벗어나려고 하는 행동들은 당연할지도 모른다. 그러나 인간은 한계가 있는 삶을 살아가기 때문에 중요한 것은 '어떻게 사느냐?'가 문제이다. 사람들은 자신의 삶을 풍족하고 충만하게 살려는 고민에 충실할 필요가 있다. 일상적인 사람들과 함께하는 삶에서 벗어나야 한다는 것이다. 일반적으로 우리는 죽음을 극복의 대상으로 여겨 위에서 말한 다양한 행동을 하면서 살아갈 것이 아니라 자신의 고유한 삶을 찾으라는 것이다.

자신의 본래적인 삶을 살아가지 못하는 자의 삶을 '퇴락'한 삶이라고 하며 이들은 자기가 잘 살고 있다고 착각을 하며 살고 있다. 이를 두고 시간을 죽이면서 살아가고 있다고 한다.

자신의 과거를 떠맡아 미래를 계획하며 그 가능성 아래에 현재를 살아가는 것이다. 현존재와 시간성, 과거, 미래, 현재

누구든지 시간 속에서 무한히 존재할 수는 없다는 것은 자명한 사실이다. 즉 인간은 한계성을 가졌다. 이 한계성이라는 것은 시간과 관계가 있다. 하이데거는 이 점에 대하여『존재와 시간』이라는 책을 저술했다.

우리의 삶은 개인적이기 때문에 보편적 · 절대적인 삶은 존재하지 않으며 개별적으로 시간 속에서 어떻게 존재하느냐? 가 매우 의미있다는 것이다. 우리는 시간이 과거, 현재, 미래로 흘러간다고 알고 있다. 즉 시간은 객관적으로 계산할 수 있다고 생각한다. 누구나 모두 공통된 시간을 가지고 생활한다는 의미이다. 따라서 우리는 공통된 시간을 쪼개서 다른 이들과 맞추어 살며 시계의 편리함으로 산다는 것이다. 만약 우리에게 시계가 없다면 어떠할까? 어찌 보면 우리는 시간이라는 숫자에 끌려 다니며 살고 있다. 하루하루 '시간은 금(돈)이다.', '어제는 다시 돌아오지 않는다.'라고 하면서 하루하루를 바쁘게 살아가고 있다는 것이다.

하이데거는 우리가 일상적으로 사용하는 정형화되고 객관화된 시간을 거부한다. 다시 말하면 같은 10분이라도 어떻게 사용하는지에 따라 성격이 달라진다는 것이다. 따라서 우리가 정형화된 과거, 현재, 미래라는 성격의 시간이 아니라면서 다르게 분석을 하고 있다.

이러한 시간의 성격을 '시간성'이라 말한다. '시간성'이라는 것은 '있어 오면서(과거), 마주하면서(현재), 다가감(미래)'이라는 것이다. 흔히 말하면 과거는 '지나가서 돌아올 수 없고 존재할 수 없는 시간'이다. 하이데거는 흔히 사용하는 것을 거부하고 지금까지 내가 "있어 왔기" 때문에 이것이 바로 과거라고 했다. 과거는 흘러가 버려서 더 이상 존재할 수 없는 것이 아니라 과거가 있기 때문에 내가 있다는 것이다.

미래는 언젠가는 오는 시간, 그리고 기다려야 할 시간이 아니라 자신의 존재 가능성을 향해 적극적으로 다가가는 시간이라고 했다. 따라서 나의 행동 여하에 따라 미래는 달라진다.

우리는 시간은 유한하기 때문에 어떻게 살아갈지를 고민하고 선택할 것인가를 결정한 뒤에 비로소 자신이 처한 상황과 마주치게 되는데 이때 '마주함'이 현재이다. 따라서 현재라는 것은 내가 처한 상황과 나의 삶이 어떠한지를 인식하는 순간이라고 이해해도 무방하다.

따라서 통상적으로 시간은 과거, 현재, 미래로 흐르지만 하이데거의 시간성은 과거, 미래, 현재이다. 즉 자신의 과거를 떠맡아 미래를 계획하며 그 가능성 아래에 현재를 살아가는 것이다.

하이데거는 죽음은 시간을 어떻게 사용하느냐에 따라 달라진다고 했다. 다른 사람들처럼 삶의 방식대로 살아간다면 그것은 시간을 죽이는 것이다. 인간은 '사이'의 존재다. 한쪽으로는 태어나서 다른 쪽인 죽음으로 가는 사이가 현존재라는 것이다. 즉 양 끝단 사이에 있는 존재이다. 그것이 역사이며 우리는 자기만의 역사를 완성하기 위하여 끊임없이 고민하며 살아야 한다고 했다. 이 세계에 비록 내던져졌다고 해서 아무렇게나 사는 것이 아니라 자신의 존재를 책임지며 살아가야 한다는 의미이다. 인간은 출생과 죽음 사이에서 시간을 어떻게 자기 것으로 만들어야 하는지를 끊임없이 고민할 필요가 있다. 이것이 실존이며 현존재라는 것이다.

근대·현대로

떠나는

서양철학사

제6장

분석철학

분석철학(分析哲學)은 영국을 비롯하여 유럽과 미국에서 유행했던 철학의 한 사조(思潮)로서 주로 언어의 의미와 개념을 탐구하였다. 그들은 이제까지 철학에서 사용하였던 형이상학, 신학, 윤리학 등의 명제들은 아무런 의미가 없다면서 언어를 분석하여 새로운 체계의 철학을 구축하였다. 다시 말하면 철학의 기능은 언어의 논리적 분석이라는 것이다.

실험주의 철학은 경험을 중시하며 경험에 의한 관점에서 모든 것을 중시하였다면 분석철학은 의의(意義)의 철학이며 객관적이며 논리적 방법으로 비경험적이고 형이상학적인 요소들을 배격하였다. 다시 말하면 특정한 사상이나, ~주의(ism)에 관하여 논의를 하는 것이 아니라 언어에 초점을 두었다.

이러한 분석철학은 전통적인 철학을 반대하고 추상적인 사유를 거부하는 철학의 한 분파로서 철학적 분석학파, 논리적 실증주의, 일상 언어학파, 언어분석학파, 옥스퍼드 분석학파 등으로 불린다.

분석철학의 목적은 모든 학문의 영역에서 사용하는 언어들을 분석하여 서로 간의 의사소통을 원활히 하는 것이며 언어사용에서 오는 오해의 소지를 없애는 데 있다. 즉 언어를 명료화하는 데 있다. 이를 주장한 대표적인 학자는 비트겐슈타인(Ludwig Wittgenstein, 1889~1961), 피터스(R. S. Peters, 1919~2011) 등이 있다.

분석철학의 한 주류로서 논리실증주의는 모든 지식은 자연과학에서 얻을 수 있으며 경험으로 증명 가능한 것이어야 하며 증명할 수 없는 신학, 형이상학 등의 명제는 의미가 없다고 한다. 이러한 명제들은 참이나 거짓을 논의할 수 없는 무의미한 명제라는 것이다. 진리란 과학적 방법에 의해 실증되거나 논리적 방법에 의해 명료화되어야 한다는 것이다.

또 한 부류의 분석철학으로서 일상 언어학파는 언어분석철학이라고도 부르는 것처럼 우리가 일상에서 사용되는 낱말이나 문장표현을 명확히 함으로써 논리적 모순을 찾아내는 것이다. 교육철학에서 사용되고 있는 "학교 교육에서 자유는 정당한 것인가?"와 같은 명제들을 분석하고 정당화하는 것을 주 임무로 한다.

1. 히틀러(Adolf Hitler, 1889~1934)와 고등학교 동문인 비트겐슈타인(Ludwig Wittgenstein, 1889~1961)

20세기 철학의 혁명을 주도한 비트겐슈타인은 오스트리아 빈에서 출생하였다. 그가 철학의 혁명을 주도했다는 것은 당시 미국과 영국을 중심으로 일어난 분석철학에서 독보적인 존재였기 때문이다.

재미있는 사실은 비트겐슈타인이 실업학교인 린츠에 재학을 하였는데 1년 후에 히틀러가 입학하였다는 것이다. 두 사람의 관계에 대해서는 알려져 있지 않으나 아이러니하게도 한 학교에서 유명한 인물이 동시대에 같은 학교에서 재학했다. 한 사람은 20세기 철학의 혁명을 주도하였고 다른 사람은 20세기를 전쟁의 소용돌이로 몰아넣었다.

그는 학문에는 관심이 없었으나 수학은 직업과 관련이 되어 있었기 때문에 수학의 기초를 연구하던 중 러셀(Bertrand Russell, 1872~1970), 프레게(Friedrich Ludwig Gottlob Frege, 1848~1925)와 만나면서 철학에 관심을 가졌다. 당시에 철학을 접하지 않은 학생으로서 러셀은 그를 제자로 인정하였고 한편으로는 젊은 동료로 대하였다는 데서 보면 당시에 대단한 인물로 평가한 것으로 보인다.

그는 세계대전이 일어나자 참전하였는데 참여 동기는 애국심의 발로가 아니라 죽음에 대해 경험을 하고 싶다는 것이었다. 전쟁의 결과 자신의 조국이 패하자 잠시 포로수용소에 수용되었다가 러셀과의 철학적인 견해의 차이로 결별하고 1920년 초등학교 교사가 되었다. 물론 그의 부모는 철강업을 하였기에 막대한 유산을 남겼으나 자신의 형제들에게 모두 주고 난 뒤 교육에만 전념하게 되었다.

그러나 오래지 않아 학문에 대한 열정으로 1927년 다시 Cambridge로 돌아와 초등교사의 경험을 토대로 언어를 연구하기 시작했다. 그는 『논리철학논고』에서 "우리의 언어는 특정한 사태를 그린 것이고 그 언어와 사태 간에는 동일한 논리적 형식이 있다"고 했다. 이러한 연구로 출간한 것이 『철학적 탐구』인데 이 책은 그의 사후에 그의 제자들이 출판하였다.

우리가 사용하는 언어는 다양한 양상으로 사용된다.『철학적 탐구』

이 책은 분석철학에서 가장 주요한 철학서적으로서 그의 분석철학적 사상을 집대성하였다. 그는 다른 철학자들과는 달리 생전에 쓴 책은 『논리철학논고』가 전부였으며 사후(死後)에 나온 책이 『철학적 탐구』였다.

그가 생전에 쓴 책이 한 권인 이유는 『논리철학논고』가 모든 철학의 문제를 완벽하게 해결하였다고 생각했기 때문이다. 아리스토텔레스의 논리학을 극복하고자 러셀과 프레게의 논리학을 연구하여 철학적인 사유를 하여왔던 것이다. 즉 새로운 논리학인 기호 논리학을 통해서 철학의 사유를 해결하고자 했다.

『논리철학논고』는 비트겐슈타인 전기의 철학을 대표하였으나 너무나 난해하여 당시의 스승인 러셀도 이해하지 못하였으며, 어떤 사상이나 진리 따위를 예리하고 간결하게 표현한 어구인 경구(警句)나 『구약』의 스물네 번째 권인 솔로몬 왕의 훈언(訓言)을 중심으로 많은 격언과 교훈이 들어 있으며 인생에 훈계(訓戒)가 되는 짧은 말인 잠언(箴言)과 같이 매우 절제된 명언들이 '1', '1.1', '2', '2.1' 등의 순으로 번호가 정해진 논리적 실증주의의 모태였다.

『철학적 탐구』는 그의 후반기의 철학을 대변하여 주고 있으며 일상 언어학파의 활동 근거를 마련하여 준 위대한 저서이다. 일상 언어학파는 일상생활에서 사용하는 언어를 분석하는 철학의 한 학파로서 주로 옥스퍼드 대학을 중심으로 활동하였다고 하여 옥스퍼드 학파라고 칭한다. 그리고 이 책은 서양 철학의 역사에서 혁명적인 전환을 가져왔는데 이를 '언어적 전회(Linguistic turn)'라고 한다.

이전의 철학자들은 형이상학이나 인식론 그리고 존재론과 같은 문제들에 관하여 열띤 논쟁을 하였으나 이러한 철학의 문제들은 결국은 언어에 의하여 표현되고 사유된다는 것에는 관심을 두지 않았다고 지적했다. 즉 비트겐슈타인은 우리가 사유를 하거나 토론을 할 때는 언어를 사용하며 이러한 언어는 어떤 일정한 규칙을 내재하고 있다고 생각했다.

비트겐슈타인은 지금까지 철학의 모든 문제들을 풀기 어려웠던 것은 언어를 제대로 사용하지 못하였거나 언어사용의 오류가 있었기 때문이라고 했다. 따라서 언어의 본성을 푸는 것이 명제의 본성을 푸는 것이며 이것이 철학의 본질을 해결할 수 있다고 했다고 했다.

『철학적 탐구』에서는 언어에 대하여 그의 전기(前期)와는 다르게 표현하였다. 전기에서는 하나의 명제는 실재의 사태 혹은 사건을 단어와 문장으로 표현한 것이라고 설명하였다면 후기에서는 "언어게임" 혹은 "언어유희"라고 했다. 따라서 명제라는 것은 하나의 도구에 불과하며 규칙에 의해서 지배를 받는다는 것이다.

『논리철학논고』에서 하나의 명제가 완전하게 분석되었을 때 최종적으로 남는 것은 요소 명제(원자와 같은 것)들의 진리함수라고 했다. 요소명제는 원자와 같이 더 이상 분석될 수 없는 것을 말하며 우리가 사용하고 있는 언어들은 요소명제들의 결합과 분리에 의해서 참과 거짓으로 나누어진다는 것이다. 즉 진리 함수가 된다는 의미이다.

실제로 세계에서 일어나는 사실들은 논리적 구조로 결합되어 있어서 하나의 그림으로 그려질 수 있다고 했다. 예를 들면 철수가 바다를 그리는 것은 실제의 바다를 보고 그리는 것이며 이것은 세계와 언어가 함께 가지고 있는 논리적 구조라는 것이다. 따라서 언어는 그림이 정확하게 그려질 때 올바르게 사용될 수 있으며 잘못 사용하는 것은 요소 명제들이 잘못되었다는 의미이다. 예를 들어 "바다 밑에는 상어가 헤엄치고 있다"라고 가정한다면 각각의 요소명제들에 의해서 진리의 함수를 결정할 수 있다는 것을 의미한다. 따라서 이것이 잘못되었다면 철학자들의 임무는 이러한 오류를 없애는 것이다.

그러나 그는 이러한 임무에 대하여 의심을 품게 되었다. 왜냐하면 언어와 세계는 함께 가지고 있는 논리적 구조라고 생각하여 그림을 그려내는 것이 아니라 이 세계를 어떠한 틀에 입각하여 본 것에 불과하다는 것이다. 다시 말하면 언어라는 이상적인 틀에 맞추어 생각하고 표현하였던 것이다. 따라서 이러한 안경의 틀, —즉 비트겐슈타인은 안경의 틀이라고 표현—에서 벗어나 일상 언어를 다시 풀어야 한다고 생각하였다.

언어는 일정한 법칙을 갖고 사용하는 것이 아니라 무수한 방법이나 다양한 양상으로 사용된다는 것을 깨달음으로써 자신의 전기 철학을 비판한 것이다. 언어는 다양한 목적을 위해서 사용되며 어떠한 대상이나 사실을 그려주면서 가리키는 것이 아니라는 의미이다.

이와 같은 예를 들어보면 학생이 선생님에게 '저 화장실 가고 싶어요.'라고 말을 했다면 그의 전기 철학에서는 '저는 지금 화장실 가고 싶어요.'라는 상태를 그렸다고 생각을 하지만 그의 후기 철학에서는 '저는 지금 화장실가고 싶으니 빨리 보내주세요.' 혹은 '빨리 수업을 마쳐요.'라는 요청이 포함되어 있다는 것이다.

비트겐슈타인은 언어의 의미를 안다는 것은 어떻게 쓰이는가를 안다는 것이며 이것을 '게임'으로 비유하였다. 예를 들면 '축구를 안다.'라는 말은 '축구라는 게임을 안다.'라는 뜻이다. 다시 말하면 언어는 이상적인 언어가 있는 것이 아니라 무수히 많은 언어게임이 존재한다는 것이다. 따라서 수많은 언어게임들을 한데 묶는 법칙이나 본질은 없다는 것이다. 그렇지만 수많은 언어게임들 간에 여러 가지 면에서의 유사성은 있는데 비트겐슈타인은 그것을『철학적 탐구』에서 "가족유사성"이라고 한다.

결론적으로 말하자면『철학적 탐구』라는 저서는 일상 언어를 있는 그대로 관찰해서 그것이 어떻게 쓰이고 있는지를 서술하는 작업이 철학자들의 임무라고 주장했으며 이는 '일상 언어'에 대한 관심을 불러일으켰고 "언어적 전회(轉回)"라는 새로운 철학적 방법을 만들어 냈다.

◎ 철학을 없애기 위하여 철학이 해야 할 일은 파리통에서 빠져나오기. 기존의 철학을 부정하자.

비트겐슈타인은 이전의 철학자들이 가지고 있는 철학사상과 다른 사상을 저서『철학적 탐구』에 피력하였다. 이 저서는 그의 사후(死後)에 제자들에 의해서 세상에 나오게 되었다.

수많은 철학자들이 형이상학, 인식론, 윤리학 등의 철학적인 문제에 관심을 가지고 있을 때 그는 이러한 철학적인 논쟁은 언어로부터 비롯한 오해에서 시작되었다고 했다. 따라서 그는 "언어로 우리의 마음과 사유를 어떻게 정확하게 전달할 수 있을까?"라는 문제에 고민하였다고 밝혔다.

이는 기존의 서양의 주요 관심사인 철학사상과는 다르다. 서양 철학자들은 진리, 즉 알 수 없는 불변의 진리에 관심을 두고 있었으나 비트겐슈타인은 학문의 토대를 밝히고자 노력한 가운데 우리가 사용하는 일상 언어에 관심을 두었다. 즉 잘못된 언어의 사용이 철학을 더욱 곤란에 빠트린다고 생각하였던 것이다.

비트겐슈타인은 프레게나 러셀이 만든 만들었던 언어들은 그 자체로 언어와 세계에 대한 우리의 앎을 잘못된 방향으로 안내하였다는 것이다. 우리가 사용하는 언어들은 두 사람이 만든 언어보다도 더욱 복잡하고 다양해서 어떠한 단일적인 공식을 찾아서는 안되고 오히려 실제로 사용되는 상황에서 단어들이 어떻게 사용되는지를 관찰하고 조사하여야 한다고 했다. 그저 바라보기만 하여야 한다는 뜻이다.

따라서 기존에 갖고 있는 철학관을 부정하고 철학자들의 견해를 강력하게 거부할 것을 요구하였다. 예를 들면 이 세계는 무엇으로 구성되어 있는가?, 물질인가?, 정신인가? 등의 문제들은 수천 년동안 골머리를 앓아온 문제이며 철학자들이 여기에 매달리는 것은 헛된 것이라고 생각했다.

그는 이러한 질문이 무의미하다는 것을 보여줌으로써 철학적 혼란에서 빠져 나오려고 무척 노력하였다. 이러한 노력은 자신의 철학적 노력에서 "철학자의 임무는 파리에서 파리통을 나오는 길을 보여주는 것과 같다."라고 하였다. 이는 사람들이 철학의 파리통에 빠져있다는 것이다. 따라서 그들을 빠져나오도록 하여야 한다고 했다.

비트겐슈타인은 매우 독특한 사람이다. 그는 철학을 없애기 위해 철학을 한 셈이다. 왜냐하면 철학자들이 파리통에서 빠져나오면 더 이상의 무의미한 일에 빠지는 경우가 없어지며 오랫동안 괴롭혔던 철학적인 문제들이 사라지기 때문이다.

그는 철학적인 고민을 언어를 통하여 해결하고자 하였고 그것은 언어의 구조를 잘 살펴보는 것이다. 언어는 너무나 복잡하여서 단일한 구조로 이루어지지 않았다는 뜻이다. 또한 언어를 객관적으로 보기도 힘들고 어떻게 만들어져 있는지를 보는 것도 쉽지 않다. 따라서 파리가 파리통에서 쉽게 나오지 못하는 것이다.

철학의 문제들은 사실 복잡하지 않으며 복잡하게 느끼는 것은 우리가 그렇게 만들었기 때문이다. 다시 말하면 파리가 파리통에서 빠져나오지 못하는 것은 복잡하여서가 아니라 단순한 길을 엉클어트리는 파리들의 움직임이므로 파리에게 탈출하는 길을 보여주기 위해서는 파리통으로 들어가는 파리의 움직임을 세밀하게 조사·관찰하여 복잡한 움직임들을 빠짐없이 기록할 것을 요구하였다. 이를 두고 그는 "철학의 결과는 단순하지만 거기에 도착하는 방법은 그럴 수 없다."라고 표현하였다.

사실 우리가 사물을 보는 각도에 따라 단순하고 복잡할 수도 있듯이 언어도 마찬가지다. 하나의 단어는 어떻게 사용하느냐에 따라 많은 의미를 가지며 다르게 사용될 수도 있다. 즉 맥락에 따라 다르고 의사소통을 하면서 듣는 사람과 말하는 사람 사이에도 의미가 달라질 수 있다는 것이다. 그러나 이것은 조족지혈(鳥足之血)이다. 특히 심오한 뜻을 가진 명제들, '윤리적 감정과 미학적 질서는 서로 복합적인 관계를 맺고 있다.'와 같은 명제에 있어서 '복합적인'이라는 말은 얼마나 우리를 혼란하게 만드는지 알 수 있을 것이다. 즉 그 단어 하나가 언어라는 파리통으로 철학자를 밀어 넣는 경우이다.

비트겐슈타인은 언어를 사용하면서 혼란에 빠지는 것은 '일반성에 대한 갈망' 때문이라고 했다. 예를 들어 우리가 외국인에게 '잎'이란 단어를 가르치고 있다고 가정을 하여보자. 처음에는 나뭇잎 그림을 하나 그린 후에 그 밑에다 '잎'이라고 한글로 쓰고 [입]이라는 발음을 한다는 것을 가르치는데 이때 우리가 그린 '잎'의 그림은 여러 가지 '잎'들이 가지고 있는 속성, 즉 '잎의 일반'을 그린 것이다. 이는 무수한 '잎'들이 우리 주위에 깔려있지만 하나로 묶을 수 있는 공통된 '잎'들이 존재한다고 생각하는 경향을 말한다.

비트겐슈타인은 "일반적인 의미의 용어를 명확하게 하기 위해 그 용어를 적용한 모든 사례 속에 있는 공통적인 요소를 발견해야 한다는 관념이 철학적 탐구를 방해한다"고 하였다. 따라서 이러한 것들을 해소하기 위해서라도 개별적인 사례들을 주의 깊게 연구하는 방법은 '설명'이 아니라 '기술(記述)'을 해야 한다는 것이다.

언어는 지칭하는 데 사용을 하는 것이 아니라 다양하고 복잡한 상황의 활동이다. 언어는 게임이다.

비트겐슈타인이 왜 언어는 게임이라고 했는지 의아할 것이다. 가령 여러분들이 가위, 바위, 보라는 게임을 한다고 하면 쉽게 이해될 것이다. 어떤 게임을 하든 상대방이 있어야 한다는 것이 원칙이다. 상대방이 있다는 것은 서로 간의 소통이 있어야 하는데 그것이 바로 규칙이다.

언어도 마찬가지다. 언어를 사용할 때에는 반드시 보이지 않는 규칙이 적용된다는 것이다. 이는『철학적 탐구』에서 예를 들고 있는데 언어게임은 일상생활에서는 복잡하게 나타나지만 매우 단순하다. 그 예로 어린아이들이 언어를 배우는 것을 보면 매우 단순하다. 어린아이들이 언어를 배우는 모습을 상상해보라! 부모와 아이들은 단어가 많지 않음에도 불구하고 완벽한 언어를 사용하며 세계를 이해하고 의사소통이 가능하다. 그는『철학적 탐구』에서 언어게임의 예를 보여주고 있다. 이 언어는 건축가 A와 B 사이에 이루어지는 의사소통을 위한 규칙이다.

A는 건축용 석재를 가지고 집을 짓고 있다. 벽돌과 원기둥과 넓은 석판과 긴 석재가 있다.

B는 석재를 가져다주어야 하는데 A가 원하는 순서대로 하여야 한다. 이를 위해 그들은 '벽돌', '원기둥', '석판', '긴 석재'로 이루어진 언어를 사용한다.

A는 그 단어를 말하고 B는 그가 지시한 대로 가져오는 것으로 알고 있는 석재를 가져온다. 이것을 하나의 완전한 원시 언어로 구상하라.

위의 내용은 A와 B사이에는 게임이 존재한다는 것이다. 그것도 완전한 원시적 언어의 형태로 말이다. 처음에는 단순하게 시작하다가 더 복잡한 게임으로 구성할 수 있다. 이는 조건이 첨가되면서 단순한 게임에서 규칙과 조건 그리고 숫자가 수반되어 더욱 복잡한 게임으로 진행된다는 뜻이다. 비트겐슈타인은 언어게임은 이러한 방식으로 이루어진다고 하였다.

따라서 언어게임을 통하여 의사소통을 하며 삶을 영위한다는 것이다. 결론적으로 말하면 우리는 다양한 언어게임을 통하여 살아가며 이러한 언어게임은 말로서만이 아니라 기호를 통한 모든 활동을 포함하고 있다.

우리의 삶은 수많은 활동으로 이루어지며 이러한 활동은 언어가 근간이 되며 이를 위해서는 반드시 상호 간의 규칙을 이해해야 하며 또한 구체적인 상황을 파악해야 한다. 이제까지의 철학자들은 이러한 상황관계를 무시한 채 따로 놀았다는 것이다. 지금까지 우리는 언어를 사용할 때 사물을 지칭하는 것만으로 알고 있던 셈이다. 언어의 풍부하고 유용한 쓰임새를 몰랐다는 것이다. 예를 들면 위의 건축가와 조수의 관계일 때 건축가가 '원기둥'하고 지시를 내리면 조수는 원기둥을 쳐다보거나 사물에 이름표를 붙이는 행위를 하는 격이다.

우리는 언어를 사용할 때 지칭 혹은 지시하는 것으로 만 이해를 한다면 어떠한 활동도 할 수 없다는 것이다. 즉 언어라는 것은 사물을 그대로 그려내는 거울과 같은 것이 아니고 가리키는 것도 아니며 역동성을 가지며 다양한 양식을 담아내는 등대와 같다.

우리는 철학의 탐구에서 가족의 유사성에 대하여 간략하게 살펴보았는데 언어는 본성이나 공통적인 분모라든가 속성은 없다고 했다. 다만 언어게임에서 비슷한 점이나 차이점을 살피는 데 초점을 두고 있는데 이는 언어의 본질이나 언어의 일반적인 본성과는 다르다는 것이다. 예를 들어 어느 가족이 있다고 가정을 한다면 똑같이 생긴 사람은 없지만 누군가는 닮을 수도 있다는 의미이다. 마찬가지로 언어 게임에서도 부분적으로 유사점이 있다는 것이다. 가령 게임에서 탁구와 테니스, 법정과 토론장은 유사성이 있는 경우이다. 이 두 게임은 같은 것 같지만 다른 게임이라는 것이다. 이를 '가족 유사성'이라고 말한다. 두 언어게임은 전혀 다른 상황에서 벌어지는 언어게임이지만 유사한 부분과 규칙들을 가지고 있다는 것이다.

게임에는 항상 규칙이 있다. 따라서 언어게임도 규칙에 의해서 지배를 받고 있는데 이것이 논리학이다. 과거의 철학자들은 그러한 규칙들이 불변하는 강제력을 가진다고 생각하였지만 비트겐슈타인은 변화한다고 하였다. 즉 고정된 것이 아니라 무수한 규칙이 존재하고 상황에 따라 수정되고 바뀔 수도 있다는 것이다. 또한 규제를 하더라도 못하는 부분도 존재한다고 했다.

그러면 규칙은 언어게임에서 어떤 작용을 하는가, 언어게임에서 규칙을 따를 줄 안다는 것은 무엇을 의미하는가? 우리가 언어의 규칙을 따른다고 해서 언어게임을 잘한다는 것이 아니라 사용법을 잘 알아야 한다는 것이다. 그렇다고 해서 언어를 사용함에 있어 매 순간마다 알고 있는지, 언제부터 적용되었는지를 말할 수 없다는 것이다.

예를 들어 어떤 소년이 글을 읽는다고 가정한다면 선생님이 책을 읽으라고 하였을 때 소년이 책을 완벽하게 읽었다고 해서 그 내용가지 완벽하게 이해하고 있다는 것을 의미하지는 않는다. 이를 역설적으로 말하면 소년은 기계적으로 움직이며 단지 읽기 기술을 터득한 것에 불과하다는 것이다. 마찬가지로 언어게임에서도 서로 의사소통이 이루어진다고 해서 단어의 의미가 규칙에 있는 것이 아니라 다른 사람들과의 관계 속에서 참여하여 활동해서 나오는 기술이라는 것이다. 우리가 하나의 단어를 안다는 것은 그 단어가 사용되는 규칙을 암기하여 어떻게 적용되는가? 를 알게 되는 것이 아니라 언어게임에 참여하여 그 언어게임을 실행하는 과정에서 자연스럽게 나오는 것이다. 이는 직접 현장에 있었다는 것이며 참여하였다는 것이다.

예를 들어 건설현장에서 건축가가 조수를 향해 '벽돌'이라고 소리쳤다고 가정을 하여보자. 그러면 조수는 벽돌을 가져 올 것이며 만약 '후추'라고 외치면 조수는 당황할 것이다. 단어의 의미는 상황과 쓰임에 따라 의미가 바뀔 수 있기 때문이다. 이것이 규칙이다.

우리는 이제까지 관습의 지배를 받고 살아왔다. 규칙은 관습과도 상관이 있다. 따라서 이러한 언어게임도 관습적으로 자연스럽게 일어나는 것이다. 따라서 자기만의 규칙을 가지고 있는 것이 아니라 문화, 관습 등 집단적인 성격이며 고정되어 있는 것이 아니라 상황과 시대에 따라 변한다는 것이다.

비트겐슈타인은 우리가 하나의 고정된 개념이 아니라 변하는 것처럼 언어게임에서 규칙도 확고하고 단일한 규칙이 아니라 삶의 양식들을 몸에 익히는 자연스런 훈련을 통해 이루어지는 하나의 활동이라고 하였다. 그리고 우리가 규칙을 올바르게 따르기 위해서는 매 순간마다 접하게 되는 수많은 언어게임에 적극적으로 참여해야 한다고 하였다.

2. 주어와 술어관계는 명제를 파악하는 데 한계가 있다. 프레게(Friedrich Ludwig Gottlob Frege, 1848~1925)의 논리학

위에서 말하였듯이 비트겐슈타인의 철학은 이전까지의 철학과는 다른 양상을 보인다. 다시 말하면 서양의 전통적인 형이상학이나 윤리학, 논리학, 인식론 등이 고정불변의 진리를 찾으려고 노력을 하였다는 것과는 전혀 다르게 진행하려고 하였다. 구체적으로는 수학과 논리학을 중심으로 철학의 기초로 삼았으며 프레게와 러셀의 영향을 많이 받았다. 비트겐슈타인의 사상을 이해하려면 프레게와 러셀에 대하여 살펴볼 필요가 있다.

프리드리히 루트비히 고틀로프 프레게는 독일의 비스마르에서 태어나 예나대학과 괴팅겐대학에서 물리학, 수학, 화학, 철학을 공부한 수리 논리학자이자 철학자로서 근대 수리철학과 분석철학의 기초를 마련하였다. 당시에 철학과 무관하다고 생각했던 산술의 기초에 대하여 문제를 해결하다가 철학사에 길이 남을 일반적인 의미론을 개발하였으며 예나대학에서 수학교수로 45년간 재직하였다. 그의 저서로는『개념의 표기법, 1879』,『산수의 기초들, 1884』,『산수의 근본법칙들1, 1893』,『산수의 근본법칙들2, 1903』 등이 있다.

특히『산수의 근본법칙들2, 1903』에서는 수학을 논리학으로 전환시키려고 했으나 러셀에 의해 수포로 돌아갔다. 그렇지만 그의 노력은 오늘날에 분석철학의 효시가 되었다. 그가 제시한 새로운 철학적 기법과 주제는 20세기에 영국과 미국의 철학을 지배하였으며 유럽대륙에도 커다란 여파를 남겼다.

현대 논리학의 중심 과제 중의 하나가 명제였다. 먼저 '명제란 무엇인가?'라는 질문에 답을 내린다면 간단하다. 명제는 문장이다. 그러나 문장이라고 하여도 모두가 명제가 되지는 않을 것이다. 예를 들면 "철수는 내일 바다로 낚시를 갈 것이다."라는 문장과 "영희야 아침 먹자."라는 문장은 다르다. 그것은 이 두 예시는 문장으로는 성립되지만 명제는 하나밖에 없다는 것이다.

또한 "만약 이순신 장군의 전기를 읽는다면 나는 용감해질것이다."라는 문장은 위의 문장과는 다르다는 것을 알 수 있다. 결론은 이 문장은 두 개의 명제를 가지고 있으며 "만약 ~면 ~것이다."로 연결되어 있다.

위의 두 종류의 명제에서 보았듯이 명제라는 것은 스스로가 혼자서 자립할 수 있는 능력을 가진 직설법의 문장을 말한다. 따라서 명제는 사고를 표현하며 인간의 사고는 명제로 표현될 수 있다는 것을『논리철학논고』에서 말했다. 우리가 표현하는 명제와 언어의 본성을 이해하면 우리가 하는 사고의 본성도 알 수 있다는 것이다. 따라서 철학에서 '명제'는 매우 중요하며 이것이 논리학의 중심이라고 했다.

이러한 논리학은 아리스토텔레스로부터 시작하여 당시에 새로운 논리학으로 프레게와 러셀이 관심을 가졌으나 여전히 아리스토텔레스의 논리학은 흔들림이 없었다. 그의 삼단논법은 논리학에서 절대적이며 모든 논리학자들은 이것을 중심으로 만들어 내려고 하였으나 프레게와 러셀은 이러한 방식을 거부하였다.

다시 말하면 삼단논법에 사용되는 문장은 주어와 술어로 구성되어 있고 명제는 참이거나 거짓으로 되어있으며 앞의 두 가지로부터 다른 명제를 추론하거나 연역을 할 수 있다는 것이다.

이에 대하여 프레게는 주어와 술어관계는 명제를 파악하는 데 한계가 있다고 하였다. 다시 말하면 주어가 달라도 똑같은 결론을 추론할 수 있다는 것이다. 예를 들면 "대조영은 발해를 건국했다.", "발해는 대조영에 의해서 건국되었다."라는 문장에서 보듯이 주어와 술어 구조로 명제를 파악하는 것은 한계가 있으며 이것을 수학으로 대체한 것이 함수와 독립변수인 X+1=Y라는 뜻이다. 이것은 X라는 독립변수에 따라 함수의 값이 달라진다는 것이며 이것을 일상 언어의 표현으로 확대하였던 것이다. 예를 들면 "X의 수도"라는 함수에 따라 언어가 달라지며 다른 추론을 만들어낼 수 있다는 의미이다.

그러나 실제로 대입한 함수를 가지고 생각하여 보면 재미있는 결과가 도출된다. 만약 "X+1=4"라는 함수는 X의 값에 따라 달라졌지만 1, 2, 3, 4를 독립변수에 대입을 하면 1, 2, 4의 값은 거짓이 된다. 따라서 3의 값만 진(眞)이 될 수 있으며 이것을 언어로 만들어도 참과 거짓으로 구별된다.

이는 기존의 아리스토텔레스의 삼단논법에서 주어지는 주어와 술어의 형식인 단일 문장을 복잡한 명제로 바꿀 수도 있으며 논리학의 대상이 될 수도 있다는 것이다. 따라서 이러한 문장들도 참과 거짓으로 추론할 수 있다는 의미이다. 이와 같은 명제에 관한 이론을 "명제계산"이라고 하며 비트겐슈타인은 프레게의 이론을 받아들였다. 예를 들면 "류관순 또는 이순신은 3.1만세운동을 했다.", "그런데 이순신은 3.1만세운동을 하지 않았다.", 그러므로 "류관순이 3.1만세운동을 했다."라는 논증은 가능하다. 이것은 기존의 삼단논법인 "모든 사람은 죽는다.", "홍길동은 사람이다.", "그러므로 홍길동은 죽는다."라는 주어와 술어의 구조를 가진 단일문장에서 오는 단순한 명제를 논리적으로 만들어 내었다면 프레게는 '그리고', '또는', '만약~이면' 등의 접속사를 통해 타당한 논리의 형식을 만들어 냈다.

삼단논법은 술어부와 주어부가 서로 연결될 때만 가능하며 프레게는 접속사를 통해서 가능하지만 양화사—언어 수량의 측도를 나타내는 표현—로 대체할 수 있다고 하였다. 이와 같은 예를 설명하자면 "모든 사람은 죽는다."에 양화사를 사용한다면 "모든 X에 대하여 만약 X가 사람이라면 X는 죽는다."라고 말할 수 있으며 "어떤 사람들은 죽는다."라는 말은 "어떤 X에 대해서, X가 사람이고, 죽는다." 따라서 "모든 X에 대하여 X는 사람이고 죽지 않는 것은 아니다."

프레게는 '만약 ~이면, ~이다.', '아님(부정)', '그리고', '또는'과 같은 명제들을 연결시켜 주는 논리적 연결사들과 '모든', '약간의' 등과 같이 양을 표현하는 양화사들을 사용해서 기호화하였다. 이리하여야 언어의 본성을 알 수 있고 논리의 본성을 이해하며 궁극적으로는 세계의 본성을 이해할 수 있다고 했다.

3. '천사는 존재한다, 혹은 존재하지 않는다'를 놓고 논쟁을 벌일 일이 없다. 러셀의 논리학(Bertrand Russell, 1872~1970)

그러나 이러한 방식도 한계를 가지고 있다. 프레게의 기호법에서 동일하게 되는 경우에는 언어의 의미에서는 한계를 드러낸다. 예를 들어 '플라톤'과 '아리스토텔레스의 스승'은 프레게에서는 동일성 기호(플라톤 = 아리스토텔레스)로 연결되어 문제가 없다. 즉 치환(置換)되어 쓸 수도 있다는 의미이다. 위의 두 사람은 동일한 인물이기에 문제가 발생되지는 않는다.

그러나 "나는 책에서 플라톤이 아리스토텔레스의 스승이었다는 사실을 읽었어."라는 문장과 "나는 책에서 플라톤이 플라톤이었다는 사실을 읽었어."라는 문장에서 프레게의 방식대로 치환하여 버리면 뜻이 완전히 달라진다. 이러한 문제를 발견한 사람이 러셀이었다. 그는 이러한 기호법을 해결하는 데 노력한 결과 하나의 고유명사(플라톤)로서는 인정되지만 '아리스토텔레스의 스승'이라는 말은 고유명사가 아니기 때문에 문장의 주어로 올 수 없다고 결론내렸다.

이에 대하여 자세히 설명하자면 러셀은 아리스토텔레스로부터 내려오는 전통적인 철학관인 형이상학이 이러한 문제를 일으켰다고 보았다. 그는 우리가 사용하는 말의 주어와 술어의 구조에서 주어는 실체이고 술어는 실체의 속성이라고 하였다. 예를 들면 "철수는 야구선수이다."라고 하였을 때 철수는 실체가 되고 '야구선수이다.'라는 것은 실체의 속성이다. 따라서 실체는 독립적이지만 속성은 실체에 의존한다는 것이다.

이렇게 존재하고 있는 사물들의 존재를 밝히는 데 문제가 없지만 '천사', '유니콘', '둥근 사각형', '2각형', '인어'와 같은 것은 존재를 설명하는 데 한계가 있다. 이러한 말들처럼 애매모호한 존재, 즉 실제로 존재한다고 볼 수 없지만, 존재하지 않는다고 볼 수도 없는 대상들은 존재로 인정할 수밖에 없다는 것이라고 알렉시우스 마이농(Alexius Meinong, 1853~1920)이 주장하였다. 마이농은 오스트리아 출신으로 심리학자, 철학자이며 대상론(對象論)의 창시자이다. 대상론은 존재, 비존재, 가능, 불가능에 관계가 없는 순수학문이다.

그러나 러셀은 이러한 주장을 받아들이지 않았으며 오히려 건강하지 않은 사유(思惟)라고 비판하였다. 이는 다음의 문장, "현재 대한민국의 왕은 대머리이다."로 간단히 해결되었다. 이 문장은 전통적인 철학에서는 주어와 술어로 되어있기 때문에 분명히 존재해야 하지만 존재하지 않는다. 왜냐하면 대한민국은 민주공화국이기 때문에 왕이 존재하지 않기 때문이다. 그러나 마이농은 애매모호한 것도 존재한다고 보았다.

그러나 러셀은 "현재 대한민국의 왕"이 문법적으로 가능하기에 존재하는 것 같지만 논리적으로 분석하면 오해라고 했다. 그는 이것을 분석하기 위하여 명제함수를 사용하였는데 명제함수라는 것은 하나의 문장을 변항을 갖는 함수식처럼 변형시킨 것으로 "X+1=Y"라는 식을 말한다. 이것을 다시 분석하기 위하여 "철수는 남자이다."라는 문장은 "X는 남자이다."라는 명제함수로, "철수"라는 개체를 나타내는 단어가 개입된 명제가 된다는 것이다. 이를 기호로는 Mx로 표현한다.

다음에 "그 노트는 노란색이거나 빨간색이다."라는 문장을 명제함수(변항을 가진 문장)로 바꾸면 "X는 노란색이거나 빨간색이다." 이를 기호로 바꾸면 Yx v Rx가 된다는 것으로 일상생활에서의 언어는 기호화할 수 있다는 것이다. 이때 v는 여러 개의 명제를 뜻하는 접속사를 뜻하는 기호이며 이를 선언(選言)이라고 한다.

그러나 다음과 같은 문장에서는 좀 더 복잡해진다. 첫째, 모든 사람은 죽는다. 둘째, 어떤 사람들은 바보다. 그러나 이 두 문장은 개별적인 대상이 아니라 그 묶음이기에 기호화하기는 어렵지만 프레게는 양화사를 이용하여 해결하였다. 마찬가지로 러셀은 프레게의 양화사를 도입하여 문제를 해결하려고 했다.

첫째, "모든 사람은 죽는다(All human are mortal)."라는 것을 명제함수로 바꾸면 "모든 X에 대하여, 그것이 인간이면, 그것은 죽는다(For all x, if x is human, then, x is mortal)."가 되며 또 다시 양화기호를 사용하여 기호화하면 (x)(Hx → Mx)로 표현될 수 있다는 것이다.

둘째, "어떤 사람들은 바보다"라는 문장은 잘 분석하여 보면 모든 사람은 바보는 아니지만 바보인 사람이 한 사람도 없는 것은 아니기에 '최소한 하나 이상은 있다.'라고 표현할 수 있다. 즉 바보가 하나 이상은 있다는 것이다. 이를 명제함수로 표기하여 보면 '사람이면서 그리고 바보인 그런 x가 최소한 하나 이상이 있다.'이며 이를 기호화하면 (3x)(Hx & Fx)가 된다.

이를 대입하여 "현재 대한민국의 왕은 대머리이다."라는 문장을 분석하면 이 문장은 3개로 구성되어 있는데 첫째(a)는 어떤 것들이 존재하는데, 그 x는 대한민국 왕이다. 둘째(b)는 다른 모든 x에 대해서, 만약 그 x가 대한민국 왕이라면, y는 x와 동일하다. 셋째(c)는 그 x는 대머리이다. 이것을 기호화하면 (a) (3x) Kx(K=king) (b) (y)(Ky → y=x) (c) Bx라고 할 수 있다. 그리고 이 세 개의 문장들을 연언(連言)접속사인 &로 연결하면 (3x) [(Kx & (y)(Ky → y =x)] & Bx라는 식으로 표현된다는 것이다.

러셀이 “현재 대한민국 왕은 대머리다.”라는 문장을 세 개의 명제로 나눈 것은 첫째와 둘째 문장을 통해서 한 명의 존재 x를 규정하기 위한 것이었다. 다시 말하면 딱 하나뿐인 대한민국 왕인 x라는 것이다. 이렇게 하여 딱 하나뿐인 대한민국 왕인 x를 ‘대머리’라는 속성과 연언으로 접속시킨 식이 바로 (c)가 된다는 것이다.

이러한 단계가 복잡은 하지만 각 단계의 분석을 통해서 ‘현재 대한민국 왕’을 주어의 자리에서 술어의 자리로 옮기려는 것이었으며 위의 함수에서 보듯이 주어는 x로 교체되고 본래의 문장인 현재 “대한민국 왕인 x는 대머리이다.”에서 주어의 위치에 있던 ‘현재 대한민국 왕’은 술어 자리에 위치해 x의 기술구가 되어 버린다는 것이다. 이는 “딱 하나뿐인 x가(주어) 현재 대한민국 왕이면서 그리고 동시에 대머리이다(술어)라고 성립이 된다.”는 것이다.

이를 통해서 결론은 현재 대한민국 왕인 그러한 x는 존재하지 않으므로, 현재 대한민국 왕이면서 대머리인 x는 역시 없다는 것이다. 따라서 “현재 대한민국 왕은 대머리이다.”라는 문장은 거짓이다.

그러나 이러한 방법은 매우 복잡하다는 것이 문제이다. 왜냐하면 대한민국 왕이 없다는 것은 자명한 사실인데 러셀은 자기의 업적을 매우 크게 여기었고 비트겐슈타인 역시 이러한 방법에 관심을 크게 가졌다. 따라서 존재에 대하여 불확실하거나 경험되지 않는 것도 해결될 수 있다는 것이다. 예를 들면 ‘천사’, ‘유니콘’과 같은 것들을 주어로 놓지 말고 일종의 기술구로 이해되면 그것이 추상적이든 존재여부에 관계없이 의미 있게 된다는 것이다. 그러하면 “천사는 존재한다. 혹은 존재하지 않는다.”를 놓고 논쟁을 벌일 일이 없다는 것이다.

러셀은 이렇게 함으로써 언어를 더욱 명확하게 분석할 수 있으며 그 뜻을 명료화하면 사고를 명확하게 할 수 있도록 한다는 것이다. 이러한 분석적 방법과 철학관은 그의 제자인 비트겐슈타인이 이어나갈 수 있도록 토양을 마련하여 주었다.

참고문헌

강대석, 『그리스철학의 이해』, 한길사, 1987.

강성률, 『청소년을 위한 서양 철학사』, 평단, 2017.

_____, 『2500년간의 고독과 자유』, 형설출판사, 2005.

_____, 『철학의 세계』, 형설출판사, 2006.

강성위, 『서양 철학 사상』, 이문출판사, 1983.

강영계 편저, 『철학의 흐름』, 제일출판사, 1987.

_____, 『철학의 이해』, 박영사, 1994.

_____, 『사회 철학의 문제들』, 철학과 현실사, 1998.

강진호, 『수학원리 출간의 의의와 영향』, 예고유평, 2010.

곽준혁, 『정치철학 다시보기』, 민음사, 2016.

김두헌, 『서양윤리학사』, 박영사, 1988.

김병식 외, 『과학사』, 학연사, 1986.

김병희, 『교육철학 및 교육사』, 공동체, 2013.

김수동 외, 『새로운 교육철학 및 교육사』, 양서원, 2017.

김숙복, 『고대 · 중세로 떠나는 서양철학사』, 백산출판사, 2019.

김숙복, 정윤화, "간호대학생의 스트레스, 회복탄력성 삶의 질에 관한 연구", 『금구논총』 제22권, 경북과학대학교, 2019.

김세곤 외, 『인간심리의 이해』, 공동체, 2010.

김면수 외, 서울대 선정 인문고전 50선, 『비트겐슈타인 철학적 탐구』, 김영사, 2012.

김영필, 이강화, 『새로운 철학 읽기』, 학문사, 1997.

김영훈 외, 『쉽게 풀어 쓴 교육철학 및 교육사』, 동문사, 2019.

김우창 외, 『103인의 현대사상』, 민음사, 2003.

김인철, 『독일 고전철학 비판』, 도서출판 나라사랑, 1989.

김재홍, 에픽테토스 『담화록』, 서울대학교 철학사상연구소, 2006.
김정현, "고통의 심층철학 : 쇼펜하우어의 의지의 형이상학을 중심으로," 대한철학회, 1998.
김태길, 『윤리학』, 박영사, 1991.
남청, 『철학』, 법문사, 1993.
대학철학교재연구회, 『철학개론』 학문사, 1992.
박규철, 『그리스 로마 철학 이야기』, 동과서, 2011.
박선목, 『서양 윤리학의 흐름』, 세진사, 1986.
박영규, 『생각 박물관』, 책문, 2011.
박종홍, 『철학개설』, 동양출판사, 1961.
박전규, 『아리스토텔레스의 실천적 지혜』, 서광사, 1988.
박찬구, 『개념과 주제로 본 우리들의 윤리학』, 서광사, 2014.
박태흔, 『서양윤리사상사(I)』, 이문출판사, 1987.
박홍규, 『소크라테스 두 번 죽이기』, 필맥출판사, 2005.
배석원, 『도덕과 종교』, 이문출판사, 1988.
시영주, "철학의 탈철학화: 콰인의 철학연구", 새한철학회, 2001.
오연주, 『철학이념과 방법』, 경북대학교 인물학술원, 2009.
이윤일, 『현대의 철학자들』, 선학사, 2002.
임선희 외, 서울대 선정 인문고전 50선, 『하이데거 존재와 시간』, 김영사, 2012.
서용순, 『청소년을 위한 서양 철학사』, 두리미디어, 2011.
소광희 외, 『철학의 제 문제』, 지학사, 1983.
소원주, "과학교사의 과학 철학적 관점과 과학 서술 방식이 중학생들의 과학의 변화에 미치는 영향", 한국교원대학교 박사학위 논문, 1998.
손윤락, "아리스토텔레스의 『정치학』에서 국가와 시민 교육", 서양고전학연구, 48, 2012.

신득렬,『교육철학』, 학문사, 1883.
_____,『교육사상가 연구: 소크라테스, 플라톤, 아리스토텔레스』, 계명대 출판부, 1984.
_____,『교육사상사』, 학지사, 2000.
아리스토텔레스, 조대호(역),『형이상학』, 도서출판 길, 2017.
___________, 천병희(역),『정치학』, 숲, 2009.
안광복 저,『처음 읽는 서양 철학사』, 어크로스, 2017.
엄정식,『지혜의 윤리학』, 지학사, 1986.
영남철학회,『위대한철학자들』, 이문출판사, 1984.
윤길근 외,『교육철학 및 교육사』, 양서원, 2018.
이동희, 고중세 편,『세상에서 가장 흥미로운 철학 이야기』, 휴머니스트, 2010.
이병담, 아리스토텔레스의 신학의 성격에 관한 연구,『범한철학』, 20, 1999.
이서규, "쇼펜하우어의 죽음에 대한 고찰", 새한철학회, 2012.
이석호,『고대 · 중세 서양윤리사상사』, 철학과 현실사, 2009.
_____,『인간의 이해』, 철학과 현실사, 2001.
이위환, 송유진,『교육철학 및 교육사』, 창지사, 2017.
이윤기,『이윤기의 그리스로마 영웅열전』, 민음사, 2011.
이진경,『철학과 굴뚝청소부』, 그린비, 2001.
임태평,『플라톤철학과 교육』, 교육과학사, 2000.
전재원, "생의 윤리학에 적용한 아리스토텔레스의 윤리학적 탐구방법",『철학논총』, 80, 2015.
_____, "아리스토텔레스의 자연 개념",『철학논총』, 75, 2014.
전헌상,『아리스토텔레스 형이상학』, 도서출판 관악, 2006.
정진일,『위대한 철인들』, 양영각, 1988.
조석영 외 5인,『2019 수능특강 생활과 윤리』, EBS, 2018.

차하순, 『새로 쓴 서양사 총론 하권』, 탐구당, 2007.
최명관, 『철학개론』, 법문사, 1981.
최명관, 곽신한, 『철학개론』, 창, 2014,
최민홍, 『서양철학사상,』 집문당, 1989.
최재희, 『서양윤리사상사』, 서울대출판부, 1984.,
______, 『서양철학사상』, 삼신출판사, 1983.
철학교재편찬회, 『철학개론』, 형설출판사, 1991.
카톨릭 교재편찬위원회, 『젊은이들을 위한 철학』, 이문출판사, 1988.
하기락, 『서양윤리사상사』, 형설출판사, 1989.
한국방송통신대학교 문화교양학과, 『동서양고전』, 한국방송통신대학교출판부, 2006.
한국철학사상연구회, 『철학의 명저』, 새길, 1993.
한단석, 『서양 철학사』, 박영사, 1981.
고우다레츠 지음, 이수경 옮김, 『간단 명쾌한 철학』, 시그마북스, 2010.
나이절 워버틴, 『철학자와 철학하다』, 에코리브르, 2012.
도널드 팔머, 『참을 수 없이 무거운 철학 가볍게 하기』, 현실과 과학, 2002.
로버트 L. 애링턴 지음, 김성호 옮김, 『서양윤리학사』, 서광사, 2003.
마이클 샌델, 『정의란 무엇인가』, 김영사, 2010.
버트런드 러셀, 『러셀 서양철학사』, 을유문화사, 2009.
베리 R. 그로스, 『분석철학』, 형설출판사, 1990.
새뮤얼 이녹스텀프 · 이광래 옮김, 『소크라테스부터 포스트모더니즘까지』, 열린책들, 2003.
아우렐리우스 저, 천병희 역, 『명상록』, 숲, 2005.
오가와 히토시 지음, 홍성민 옮김, 『인생이 묻고 철학이 답하다』, 더난출판사, 2011.
요하네스 휠쉬베르거 지음, 강성위 옮김, 『서양철학사(상권) · 고대와 중세』, 이문출판사, 1996.

윌 듀렌트 저, 임헌영 옮김, 『철학이야기』, 동서문화사, 1994.

B. 러셀, 최민홍역, 『서양철학사, A History of Western Philosophy』, 집문당, 1980.

H. J. 슈터락히, 임석진역, 『세계철학사, Geschichte der Philosophy』, 분도출판사, 1981.

I. F. 스톤, 편상범, 손병석 역, 『소크라테스의 비밀, The Trial of Socrates』, 자작아카데미, 1996.

W. 바이셰델, 이기상, 이말숙 역, 『철학의 뒤안길』, 서광사, 1990.

저자약력

김숙복

강원도 삼척에서 출생하여 고등학교를 마치고 대구에 소재한 계명대학교 사범대학 교육학과와 동 대학원 교육학과에서 교육철학으로 석, 박사과정을 수학하였다.

그리고 동 대학에서 처음으로 교육학 강의를 하였고, 가톨릭상지대학교, 계명문화대학교, 대경대학교에서 강의한 후 현재는 경북과학대학교에서 겸임교수, 창원문성대학교 간호학과에서 초빙교수로 철학을 강의하고 있다.

또한 예비 교사들을 위한 교직과목을 주로 강의하며 저술활동을 준비하고 있다.

저서로는 『학교폭력의 예방과 대책』, 『생명존중을 위한 자살 예방론』이 있으며 논문으로는 "R.S. Peters 교육철학에 있어서 자유와 교육", "다산 정약용의 교육사상연구", "조선후기에 있어서 실학과 교육" 등이 있다.

정일동

연세대학교 대학원에서 정치학을 전공하였고 계명대학교 대학원에서 교육학 박사과정 중에 있다.

그리고 국회 국방위원 정책토의에 참여하였고 다국적군 전투실험국제컨퍼런스에 참석하였으며 군 인성교육 진흥협회에서 활동하였다. 한국연구재단 위원으로 있었으며, 현재는 경북과학대학교에서 군사학과 학과장을 맡고 있다.

저서로는 『생명존중을 위한 자살 예방론』이 있으며 논문으로는 "작전실시간 대대급 전장상황 파악수준 향상방안", "미래 보병부대 방어 작전간 기동수단을 활용한 전투수행", "적 상황에 대한 전장가시화 향상방안", "대대급 지휘통신운용의 효율성 증대방안" 등이 있다.

저자와의
합의하에
인지첩부
생략

근대 · 현대로 떠나는 **서양철학사**

2020년 1월 30일 초판 1쇄 발행
2022년 1월 20일 초판 3쇄 발행

지은이 김숙복 · 정일동
펴낸이 진욱상
펴낸곳 (주)백산출판사
교 정 편집부
본문디자인 구효숙
표지디자인 오정은

등 록 2017년 5월 29일 제406-2017-000058호
주 소 경기도 파주시 회동길 370(백산빌딩 3층)
전 화 02-914-1621(代)
팩 스 031-955-9911
이메일 edit@ibaeksan.kr
홈페이지 www.ibaeksan.kr

ISBN 979-11-90323-36-9 13160
값 18,000원